"十二五"职业教育国家规划教材修订版

高职高专经管类专业精品教材系列

税收筹划实务

（第四版）

吴 静 主 编

孙永飞 祁金祥 汪 治 副主编

清华大学出版社

北 京

内容简介

本书为“十二五”职业教育国家规划教材修订版。税收筹划有利于纳税人减轻税收负担，维护自身合法权益，提高财务核算水平，降低纳税成本；有利于保护国家利益，维护经济秩序，促进经济健康发展。随着我国国家财政、税收制度改革的不断深入、完善，以及税务服务市场的对外开放，税收筹划已成为社会关注的热点，培养税收筹划方面的专业人才也成为经济发展的现实需要。本书紧密结合我国社会主义市场经济改革与发展实际，严格按照新企业会计准则及《中华人民共和国企业所得税法》等新税收法律、法规的规定进行知识介绍，并吸收了近年来税收筹划的研究和实践新成果，通过大量的案例作了全面阐述。

本书注重突出职业教育特点，注重税收筹划理论与实践相衔接，内容新颖、科学规范，实用性及可操作性强。

本书不仅适合广大高职高专院校相关专业作为教材使用，而且可以作为相关从业人员的参考用书。

图书在版编目(CIP)数据

税收筹划实务/吴静主编. —4版. —北京：清华大学出版社，2021.2
高职高专经管类专业精品教材系列
ISBN 978-7-302-54374-9

Ⅰ.①税… Ⅱ.①吴… Ⅲ.①税收筹划－高等职业教育－教材 Ⅳ.①F810.423

中国版本图书馆CIP数据核字(2019)第263932号

责任编辑：左卫霞
封面设计：傅瑞学
责任校对：刘　静
责任印制：吴佳雯

出版发行：清华大学出版社
网　　址：http://www.tup.com.cn，http://www.wqbook.com
地　　址：北京清华大学学研大厦A座　　**邮　　编**：100084
社 总 机：010-62770175　　**邮　　购**：010-62786544
投稿与读者服务：010-62776969，c-service@tup.tsinghua.edu.cn
质量反馈：010-62772015，zhiliang@tup.tsinghua.edu.cn
课件下载：http://www.tup.com.cn，010-83470410
印 装 者：小森印刷霸州有限公司
经　　销：全国新华书店
开　　本：185mm×260mm　　**印　张**：13　　**字　　数**：299千字
版　　次：2005年2月第1版　2021年2月第4版　　**印　　次**：2021年2月第1次印刷
定　　价：39.00元

产品编号：082797-01

第四版前言

本教材自出版以来，受到众多读者的欢迎和肯定，在此我们深表谢意!

自 2019 年 1 月 1 日起，我国新的《个人所得税法》开始实施。同期，国家继续实施新一轮更大规模的减税降费政策，一系列新的税收政策相继落地。第四版教材紧跟税法改革步伐，主要修订内容如下。

(1) 教材结构调整，删除了原“第 4 章　营业税的税收筹划”。

(2) 按照自 2019 年 4 月 1 日起实行的增值税新税率、新规定修订增值税税收筹划实务及课后练习。

(3) 按照 2019 年《个人所得税法》新规，修订个人所得税税收筹划实务及课后练习。

(4) 本教材以出版日止的现行有效的税收法律、法规和政策为依据，今后如有变化，将及时修订和补充。

本版教材主编为深圳职业技术学院吴静，副主编为孙永飞、祁金祥、汪治，张森芳、吴亚丽为参编。吴静负责全书框架设计及统稿。

由于编者水平有限，书中疏漏之处在所难免，敬请读者批评指正。

编　者

2020 年 9 月

第二版前言

2007 年 1 月 1 日，新企业会计准则在上市公司范围内施行。按照财政部的部署，贯彻实施新企业会计准则体系要本着稳步推进的原则，逐步扩大实施范围。2008 年在符合条件的国有企业执行新企业会计准则体系，2009 年全面推开，所有大中型企业全面执行新企业会计准则体系。

2008 年我国税法发生了一系列新的重大改革，尤其是《中华人民共和国企业所得税法实施条例》的施行。本书第一版的许多内容已过时，本书紧密结合我国当前国家财政、税收制度改革与发展实际，重视税收筹划理论与实践相衔接。

再版对全书结构进行了调整，分为四部分：第一部分即第 1 章，介绍税收筹划的基本理论知识；第二部分即第 2~7 章，讲授各个税种的税收筹划；第三部分即第 8~10 章，为财务管理中的税收筹划；第四部分即第 11 章，介绍国际税收筹划。调整后的章节内容更加紧凑、合理、简洁，也便于教学和读者阅读。

本书由深圳职业技术学院经济系吴静、汪治编著。吴静负责全书框架设计，第 1 章由汪治编写，第 2~11 章由吴静编写。

鉴于编者水平有限，书中疏漏之处在所难免，敬请专家、学者和读者批评、指正。

编　者

2010 年 6 月于深圳

第一版前言

世界上流行一句格言:“世界上只有两件事是不可避免的,那就是税收和死亡。”面对国家税收,“愚者逃税,蠢者偷税,智者避税,高者筹划”。

——题记

随着我国市场经济的迅猛发展，随着我国加入 WTO，融入世界经济一体化的进程，税收筹划正作为一个新的研究领域、一种经济行为、一个朝阳行业，迅速向我们走来。

在法制社会中，依法纳税是每个纳税人的法定义务，而税收筹划也是纳税人的一项基本权利。 纳税人具有不缴纳比税法规定的更多的税收，合法合理地降低税收成本，获取最大经济效益的权利。《中国注册税务师资格暂行规定》对税收筹划的肯定表明我国已经承认纳税人具有税收筹划的权利。 我们相信随着改革开放的深入和市场经济的不断完善，必将使我国的税收筹划也像发达国家一样普遍开展起来。

为了适应税收筹划发展的要求，满足高职高专院校学生和广大从事实际经济工作者的需要，我们编写了这本《税收筹划实务》教材。 全书由三部分构成：第一部分即第 1 章，介绍税收筹划的基本理论知识；第二部分即第 2～8 章，讲授各个税种的税收筹划；第三部分即第 9～13 章，为财务管理中的税收筹划。 第一部分的内容以介绍最必要的基本概念、基本理论为要旨。 第二部分是全书的重点，内容最多、篇幅最长，要求学生不但熟练掌握各个税种的税收筹划，还要能根据实际工作灵活运用。 第三部分内容只要求学生熟悉教材中的内容。 全书以实务和案例为中心，侧重实务教学和实际训练，并以附录的形式给出有关的税收政策，以便查阅参考；每一章都给出学习要求和相关的练习题。 我们之所以这样安排，是为了满足和适应高职高专院校学生的特点和教学要求。

本书由深圳职业技术学院经济系汪治、陈文梅编著。 汪治副教授负责全书框架设计，第 1 章由汪治撰写，第 2～8、10、11、13 章由陈文梅撰写，第 9、12 章由汪治和陈文梅撰写。

我们能够顺利完成本书的编写工作，首先要感谢国内外从事税收筹划研究与应用的学者与实务工作者。 本书吸收了不少前人的研究成果和实践经验，对此我们表示诚挚的谢意，并愿加入继续探索和实践的行列中。 其次，要感谢我院经济系的领导和同事们，他们对这本书给予了许多的帮助与支持。

鉴于税收筹划是一门综合性、专业性极强的新学科，其理论与实务尚处在探索和发展之中，加之我们成书时间仓促，水平有限，书中不足之处在所难免，敬请专家、学者和读者批评、指正。

编　者

2004 年 4 月于深圳

目　录

第1章 税收筹划概述

1.1 税收筹划的基本概念

1.1.1 税收筹划的概念与意义

1. 税收筹划的概念

税收筹划也称纳税筹划、税务筹划。我国的税收筹划目前尚处于初始阶段，而在西方发达国家，税收筹划对纳税人而言耳熟能详。以下是几种比较有代表性的观点。

荷兰国际财政文献局的《国际税收辞汇》中定义："税收筹划是指纳税人通过经营活动或个人事务活动的安排，实现缴纳最低的税收。"

印度税务专家 N. J. 雅萨思在《个人投资和税收筹划》一书中称，税收筹划是"纳税人通过财务活动的安排，以充分利用税收法规所提供的包括减免税在内的一切优惠，从而获得最大的税收利益"。

美国加州 W. B. 梅格思博士在与别人合著的已发行多版的《会计学》一书中说道："人们合理而又合法地安排自己的经营活动，使之缴纳可能最低的税收。他们使用的方法可称之为税收筹划……少缴税和递延缴纳税收是税收筹划的目标所在。"另外他还说："在纳税发生之前，有系统地对企业经营或投资行为作出事先安排，以达到尽量地少缴所得税，这个过程就是税收筹划。"

上述观点虽然在表述形式上有所不同，但其基本意义却是一致的，根据以上相互接近的表述，可以给"税收筹划"下一个定义：税收筹划就是在法律允许的范围内，通过对经营、投资、理财活动等事项的事先筹划和安排，以尽可能取得少缴税的税收利益为目的的活动。

税收筹划的目的是合理、合法地降低税收成本，增加经济效益。税收筹划是制订可以尽量减少纳税人的税收成本的投资、经营或其他活动的计划。因此，税收筹划是一项指导性、科学性、预见性很强的管理活动。税收筹划有助于纳税人的财务利益最大化，同时，也有利于国家政策更好地贯彻和资源的合理利用。

2. 税收筹划的意义

首先，从市场法人主体来看，实施税收筹划有助于获得额外的税收利益，增强市场法人主体的竞争能力。

其次，对国家而言，实施税收筹划有助于优化产业结构和投资方向，增加国家财政收入。

最后，从社会角度考察，实施税收筹划有助于培养纳税人依法自觉纳税的意识。

1.1.2 税收筹划的特征

1. 合法性

合法性是指税收筹划必须在法律允许的范围内进行。纳税人具有依法纳税的责任和义务，税务机关的征税行为也必须受到税法的规范。这种征纳关系是税收的基本关系，税法是规范征纳关系的基本准则。纳税人为规避和减轻税收负担而置法律于不顾的偷逃税行为应受到法律制裁，但当纳税人有多种合法纳税方案可选择时，纳税人可选择低税收负担方案。这也正是税收政策调节引导经济，调节纳税人经营行为的重要作用之一。同时还要指出，这里的法律不仅仅指税法，而是广义的法律，包括宪法、民法、民事诉讼法等所有法律。

2. 超前性

超前性也称前瞻性，是企业税收筹划的重要特征，即在纳税前，甚至在经营行为开始前就进行的规划、设计和安排。企业在交易行为发生之后，才有缴纳流转税的义务；在收益实现或分配之后，才计缴所得税；在财产取得之后，才缴纳财产税。企业的纳税行为相对于经营行为而言，具有滞后性的特点，这在客观上为企业提供了纳税前作出筹划的机会与可能。

3. 目的性

目的性即企业进行税收筹划是为获取最大的税收利益。这有两层具体含义：一是选择低税收负担，即选择税收成本较低的方案；二是滞延纳税时间（不是指不按税法规定期限缴纳税收的欠税行为）。纳税期的合法推后，可以减轻税收负担，降低资金成本。该性质还隐含着税收筹划的预期性，即事先就知道大概能节税多少。

4. 综合性

综合性是指企业税收筹划应着眼于自身资本总收益的长期稳定增长，而不是着眼于个别税种税收负担的轻重。这是因为，一种税少缴了；另一种税可能多缴，对企业而言整体税收负担不一定减轻；同时，纳税支出最小化的方案不一定等于资本效益最大化的方案。这里的综合性还指在企业税收筹划时，除考虑税收这一主要因素外，还必须考虑企业的经营管理决策中的其他因素，应综合考虑以达到总体收益最大的目的。

另外，税收筹划的专业化趋势十分明显，即由专门的部门或机构来从事税收筹划工作。

1.1.3 税收筹划与避税、偷税的区别

税收筹划是使纳税人缴纳尽量少的税收。使纳税人少缴纳税收的手段和方式很多，我们必须了解和区分各种不同的少缴纳税收的手段和方式，把握其异同。

1. 偷税与避税的概念

1）偷税

偷税是纳税人在其纳税义务已经发生并且能够确定的情况下，采取虚报、谎报、隐瞒、伪造等各种非法欺骗手段，达到不缴或少缴税款的目的的行为。偷税有两个基本特征：非法性和欺骗性。偷税行为轻则违法，重则犯罪。《中华人民共和国税收征收管理法》（以下简称《税收征管法》）第六十三条规定："纳税人伪造、变造、隐匿、擅自销毁账簿、记账凭证，或者在账簿上多列支出或者不列、少列收入，或者经税务机关通知申报而拒不申报或者进行虚假的纳税申报，不缴或者少缴应纳税款的，是偷税。对纳税人偷税的，由税务机关追缴其不缴或者少缴的税款、滞纳金，并处不缴或者少缴的税款百分之五十以上五倍以下的罚款；构成犯罪的，依法追究刑事责任。"

2）避税

避税是指纳税人通过合法手段减轻纳税义务的行为，即指纳税人通过利用税法的漏洞，以合法形式来规避、降低或递延纳税义务的行为。

20 世纪 70 年代以后，美国、德国、澳大利亚等一些国家都以立法形式否定了避税。1977 年经济合作与发展组织《关于对所得和资本避免双重征税的协定范本》和 1979 年联合国《关于发达国家与发展中国家间双重征税的协定范本》中的相互协商程序和情报交换条款，被税务专业界广泛地称为反避税条款。20 世纪 70 年代发表的一大批反避税的专著、论文和报告，也表明了国际社会不少人反避税的立场。在这种形势下，进入 20 世纪 80 年代后，越来越多的国家在税法中加入了被税务专业界称为反避税条款的内容。

到了 20 世纪 80 年代末避税已有了新的定义，认为它是"错用"或"滥用"税法的行为。避税被定义为："纳税人通过个人或企业事务的人为安排，利用税法的漏洞、特例和缺陷，规避或减轻其纳税义务的行为。"①

这里的人为安排指虚假安排；税法漏洞指由于各种原因税法遗漏的规定或规定的不完善之处；税法特例指规范的税法里因政策等需要而对某种特殊情况所作出的某种不规范规定；税法缺陷指税法规定的错误之处。这种观点代表了许多国家政府和专业人士的观点。比如，加拿大魁北克大学会计系教授雷内・霍特在他编写的《理解所得税》一书中也指出："避税不违法，但被政府认为是企图绕过税法规定，这样，错用或滥用税法的避税可能带来的利益就会被政府已经制定的一般反避税法所取消。"由此可见，避税已不再是中性的行为，而是政府反对的行为。

在我国，至今还没有关于避税的法律定义，但我国税法中也已有了被税务专业界称为反避税条款的内容。由于避税是纳税人在不违法的情况下，利用税法的漏洞和缺陷来减少税收，所以我国对避税并没有规定法律责任，但采取了可以对纳税人进行强制调整，要求纳税人补缴税款的反避税措施。比如，在《中华人民共和国增值税暂行条例》（简称《增值税暂行条例》）、《中华人民共和国企业所得税法》（简称《企业所得税法》）中都有主管税

---

① 荷兰国际财政文献局（IBFD）.国际税收辞汇[M].国家税务局税收科学研究所，译.北京：中国财政经济出版社，1988.

务局有权核定和调整企业产品销售价格的规定,这些规定都被税务专业界称为反避税条款内容的规定。

2. 偷税、避税和节税之间的关系

偷税、避税和节税这三个不同的概念之间既有联系又有区别。

1) 联系

偷税、避税和节税的共性在于,其行为目的都是规避或减少税收负担。

2) 区别

(1) 法律性质不同。偷税具有违法性,是以非法手段逃避税收负担的行为,因而将受到法律的制裁;避税具有合法性但不具有合理性,是纳税人利用税法上的漏洞,通过其经济行为的巧妙安排,来谋取税收利益,它有悖于国家税法的立法意图和政府的税收政策意图;节税具有合法性与合理性,它既不违背国家的税法又反映了政府税收政策的意图,因为节税是按照国家税法和政府的税收政策意图,在纳税义务确定之前所做的对于投资、经营、财务活动的事先筹划和安排。

(2) 行为过程的内容不同。偷税是通过违法手段将应税行为转变为非应税行为,从而直接逃避纳税人自身的应税责任;避税是纳税人对已经发生或将要发生的"模糊行为",即介于应税行为和非应税行为之间的,依照现行税法难以作出明确判定的经济行为进行一系列人为安排,使之被确认为非应税行为;节税是通过避免应税行为的发生或事前以轻税行为来代替重税行为,以达到减少税款支出或综合净收益最大化的目的。

(3) 行为的后果不同。偷税与避税将直接导致政府当期预算财政收入的减少,从而将影响政府职能的实现,进而影响财政收入的长期增长;节税由于其符合国家经济政策的导向,有利于经济结构的合理调整,有利于促进财政收入长期稳定的增长。

(4) 政府的态度不同。由于偷税行为违反国家法律,损害了国家利益,妨碍了企业之间的公平竞争,因而政府坚决反对并给予法律制裁;避税行为虽然没有违背法律,但这一行为的直接后果将造成国家利益的损失,因而政府在道义上持反对态度,并且税务当局有权进行调整,通过加强税收征管来加以治理;由于节税行为具有合法性与合理性,纳税人在追求自身利益最大化的同时也满足了国家和社会公众的利益,因而政府一般持赞许态度,同时税务当局也无权进行干涉。

节税与避税的区别如表 1-1 所示。

表 1-1 节税与避税的区别

内容	节税	避税
从法律的角度看	合法	非违法
从立法本意看	完全符合	背道而驰
从税法角度看	善意利用	破坏性利用
从伦理角度看	光明正大	悖于道德
根本原则	选优弃劣,趋利避害	损公肥私
从税收政策看	符合税收政策	悖于税收政策
操作特点	高智能、综合性、精心研究选择	利用税法漏洞,钻税法空子

续表

内容	节税	避税
操作人员素质要求	懂经济、熟法律、精税收、善运算	不顾大局，铤而走险
目的	税收支付的节约	少缴税或不缴税
对经营和经济的影响	指导和促进生产经营活动	影响以至破坏市场规则

1.2 税收筹划的基本技术与程序

1.2.1 税收筹划的分类

按服务对象是企业还是个人，税收筹划可以分为企业税收筹划与个人税收筹划两类；按税收筹划地区是否跨国，税收筹划可以分为国内税收筹划与国际税收筹划两类；按税收筹划是否针对特别税收事件，税收筹划可以分为一般税收筹划与特别税收筹划两类；按税收筹划期长短，税收筹划可以分为短期税收筹划与长期税收筹划两类；按税收筹划的主体，税收筹划可以分为外部税收筹划与内部税收筹划。

税收筹划可以由外部税收筹划人或者内部税收筹划人进行。外部税收筹划人包括税务顾问、国际税务顾问、税收筹划顾问、税收筹划师、国际税收筹划师、财务顾问、会计师、税务律师等以税收筹划为业务或有税收筹划业务的人员，或税务咨询公司、财务咨询公司、会计师事务所、律师事务所等以税收筹划为业务或有税收筹划业务的企业；内部税收筹划人包括企业内部税务部门、财会部门、法律部门为企业进行税收筹划的人员。

1.2.2 税收筹划的八种基本技术

1. 免税技术

1）免税技术的概念

免税技术是指在合法的情况下，使纳税人成为免税人，或使纳税人从事免税活动，或使征税对象成为免税对象而免纳税负的税收筹划技术。免税人包括自然人、免税公司、免税机构等。

一般来说，税收是不可避免的，每个人都要缴纳税收，但是纳税人可以成为免征（纳）税收的纳税人。尽管免税实质上相当于财政补贴，但各国一般有两类不同目的的免税：一类是属于税收照顾性质的免税，它们对纳税人来说只是一种财务利益的补偿；另一类是属于税收奖励性质的免税，它们对纳税人来说则是财务利益的取得。照顾性免税往往是在非常情况或非常条件下才取得的，而且一般只是弥补损失，所以税收筹划不能利用其来达到节税目的，只有取得国家奖励性免税才能达到节税的目的。

2）免税技术的特点

（1）免税技术运用的是绝对节税原理，直接免除纳税人的税收绝对额，属于绝对节税型税收筹划技术。

(2) 免税技术简单易行，一般不需要利用数理、统计、财务管理等专业知识进行税收筹划，也无须通过复杂的计算，甚至不用计算，不用比较，就能知道是否可以节减税收，技术非常简单直观。

(3) 免税是对特定纳税人、征税对象及情况的减免，比如必须从事特定的行业，在特定的地区经营，要满足特定的条件等，而这些不是每个纳税人都能或都愿意做到的，因此，免税技术往往不能普遍运用，适用范围狭窄。

(4) 免税技术具有一定风险性，在能够运用免税技术的企业投资、经营活动中，往往有一些是被认为投资收益率低或风险高的地区、行业、项目和行为。比如，投资高科技企业可以得到免税待遇，还可能得到超过社会平均水平的投资收益率，但风险性极高，经常会因种种原因导致投资失败，使免税优惠变得毫无意义。

3) 免税技术要点

在免税技术手段运用过程中，应注意做到以下两点。

(1) 尽量争取更多的免税待遇。在合法和合理的情况下，尽量争取免税待遇，争取尽可能多的项目获得免税待遇。与缴纳税收相比，免征的税收就是节减的税收，免征的税收越多，节减的税收就越多。

(2) 尽量使免税期最长化。在合法和合理的情况下，尽量使免税期延长。许多免税政策都有期限规定，免税期越长，节减的税收越多。

2. 减税技术

1) 减税技术的概念

减税技术是指在合法的情况下，使纳税人减少应纳税额而直接节税的税收筹划技术。与缴纳全额税收相比，减征的税收越多，节减的税收就越多。

减税实质上相当于财政补贴，各国大体上把减税方式分为两类：一类是出于税收照顾目的的减税，比如，国家对遭受自然灾害地区企业、残疾人企业等的减税，这类减税是一种税收照顾，是国家对纳税人由于各种不可抗力造成的财务损失进行的财务补偿；另一类是出于税收奖励目的的减税，比如，技术先进型服务企业、高科技企业、再循环生产企业等的减税，这类减税是一种税收奖励，是对纳税人贯彻国家政策的财务奖励。税收筹划的减税技术主要是合法和合理地利用国家奖励性减税政策而节减税收的技术。

2) 减税技术的特点

(1) 减税技术运用的是绝对节税原理，直接减少纳税人的税收绝对额，属于绝对节税型税收筹划技术。

(2) 减税技术简单易行，无须利用数理、统计等专业知识进行税收筹划，只要通过简单的计算就能大致知道可以节减多少税收，技术简便。

(3) 减税也是对特定纳税人、征税对象及情况的减免，而在大多数情况下，不是每个纳税人都能够满足这些特定条件，因此，减税技术是一种不能普遍运用、适用范围狭窄的税收筹划技术。

(4) 能够运用减税技术的企业投资、经营活动，往往有一些被认为是投资收益率低和风险高的地区、行业和项目，从事这类投资、经营活动具有一定的风险性。比如，投资节能服务企业就有一定的风险性，其投资收益难以预测。

3）减税技术要点

（1）尽量争取减税待遇并使减税最大化。在合法和合理的情况下，尽量争取减税待遇，争取尽可能多的税种获得减税待遇，争取减征更多的税收。与缴纳税收相比，减征的税收就是节减的税收，获得减征待遇的税种越多，减征的税收越多，节减的税收也越多。

（2）尽量使减税期最长化。在合法和合理的情况下，尽量延长减税期。减税期越长，节减的税收越多。与按正常税率缴纳税收相比，减征的税收就是节减的税收，使减税期最长化能使节税最大化。

3. 税率差异技术

1）税率差异技术的概念

税率差异技术是指在法律允许的范围内，利用税率的差异而直接节减税收的技术。这里的税率差异包括税率的地区差异、国别差异、行业差异、企业类型差异等。

2）税率差异技术的特点

（1）税率差异技术运用的是绝对节税原理，可以直接减少纳税人的税收绝对额，属于绝对节税型税收筹划技术。

（2）采用税率差异技术节税不单受税率差异的影响，有时还受到税基差异的影响，税基的计算很复杂。计算出结果后还要按一定的方法进行比较，才能大致知道可以节减多少税收，所以税率差异技术较为复杂。

（3）税率差异是普遍存在的，几乎每个纳税人都有一定的挑选范围，因此，税率差异技术是一种能普遍运用、适用范围较大的税收筹划技术。

（4）税率差异是客观存在的，而且在一定时期是相对稳定的，因此税率差异技术具有相对的确定性。

3）税率差异技术要点

（1）尽量寻求税率最低化。在合法和合理的情况下，尽量寻求适用税率的最低化。在其他条件相同的情况下，按高低不同税率缴纳的税额是不同的，它们之间的差异，就是节减的税收。寻求适用税率的最低化，可以达到节税的最大化。

（2）尽量寻求税率差异的稳定性和长期性。税率差异具有一定的确定性只是一般而言，税率差异中还有相对更稳定的。比如，政局稳定国家的税率差异就比政局动荡国家的税率差异更具稳定性；政策制度稳健国家的税率差异就比政策制度多变国家的税率差异更具长期性。在合法和合理的情况下，应尽量寻求税率差异的稳定性和长期性。

4. 分割技术

1）分割技术的概念

分割技术是指在法律允许的范围内，使所得财产在两个或更多个纳税人之间进行分割而直接节减税收的技术。

2) 分割技术的特点

(1) 绝对节税。分割技术运用的是绝对节税原理,直接减少纳税人的税收绝对额,属于绝对节税型税收筹划技术。

(2) 适用范围狭窄。一些企业往往通过分立为多个小企业,强行分割所得来降低适用税率,因此被许多国家认为是一种避税行为。为了防止企业利用小企业税收待遇进行避税,一些国家针对企业的所得分割制定了反避税条款,所以分割技术一般只适用于自然人的税收筹划。不过即使是自然人,能够适用的人和进行分割的项目有限,条件也比较苛刻,因此分割技术适用范围狭窄。但适用范围狭窄并不是说不能使用,一些国家税务局向纳税人免费寄发的纳税宣传手册也指导纳税人如何分割所得,以便节税。

(3) 技术较为复杂。采用分割技术节减税收不但要受到许多税收条件的限制,还要受到许多非税条件,如分割参与人等复杂因素的影响,所以技术较为复杂。

3) 分割技术要点

(1) 分割合理化。使用分割技术节税,除了要合法,还要特别注意所得或财产分割的合理,即分割合法并合理。比如,严格遵循税务局宣传手册的指导来分割所得和财产。

(2) 节税最大化。在合法和合理的情况下,尽量寻求通过分割技术能使节减的税收最大化。

5. 扣除技术

1) 扣除技术的概念

扣除技术是指在法律允许的范围内,使扣除额、免征额、冲抵额等尽量增加而直接节减纳税,或调整各个计税期的扣除额而相对节税的技术。

2) 扣除技术的特点

(1) 扣除技术可用于绝对节税,通过扣除使计税基数绝对额减少,从而使绝对纳税额减少;也可用于相对节税,通过合法和合理地分配各个计税期的费用扣除和亏损冲抵,增加纳税人的现金流量,起到延期纳税的作用。在这一点上,与延期纳税技术原理有类似之处。

(2) 税法中各种扣除、宽免、冲抵规定是最为烦琐复杂,也是变化最多、最大的规定,而要节减更多的税收就要精通所有有关的最新税法,所以扣除技术较为复杂。

(3) 扣除是适用于所有纳税人的规定,几乎每个纳税人都能采用此法节税,因此,扣除技术是一种能普遍运用、适用范围较大的税收筹划技术。

(4) 扣除在规定时期是相对稳定的,因此采用扣除技术进行税收筹划具有相对确定性。

3) 扣除技术要点

(1) 扣除项目最多化。在合法和合理的情况下,尽量使更多的项目能够得到扣除。在其他条件相同的情况下,扣除的项目越多,计税基数就越小,应纳税额就越小,因而节减的税收就越多。使扣除项目最多化,可以达到节税的最大化。

(2) 扣除金额最大化。在合法和合理的情况下,尽量使各项扣除额能够最大化。在其他条件相同的情况下,扣除的金额越大,计税基数就越小,应纳税额就越小,因而节减的税收就越多。使扣除金额最大化,可以达到节税最大化。

(3) 扣除最早化。在合法和合理的情况下,尽量使各允许扣除的项目在最早的计税期得到扣除。在其他条件相同的情况下,扣除越早,早期缴纳的税收就越少,早期的现金净流量就越大,相对节减的税收就越多。扣除最早化,可以达到节税的最大化。

6. 抵免技术

1) 抵免技术的概念

抵免技术是指在法律允许的范围内,使税收抵免额增加而绝对节税的技术。

2) 抵免技术的特点

(1) 绝对节税。抵免技术运用的是绝对节税原理,直接减少纳税人的税收绝对额,属于绝对节税型税收筹划技术。

(2) 技术较为简单。尽管有些税收抵免与扣除有相似之处,但总的来说,各国规定的税收优惠性或基本扣除性抵免种类有限,计算也不会很复杂,因此抵免技术较为简单。

(3) 适用范围较大。抵免普遍适用于所有纳税人,不是只适用于某些特定纳税人的优惠,因此,抵免技术适用范围较大。

(4) 具有相对确定性。抵免在一定时期相对稳定、风险较少,因此采用抵免技术进行税收筹划具有相对确定性。

3) 抵免技术要点

(1) 抵免项目最多化。在合法和合理的情况下,尽量争取更多的抵免项目。在其他条件相同的情况下,抵免的项目越多,冲抵的应纳税项目也越多,应纳税额就越小,因而节减的税收就越多。使抵免项目最多化,可以达到节税的最大化。

(2) 抵免金额最大化。在合法和合理的情况下,尽量使各抵免项目的抵免金额最大化。在其他条件相同的情况下,抵免的金额越大,冲抵应纳税额的金额就越大,应纳税额就越小,因而节减的税收就越多,从而使抵免金额最大化,可以达到节税的最大化。

7. 延期纳税技术

1) 延期纳税技术的概念

延期纳税技术是指在法律允许的范围内,使纳税人延期缴纳税款而相对节税的技术。延期纳税虽然不能减少纳税人的应纳税额,但对纳税人而言,相当于获得一笔无息贷款,有利于纳税人的资金周转,还能使纳税人享受通货膨胀的益处。因为延期后缴纳的税款由于通货膨胀、货币贬值,相对降低了该笔税额的购买力。同时由于货币的时间价值,纳税人对因节税省下的资金进行投资,可产生更大的收益,对纳税人而言是相对节减税收。

2) 延期纳税技术的特点

(1) 相对节税。延期纳税技术运用的是相对节税原理,一定时期的纳税绝对额并没有减少,是利用货币的时间价值节减税收,属于相对节税型税收筹划技术。

(2) 技术复杂。大多数延期纳税涉及财务制度各个方面的许多规定和其他一些技术,并涉及财务管理的方方面面,需要有一定的数学、统计和财务管理知识,各种延期纳税节税方案要通过较为复杂的财务计算比较,才能知道相对节减税收的多少。

(3) 适用范围广。延期纳税技术可以作为利用税法延期纳税规定、财会制度选择性方法以及其他规定等进行节税的税收筹划技术，几乎适用于所有纳税人。

(4) 具有相对稳定性。延期纳税主要是运用财务原理，并不涉及容易变化的税收政策，因此，延期纳税节税技术具有相对的确定性。

3) 延期纳税技术要点

(1) 延期纳税项目最多化。在合法和合理的情况下，尽量争取更多的项目延期纳税。在其他条件包括一定时期纳税总额相同的情况下，延期纳税的项目越多，本期缴纳的税收就越少，现金流量就越大，可用于扩大流动的资本和进行投资的资金也越多，将来的收益也越多，因而相对节减的税收也越多。使延期纳税项目最多化，可以达到节税的最大化。

(2) 延长期最长化。在合法和合理的情况下，尽量争取纳税延长期的最长化。在其他条件包括一定时期纳税总额相同的情况下，纳税延长期越长，由延期纳税增加的现金流量所产生的收益也将越多，因而相对节减的税收也越多。使纳税延长期最长化，可以达到节税的最大化。

8. 退税技术

1) 退税技术的概念

退税技术是指在法律允许的范围内，使税务机关退还纳税人已纳税款而直接节税的技术。

2) 退税技术的特点

(1) 绝对节税。退税技术运用的是绝对节税原理，直接减少纳税人的税收绝对额，属于绝对节税型税收筹划技术。

(2) 技术较为简单。退税技术节减的税收一般通过简单的退税公式就能计算出来，有一些国家同时还给出简化算式，更简化了节减税收的计算，因此退税技术较为简单。

(3) 适用范围较小。退税一般只适用于某些特定行为的纳税人，因此，退税技术适用的范围较小。

(4) 具有一定的风险性。国家之所以用退税鼓励某种特定行为，如投资，往往是因为这种行为有一定的风险性，这也使得采用退税技术的税收筹划具有一定的风险性。

3) 退税技术要点

(1) 尽量争取退税项目最多化。在合法和合理的情况下，尽量争取更多的退税待遇。在其他条件相同的情况下，退税项目越多，退还的已纳税款就越多，因而节减的税收也越多，从而使退税额最大化，以达到节税的最大化。

(2) 在合法和合理的情况下，尽量使退税额最大化。在其他条件相同的情况下，退税额越大，退还的已纳税额越大，因而节减的税收就越多，从而使退税额最大化，以达到节税的最大化。

1.2.3 税收筹划的程序

(1) 确立节税目标，提出备选方案。根据企业经营的目标与企业发展的要求，确定税收筹划的目标，在收集相关的规定和有关资料后，依据税收筹划的内容，提出多种备选方案。要注意每一被选方案的合理性与合法性，既可依法而查又有理可依。

(2) 建立数学模型，进行模拟测算。这一步弹性很大，尤其是对企业经营情况的估计容易产生较大偏差。可以取过去几年的平均增长率，也可作乐观、悲观和一般性的估计，同时考虑各方案的执行成本等因素，然后尽可能建立数学模型，测算各备选方案的结果。

(3) 根据税后净回报，排列比较各个方案。所有备选方案的比较都要在成本—收益分析框架中进行，按税后净回报进行排列。

(4) 考虑各种因素，选择最佳方案。对于每一方案，都有很多影响因素，这些因素包括：企业经营中的变化、税收政策的变化，以及宏观的经济周期、政治变化等。对于每一方案，还要考虑很多方面，如内部核算、投资、交易、筹资、资产重组等。在考虑各种主要因素和各个主要方面后，从被选方案中选择一个最佳方案(即最令人满意的)。同时注意最佳方案的独特性和实施的条件，当外部环境因素发生变化时，最佳方案也需要及时调整。尤其是在国际税收筹划时，影响因素会更多(这时候还需要考虑政策的稳定期等国际因素)，变化会更快。

(5) 协调各部门，付诸实践。任何一个税收筹划方案至少要涉及企业的财务会计人员、办税人员和负责财会的总经理，大的策划方案还可能涉及供销、投资、资本运作等更多部门和更多人员，甚至不同的区域。所以付诸实践前要在各部门、各区域之间做好充足的沟通协调工作。

(6) 收集反馈信息，不断修正，提高企业税收筹划能力。这一步对于税收筹划工作是非常重要的一个环节和步骤。当企业执行了最佳方案后，要进行实际情况和事先模拟测算情况的对比，分析得失，总结经验和不足，并要积极关注政策的导向，为下一次税收筹划做好准备。

本章小结

本章主要介绍税收筹划的基本概念和原理。要求理解和掌握什么是税收筹划，它与节税、避税、偷税等概念的异同；掌握税收筹划的四大特征，了解税收筹划的八种基本技术；了解税收筹划的程序与步骤。

思考题

1. 如何正确理解税收筹划的概念和作用?
2. 税收筹划的主要特征有哪些?
3. 偷税、避税和节税的主要区别是什么?
4. 税收筹划运用的主要技术有哪些?
5. 简述税收筹划的工作程序。

第2章 增值税的税收筹划

2.1 纳税人身份的税收筹划

税法将纳税人按其经营规模大小及纳税人性质和会计核算健全与否划分为一般纳税人和小规模纳税人。

自 2018 年 5 月 1 日起，这两类纳税人的划分标准：一是经营规模。小规模纳税人的销售额标准统一为年应征增值税销售额 500 万元及以下。二是纳税人性质和会计核算健全与否。

年应税销售额超过规定标准的其他个人不属于一般纳税人。年应税销售额超过规定标准但不经常发生应税行为的单位和个体工商户可选择按照小规模纳税人纳税。

年应税销售额未超过规定标准的纳税人，会计核算健全、能提供准确税务资料的，可以向主管税务机关办理一般纳税人资格登记，成为一般纳税人。

销售货物或者加工修理修配劳务、有形动产租赁服务的一般纳税人的增值税基本适用税率为 13%；少数几类货物适用 9%的低税率；提供交通运输、邮政、基础电信、建筑、不动产租赁服务，销售不动产，转让土地使用权，税率为 9%；境内单位和个人发生的跨境应税行为，税率为零；纳税人发生应税行为，除上述规定外，税率为 6%。一般纳税人允许进项税额抵扣。小规模纳税人适用 3%的征收率，一般纳税人按照简易计税方法计税的销售不动产、不动产经营租赁服务(除试点前开工的高速公路的车辆通行费)，适用征收率为 5%。小规模纳税人(其他个人除外)销售自己使用过的固定资产(不动产除外)和旧货，减按 2%的征收率征收增值税；销售自己使用过的除固定资产以外的物品，按 3%的征收率征收增值税。小规模纳税人不得抵扣进项税额。

根据税制对增值税纳税人身份的可转换性规定以及这两类纳税人缴纳增值税时的差别待遇，可对纳税人身份进行选择，以进行税收筹划。从数量指标来看，判断哪一种身份对纳税人有利，主要有增值率筹划法与抵扣率筹划法。

2.1.1 增值率筹划法

增值额是指纳税人在生产经营过程中新创造的价值，是货物价值扣除生产经营过程中消耗的生产资料的转移价值之后的余额，即销售货物价款与购进货物价款之间的差额。增值率则是增值额与销售货物价款之比。计算公式为

$$增值率=\frac{销售额-购进价款}{销售额}$$

或

$$增值率=\frac{销项税额-进项税额}{销项税额}$$

假定某一企业无论成为一般纳税人还是小规模纳税人，其应纳增值税税额相同，可根据企业的销售额是否含税来建立计算公式。

(1) 如果企业的销售额为不含税销售额：

$$\underset{(一般纳税人税收负担)}{不含税销售额\times增值率\times 13\%}=\underset{(小规模纳税人税收负担)}{不含税销售额\times 3\%}$$

由此可得：

$$增值率=\frac{3\%}{13\%}=23.08\%$$

由以上公式可以很容易看出：当增值率>23.08%时，一般纳税人税收负担大于小规模纳税人税收负担，小规模纳税人税收负担较轻；当增值率<23.08%时，一般纳税人税收负担小于小规模纳税人税收负担，一般纳税人税收负担较轻；当增值率=23.08%时，两者税收负担相等。使两者相等的增值率称为节税点增值率。

(2) 如果企业的销售额为含税销售额：

$$\underset{(一般纳税人税收负担)}{\frac{含税销售额}{1+13\%}\times增值率\times 13\%}=\underset{(小规模纳税人税收负担)}{\frac{含税销售额}{1+3\%}\times 3\%}$$

由此可得：

$$增值率=\frac{(1+13\%)\times 3\%}{(1+3\%)\times 13\%}=25.32\%$$

由以上公式可以很容易看出：当增值率>25.32%时，一般纳税人税收负担大于小规模纳税人税收负担，小规模纳税人税收负担较轻；当增值率<25.32%时，一般纳税人税收负担小于小规模纳税人税收负担，一般纳税人税收负担较轻；当增值率=25.32%时，两者税收负担相等。使两者相等的增值率称为节税点增值率。

把上述计算推而广之，有下列结论成立。

(1) 当增值率大于节税点增值率时，一般纳税人税收负担大于小规模纳税人税收负担，小规模纳税人税收负担较轻。

(2) 当增值率小于节税点增值率时，一般纳税人税收负担小于小规模纳税人税收负担，一般纳税人税收负担较轻。

(3) 当增值率等于节税点增值率时，两者税收负担相等。

依据上述计算，一般纳税人增值税税率为13%、9%或6%，小规模纳税人增值税征收率为3%或5%时，两类纳税人节税点增值率如表2-1所示。

表 2-1 两类纳税人节税点增值率

一般纳税人税率/%	小规模纳税人征收率/%	不含税节税点增值率/%	含税节税点增值率/%
13	3	23.08	25.32
9	3	33.33	35.28

续表

一般纳税人税率/%	小规模纳税人征收率/%	不含税节税点增值率/%	含税节税点增值率/%
6	3	50.00	51.46
13	5	38.46	41.39
9	5	55.56	57.67
6	5	83.33	84.13

【例 2-1】 某公司是一个年含税销售额在678万元左右的生产企业,公司每年购进材料452万元左右(含13%增值税)。如果是一般纳税人,该公司产品的增值税适用税率为13%,如果是小规模纳税人则增值税征收率为3%。该公司会计核算健全,有条件被认定为一般纳税人。请为该企业进行纳税人类别的税收筹划。

【解析】

$$该公司含税销售额增值率=\frac{678-452}{678}=33.33\%$$

【筹划结论】

因为含税销售额增值率33.33%>25.32%(节税点增值率),所以该公司维持小规模纳税人身份更为有利。

但是,仅仅考虑税收负担的高低是非常片面的,因为增值税纳税人被划分成一般纳税人和小规模纳税人,这一划分给两类纳税人之间的商品流通增加了一道障碍,不少一般纳税人都不愿跟小规模纳税人打交道,原因是后者不能按要求向前者出具增值税专用发票。同样的原因,众多小规模纳税人因售货时不能出具增值税专用发票而望“票”兴叹,痛失了许多一般纳税人客户。所以,尽管成为一般纳税人的税收负担要高于小规模纳税人,很多企业也愿意成为一般纳税人,并且会想方设法地使自己早日成为一般纳税人。

2.1.2 抵扣率筹划法

抵扣额是指纳税人在生产经营过程中消耗的生产资料的转移价值,即符合增值税抵扣条件的购进货物价款。抵扣率即购进货物价款与销售商品价款之比。计算公式为

$$抵扣率=\frac{购进货物价款}{销售商品价款}$$

或

$$抵扣率=\frac{进项税额}{销项税额}$$

由于

$$增值率=\frac{销项税额-进项税额}{销项税额}$$

因此

$$增值率=1-抵扣率$$

假定某一企业无论成为一般纳税人还是小规模纳税人，其应纳增值税税额相同，并假定一般纳税人适用的税率为13%，小规模纳税人适用的征收率为3%。可根据企业的销售额是否含税来建立计算公式。

（1）如果企业的销售额为不含税销售额：

$$\text{不含税销售额}\times(1-\text{抵扣率})\times13\%=\text{不含税销售额}\times3\%$$

（一般纳税人税收负担）　　　　　　（小规模纳税人税收负担）

由此可得：

$$\text{抵扣率}=\frac{13\%-3\%}{13\%}=76.92\%$$

由以上公式可以很容易看出：当抵扣率>76.92%时，一般纳税人税收负担小于小规模纳税人税收负担，一般纳税人税收负担较轻；当抵扣率<76.92%时，一般纳税人税收负担大于小规模纳税人税收负担，小规模纳税人税收负担较轻；当抵扣率=76.92%时，两者税收负担相等。使两者相等的抵扣率称为节税点抵扣率。

（2）如果企业的销售额为含税销售额：

$$\frac{\text{含税销售额}}{1+13\%}\times(1-\text{抵扣率})\times13\%=\frac{\text{含税销售额}}{1+3\%}\times3\%$$

（一般纳税人税收负担）　　　　　　（小规模纳税人税收负担）

由此可得：

$$\text{抵扣率}=\frac{13\%-3\%}{13\%\times(1+3\%)}=74.68\%$$

由以上公式可以很容易看出：当抵扣率>74.68%时，一般纳税人税收负担小于小规模纳税人税收负担，一般纳税人税收负担较轻；当增值率<74.68%时，一般纳税人税收负担大于小规模纳税人税收负担，小规模纳税人税收负担较轻；当增值率=74.68%时，两者税收负担相等。使两者相等的抵扣率称为节税点抵扣率。

把上述计算推而广之，有下列结论成立。

（1）当抵扣率大于节税点抵扣率时，一般纳税人税收负担小于小规模纳税人税收负担，一般纳税人税收负担较轻。

（2）当抵扣率小于节税点抵扣率时，一般纳税人税收负担小于小规模纳税人税收负担，小规模纳税人税收负担较轻。

（3）当抵扣率等于节税点抵扣率时，两者税收负担相等。

依据上述计算，一般纳税人增值税税率为13%、9%或6%，小规模纳税人增值税征收率为3%或5%时，两类纳税人节税点抵扣率如表2-2所示。

表2-2　两类纳税人节税点抵扣率

一般纳税人税率/%	小规模纳税人征收率/%	不含税节税点抵扣率/%	含税节税点抵扣率/%
13	3	76.92	74.68
9	3	66.67	64.72
6	3	50.00	48.54
13	5	61.54	58.61

续表

一般纳税人税率/%	小规模纳税人征收率/%	不含税节税点抵扣率/%	含税节税点抵扣率/%
9	5	44.44	42.33
6	5	16.67	15.87

【例 2-2】 某科研所为非企业性单位,所研制的产品科技含量较高,当年预计不含税销售额 3 000 万元,购进不含增值税的原材料价款为 900 万元,该科研所如何进行纳税人类别的税收筹划?

【解析】

税法规定年应税销售额超过小规模纳税人标准的个人、非企业性单位、不经常发生应税行为的企业,视同小规模纳税人,即该科研所作为非企业性单位,只能被认定为小规模纳税人(适用征收率 3%)。但该科研所可以将该部分独立出去,通过注册成立一个企业,即可申请为一般纳税人(适用税率 13%)。

该科研所预计抵扣率=900÷3 000×100%=30%

【筹划结论】

计算预计抵扣率为 30%,小于两类纳税人平衡点的抵扣率 76.92%,注册企业申请为一般纳税人后的增值税税负将重于小规模纳税人。因此,该科研所应选择小规模纳税人身份更为有利。

若为一般纳税人

应纳增值税税额=3 000×13%-900×13%=273(万元)

若为小规模纳税人

应纳增值税税额=3 000×3%=90(万元)

选择小规模纳税人

增值税税负降低额=273-90=183(万元)

2.2 增值税应纳税额的税收筹划

增值税一般纳税人销售货物或者应税劳务,应纳税额等于当期销项税额抵扣当期进项税额后的余额。企业在进行增值税筹划时,主要考虑两个问题:一是尽可能缩小销项税额;二是扩大进项税额。

销项税额是指纳税人销售货物或者提供应税劳务,按照销售额和规定的税率计算的税额。销项税额的计算公式为

销项税额=销售额×适用税率

公式中适用税率的筹划空间不大(增值税税率档次少),因此缩小销项税额筹划主要应通过缩小销售额来实现。企业可通过对不同的销售方式、结算方式的选择来实现。

进项税额是纳税人购进货物或者接受应税劳务所支付或者负担的增值税税额。其税

收筹划主要通过对不同进价及抵扣时限的选择来实现。

2.2.1 采取折扣方式销售的税收筹划

折扣销售是指销货方在销售货物或应税劳务时,因购货方购货数量较大等原因而给予购货方的价格优惠。如购买5件,销售价格折扣10%;购买10件,折扣20%等。由于折扣是在实现销售的同时发生的,因此税法规定,如果销售额和折扣额是在同一张发票的金额栏中分别注明的,可按折扣后的余额作为销售额计算增值税;如果将折扣额另开发票,不论其在财务上如何处理,均不得从销售额中减除折扣额。

这里需要说明:①折扣销售不同于销售折扣。销售折扣是指销售方在销售货物或应税劳务之后,为了鼓励购货方及早偿还货款而协议许诺给予购货方的一种折扣优待。如10天内付款,折扣2%;20天内付款,折扣1%;30天内全价付款。销售折扣发生在销货之后,是一种融资性质的理财费用,因此销售折扣不得从销售额中减除。另外,折扣销售又不同于销售折让,销售折让是指在货物销售后,由于其品种、质量等原因购货方未予退货,但销货方需给购货方的一种价格折让。因此销售折让可以以折让后的货款为销售额。②折扣销售仅限于货物价格的折扣,如果销货者将自产、委托加工或购买的货物用作实物折扣,则该实物款额不能从货物销售额中减除,且该实物应按《中华人民共和国增值税暂行条例》(以下简称《增值税暂行条例》)"视同销售货物"中的"赠送他人"计算征收增值税。③对折扣销售之所以规定销售额与折扣额需在同一张发票上注明,是从保证增值税征税、扣税相一致的角度考虑的。因为如果允许对销售额开一张销货发票,对折扣额再开一张退款红字发票,就可能造成销货方按减除折扣额后的销售额计算销项税额,而购货方却按未减除折扣额的销售额及其进项税额进行抵扣的问题。

【例2-3】 前进公司以经销世界名牌运动鞋的零售为主,商品销售的平均利润为30%。公司准备在春节期间开展一次促销活动,以扩大该企业的影响,购物返现、打折销售、赠购物券等都是商家常用的促销手段。对于一个促销活动而言,在其他因素不变的条件下,税收是活动成败的重要因素,所以经营者应该充分考虑一项活动的涉税问题。以10 000元销售额为基数,对比以下三个筹划方案的增值税负担。

方案一,让利(折扣)20%销售,即企业将10 000元的货物以8 000元的价格销售。

方案二,赠送20%的购物券,即企业在销售10 000元货物的同时,另外再赠送2 000元的购物券,持券人可凭购物券购买商品。

方案三,返还20%的现金,即企业在销售10 000元货物的同时,向购货人赠送2 000元现金。

【解析】

方案一,让利20%销售商品。因为让利销售是在销售环节将销售利润让渡给消费者,让利20%销售就是将计划作价10 000元的商品作价为8 000元(购进成本为含税价7 000元)销售出去。企业计算缴税的情况如下。

$$应纳增值税=\frac{8\,000}{1+13\%}\times13\%-\frac{7\,000}{1+13\%}\times13\%=115.04(元)$$

$$应纳企业所得税=\left(\frac{8\,000}{1+13\%}-\frac{7\,000}{1+13\%}\right)\times 25\%=221.24(元)$$

$$税后净利润=\left(\frac{8\,000}{1+13\%}-\frac{7\,000}{1+13\%}\right)-221.24=663.72(元)$$

方案二,赠送价值20%的购物券。也就是说,消费者凡购买价值10 000元的商品,企业就赠送2 000元的商品。该业务比较复杂,需将其每个环节作具体的分解,企业计算缴税的情况如下。

(1) 销售货物时应纳增值税 $=\frac{10\,000}{1+13\%}\times 13\%-\frac{7\,000}{1+13\%}\times 13\%=345.13(元)$

(2) 赠送2 000元的商品购物券,按照现行税法规定,应视同销售处理,

$$应纳增值税=\frac{2\,000}{1+13\%}\times 13\%-\frac{2\,000\times 1-30\%}{1+13\%}\times 13\%=69.03(元)$$

合计应纳增值税=345.13+69.03=414.16(元)

$$应纳企业所得税=\frac{10\,000-7\,000+2\,000-2\,000\times(1-30\%)}{1+13\%}\times 25\%=796.46(元)$$

$$税后净利润=\frac{10\,000-7\,000-2\,000\times(1-30\%)}{1+13\%}-796.46=619.47(元)$$

方案三,返还20%的现金。企业计算缴税的情况如下。

$$应纳增值税=\frac{10\,000-7\,000}{1+13\%}\times 13\%=345.13(元)$$

$$应纳企业所得税=\frac{10\,000-7\,000}{1+13\%}\times 25\%=663.72(元)$$

$$税后净利润=\frac{10\,000-7\,000}{1+13\%}-2\,000-663.72=-8.85(元)$$

【筹划结论】

上述三种方案中,方案一最优,该方案既提高了销售额,又实现了增值税最少,收到了双重效果。方案二是在发生销售额的基础上进一步赠送商品,从税法的角度讲赠送商品属于视同销售行为,所以,在财务上也应计提增值税,因此,该方案增值税负担最重。而方案三赠送货币资金,虽然增值税负担没有方案二高,但是赠送现金则是将自己的净利润都赠送出去了。

企业在选择方案时,除考虑增值税外,还应考虑其他各税的因素,如赠送实物或现金同时应代缴个人所得税;对其获得的利润还要缴纳所得税等。

另外,如果企业让利的幅度不同,计算的结果甚至会完全相反。因此,在具体操作前,企业应先进行计算再确定方案。

2.2.2 企业结算方式的税收筹划

税收筹划可以通过纳税期限的递延,实现企业利润的最大化。纳税期限的递延也称延期纳税,即允许企业在规定的时期内,分期或延迟缴纳税款。企业在生产和流通过程中,可

根据国家税法的规定，作出一些合理的税收筹划，尽量地延缓纳税，从而获得节税效益。

1. **法律规定**

《增值税暂行条例》及其实施细则和“营改增”税收政策明确规定了纳税人销售货物、提供应税劳务或者发生应税行为的纳税义务发生时间。

(1) 销售货物或者应税劳务，为收讫销售款项或者取得索取销售款项凭据的当天；先开具发票的，为开具发票的当天。

收讫销售款项或者取得索取销售款项凭据的当天，按销售结算方式的不同，具体如下。

① 采取直接收款方式销售货物，不论货物是否发出，均为收到销售款或者取得索取销售款凭据的当天。

② 采取托收承付和委托银行收款方式销售货物，为发出货物并办妥托收手续的当天。

③ 采取赊销和分期收款方式销售货物，为书面合同约定的收款日期的当天，无书面合同的或者书面合同没有约定收款日期的，为货物发出的当天。

④ 采取预收货款方式销售货物，为货物发出的当天，但生产销售生产工期超过 12 个月的大型机械设备、船舶、飞机等货物，为收到预收款或者书面合同约定的收款日期的当天。

⑤ 委托其他纳税人代销货物，为收到代销单位的代销清单或者收到全部或者部分货款的当天。未收到代销清单及货款的，为发出代销货物满 180 天的当天。

⑥ 销售应税劳务，为提供劳务同时收讫销售款或者取得索取销售款的凭据的当天。

⑦ 纳税人发生视同销售货物行为时，为货物移送的当天。

(2) 进口货物为报关进口的当天。

(3) 销售服务、无形资产和不动产的纳税义务发生时间如下。

① 纳税人销售服务、无形资产和不动产的纳税义务发生时间为销售服务、无形资产和不动产并收讫销售款项或者取得索取销售款项凭据的当天；先开具发票的，为开具发票的当天。其中，收讫销售款项是指纳税人销售服务、无形资产或者不动产过程中或者完成后收到款项；取得索取销售款项凭据的当天是指书面合同确定的付款日期当天；未签订书面合同或者书面合同未确定付款日期的，为服务、无形资产转让完成的当天或者不动产权属变更的当天。

② 纳税人发生视同提供应税行为的，其纳税义务发生时间为服务、无形资产转让完成的当天或者不动产权属变更的当天。

③ 纳税人提供租赁服务采取预收款方式的，其纳税义务发生时间为收到预收款的当天。

④ 纳税人从事金融商品转让，为金融商品所有权转移的当天。

2. **筹划方法**

实现纳税期限后移的具体方法，主要从销售方式的角度考虑。一般常用的方法主要有两类:一是赊销和分期收款销售方式的税收筹划;二是委托代销销售方式的税收筹划。

1)赊销和分期收款销售方式的税收筹划

生产经营实践中,在事先知道对方不能马上支付货款的情况下,将销售方式改为赊销或者分期收款,就可以将纳税义务在时间上往后推,从而实现节约税收的目的。

【例 2-4】 2019 年 8 月 18 日丽华服装有限责任公司,与大华商场签订了一笔直接销售方式销售合同,销售金额为 300 万元,货物于 2019 年 8 月 18 日、2020 年 2 月 18 日、2020 年 6 月 18 日分三批(每批均为 100 万元)发给商场,货款于每批货物发出后两个月内支付。公司的会计已于 2019 年 8 月 18 日将该三批货物计算缴纳增值税。

【解析】

(1) 如果公司的会计于 2019 年 8 月 18 日将该三批货物同时计算缴纳增值税。则就该笔业务:

2019 年 8 月当期销项税额=300×13%=39(万元)

(2) 如果公司的销售人员在大华商场签订该笔业务的销售合同时,明确"分期收款结算方式销售"业务,那么,该笔业务的纳税义务就可以向后推延。将"销售合同规定的收款日期的当天"作为纳税义务实现的时间。则就该笔业务:

2019 年 10 月当期销项税额=100×13%=13(万元)

2020 年 4 月当期销项税额=100×13%=13(万元)

2020 年 8 月当期销项税额=100×13%=13(万元)

这样操作的结果,销售并没有受到影响,但企业的纳税义务大大推迟。

其推迟的税款和时间分别是:

① 13 万元,61 天;

② 13 万元,242 天;

③ 13 万元,365 天。

按 2019 年、2020 年年初银行贷款利息率计算,企业就可以获得推迟缴纳的税款的时间价值。

【筹划结论】

与直接销售方式相比,采用赊销或分期收款销售方式就可以将在本应缴给国家的税款留在企业作为流动资金,这就相当于国家给企业一笔无息贷款。

2)委托代销销售方式的税收筹划

所谓委托代销,是指委托方将商品交付给受托方,受托方根据合同要求,将商品出售后,再开具销货清单交给委托方,这时委托方才确认销售收入的实现。如果企业的产品销售对象是商业企业,且货款以销售后付款结算方式的销售业务,可采用委托代销的结算方式,根据其实际收到的货款,分期计算销项税额。但需注意税法规定:委托其他纳税人代销货物,为收到代销单位的代销清单或者收到全部或者部分货款的当天;未收到代销清单及货款的,为发出代销货物满 180 天的当天。即 180 天是限期。

【例 2-5】 丽华服装有限责任公司于 2020 年 5 月向某一大型商场销售西服 113 万元,货款结算采用销售后付款的形式。10 月商场汇来货款 30 万元。该企业应如何进行筹划呢?

【解析】

此笔业务由于购货企业是商业企业，并且货款结算采用了销售后付款的结算方式。如果按委托代销方式处理，5月可以不计算销项税金，10月按规定向代销单位索取销货清单并计算销售，计提销项税额：

$$\frac{30}{1+13\%}\times 13\%=3.45(\text{万元})$$

对尚未收到销货的货款可暂缓申报计算销项税额。

如不按委托代销处理，则应计算销项税额：

$$\frac{113}{1+13\%}\times 13\%=13(\text{万元})$$

【筹划结论】

此类销售业务选择委托代销结算方式对企业最有利。应注意，委托其他纳税人代销货物，纳税义务发生时间为收到代销单位的代销清单或者收到全部或者部分货款的当天，未收到代销清单及货款的，为发出代销货物满180天的当天。

2.2.3 供货方选择的税收筹划

一般纳税人在采购货物时，可以选择不同纳税人身份的供货方，既可以选择增值税一般纳税人作为供货方，也可以选择小规模纳税人作为供货方。不同的选择导致企业最终的税收负担不同。在一般纳税人自身货物或服务不含税销售价格不变的情况下，取得13%或3%的增值税专用发票和不能取得专用发票时的纳税总额是依次递增的。在现实交易中，增值税一般纳税人从小规模纳税人处采购不能进行抵扣，或只能抵扣3%，为了弥补因不能取得专用发票而无法抵扣产生的损失，必然要求小规模纳税人在供货价格上给予一定程度的优惠。究竟多大的优惠幅度才能弥补因无增值税专用发票抵扣带来的损失呢？这里就存在一个价格折让临界点。

价格折让临界点是指能使购买方的税后净利润相等时的不同供货商的含税报价之比，是不同供货商之间含税报价的折价幅度。

价格折让临界点的基本计算原理如下。

假设从一般纳税人处购进货物、接受应税劳务或服务、购进无形资产或不动产的价格(含税)为A，从小规模纳税人处购进货物、接受应税劳务或服务、购进无形资产或不动产的价格(含税)为B。为使两者扣除货物和劳务税后的销售利润相等，可设下列等式。

$$\begin{aligned}&\text{销售额(不含税)}-\frac{A}{1+\text{增值税税率}}-\left[\text{销售额(不含税)}-\frac{A}{1+\text{增值税税率}}\right]\\&\quad\times\text{增值税税率}\times(\text{城市维护建设税税率}+\text{教育费附加征收率})\\&=\text{销售额(不含税)}-\frac{B}{1+\text{征收率}}-\left[\text{销售额(不含税)}\times\text{增值税税率}\right.\\&\quad\left.-\frac{B}{1+\text{征收率}}\times\text{征收率}\right]\times(\text{城市维护建设税税率}+\text{教育费附加征收率})\end{aligned}$$

则当城市维护建设税税率为7%、教育费附加征收率为3%时，上式为

$$\frac{A}{1+增值税税率}-\frac{A}{1+增值税税率}\times 增值税税率\times(7\%+3\%)$$

$$=\frac{B}{1+征收率}-\frac{B}{1+征收率}\times 征收率\times(7\%+3\%)$$

化简：

$$\frac{A}{1+增值税税率}\times(1-增值税税率\times 10\%)=\frac{B}{1+征收率}\times(1-征收率\times 10\%)$$

$$B=\frac{(1+征收率)\times(1-增值税税率\times 10\%)}{(1+增值税税率)\times(1-征收率\times 10\%)}\times A$$

当增值税税率为13%、征收率为3%时，则有

$$B=\frac{(1+3\%)\times(1-13\%\times 10\%)}{(1+13\%)\times(1-3\%\times 10\%)}\times A=90.24\%\times A$$

即当小规模纳税人的购进价格为一般纳税人的购进价格的90.24%时，无论是从小规模纳税人处购买还是从一般纳税人处购买，取得的收益都相等。当小规模纳税人的报价折扣率低于该比率时，向一般纳税人采购获得增值税专用发票可抵扣的税额将大于小规模纳税人的价格折扣；当小规模纳税人报价的折扣率高于该比率时，向小规模纳税人采购才可获得比向一般纳税人采购更大的税后利益。如果从小规模纳税人处不能取得增值税专用发票，则有

$$B=\frac{1-增值税税率\times 10\%}{1+增值税税率}\times A$$

价格折让临界点见表2-3。

表2-3 价格折让临界点

单位：%

一般纳税人税率	小规模纳税人征收率	价格折让临界点（含税）
13	3	90.24
13	0	87.35
9	3	93.93
9	0	90.92
6	3	96.88
6	0	93.77

对于小规模纳税人，由于其进项税额不能进行抵扣，只要比较采购价格就可以决定供货方。

【例2-6】 红钰服装厂为增值税一般纳税人，外购布料作为原材料生产服装，现有两个供应商甲与乙。甲为增值税一般纳税人，可以开具税率为13%的增值税专用发票，甲厂销售布料的报价为50万元（含税价款）；乙为小规模纳税人，可以出具由其所在主管税务机关代开的征收率为3%的增值税专用发票，乙厂对同样的布料报价为45.8万元（已知城市维护建设税税率为7%，教育费附加征收率为3%）。请为红钰服装厂的材料采购事宜做出税收筹划建议。

【解析】

根据前面的结论，从价格折让临界点原理可知，当增值税税率为13%、小规模纳税人的征收率为3%时，价格折让临界点为90.24%，即价格折让临界点的销售价格为451 200(500 000×90.24%)元。从题中乙的报价看，458 000元>451 200元，因此，应从甲(一般纳税人)处采购。

【筹划结论】

小规模纳税人若要在竞争中取胜，价格因素成为极其敏感的因素。因此，对于小规模纳税人来说，运用价格折让临界点原理，在销售产品时可以获得竞争优势。

对于购货企业来说，在选择供应商时，一定要综合对比产品价格与质量，同时结合价格折让临界点的数值合理选择供应商，以达到降低成本、提高利润空间，使自身利益最大化的目标。不能机械单一地使用此筹划方法。

2.3 增值税混合销售与兼营的税收筹划

在实际经济活动中，许多企业的经营项目既涉及应征增值税项目，又涉及应征增值税的服务；有的纳税人可能会兼营几种不同税率的产品或项目等。不同情况的税务处理是不一样的，导致企业的税收负担也不一样。

2.3.1 增值税混合销售的税收筹划

一项销售行为如果既涉及货物又涉及服务，为混合销售行为。服务是指交通运输服务、建筑服务、金融保险服务、邮政服务、电信服务、建筑服务、金融服务、现代服务、生活服务。需要强调的是，混合销售行为只是针对一项销售行为而言的，也就是说，提供应税服务是为了销售货物，二者之间是紧密相连的从属关系。

从事货物的生产、批发或者零售的单位和个体工商户的混合销售行为，按照销售货物缴纳增值税；其他单位和个体工商户的混合销售行为，按照销售服务缴纳增值税。上述从事货物的生产、批发或者零售的单位和个体工商户，包括以从事货物的生产、批发或者零售为主(指纳税人每年的货物销售额与服务销售额合计数中，货物的销售额超过50%)并兼营销售服务的单位和个体工商户在内。

应注意，纳税人销售活动板房、机器设备、钢结构件等自产货物的同时提供建筑、安装服务，不属于混合销售。

对于发生混合销售行为的企业，应当明确区分其货物和服务的不同税率，将销售货物与销售服务各自成立独立核算的子公司，则可以按照各自的业务分别纳税，从而降低整个企业的增值税税负。

【例2-7】 怡明灯具为增值税一般纳税人，主要从事非自产灯具销售安装业务。2020年9月对外销售灯具收入为1 000万元，其中灯具安装费为200万元，灯具销售额为800万元，当期可抵扣进项税额为100万元。假设上述金额均为不含税，城建税税率为

7%,教育费附加税率为3%。请为该企业提出税收筹划建议。

【解析】

(1) 如果按照混合销售计算应纳税额:

筹划前应纳增值税税额=1 000×13%-100=30(万元)

(2) 如果将灯具销售和灯具安装业务分立为两家子公司,计算应纳税额:

灯具销售公司应纳增值税税额=800×13%-100=4(万元)

安装公司应纳增值税税额=200×6%=12(万元)

筹划前后合计节约流转税额=[30-(4+12)]×(1+7%+3%)=15.4(万元)

【筹划结论】

企业采取分别设立独立核算的子公司方式,能够达到改变混合销售业务的性质,从而实现税收筹划。

2.3.2 增值税兼营行为的税收筹划

根据《增值税暂行条例》和"营改增"政策法规,纳税人销售货物、加工修理修配劳务、服务、无形资产或者不动产适用不同税率或者征收率的,应当分别核算适用不同税率或者征收率的销售额,未分别核算销售额的一律从高适用税率。因此,纳税人发生兼营业务时,应该注意尽量分别核算货物或者应税服务的销售额。

【例2-8】 某公司是增值税一般纳税人。2020年8月该公司销售机电产品取得收入300万元,另销售农机取得收入20万元,该企业应如何进行税收筹划?机电产品税率为13%,农机税率为9%。

【解析】

(1) 不分开核算:

应纳增值税=(3 000 000+200 000)×13%=416 000(元)

(2) 分开核算:

应纳增值税=3 000 000×13%+200 000×9%=408 000(元)

【筹划结论】

分开核算可以节税8 000(416 000-408 000)元。

【例2-9】 某制药厂是增值税一般纳税人。2020年9月该厂销售抗生素类药品取得收入100万元,另销售避孕药品取得收入20万元,该企业应如何进行税收筹划?

【解析】

(1) 不分开核算:

应纳增值税=(1 000 000+200 000)×13%=156 000(元)

(2) 分开核算:

应纳增值税=1 000 000×13%=130 000(元)

销售避孕药品免税。

【筹划结论】

分开核算可以节税26 000(156 000-130 000)元。

2.4 增值税税收优惠的税收筹划

2.4.1 增值税即征即退优惠的税收筹划

1. 法律规定

(1) 增值税一般纳税人销售其自行开发生产的软件产品按适用税率征收增值税后，对其增值税实际税负超过3%的部分实行即征即退政策。

(2) 自2018年5月1日至2020年12月31日，对动漫企业增值税一般纳税人销售其自主开发生产的动漫软件，按照增值税适用税率征收增值税后，对其增值税实际税负超过3%的部分，实行即征即退政策。

(3) 一般纳税人提供管道运输服务，对其增值税实际税负超过3%的部分实行增值税即征即退政策。

(4) 经人民银行、银监会或者商务部批准从事融资租赁业务的试点纳税人中的一般纳税人，提供有形动产融资租赁服务和有形动产融资性售后回租服务，对其增值税实际税负超过3%的部分实行增值税即征即退政策。

(5) 安置残疾人的单位和个体工商户享受安置残疾人增值税即征即退优惠政策。

纳税人本期应退增值税税额按以下公式计算：

本期应退增值税税额＝本期所含月份每月应退增值税税额之和

月应退增值税税额＝纳税人本月安置残疾人员人数×本月月最低工资标准的4倍

纳税人新安置的残疾人从签订劳动合同并缴纳社会保险的次月起计算，其他职工从录用的次月起计算；安置的残疾人和其他职工减少的，从减少当月计算。

【例2-10】 恒华软件公司属于增值税一般纳税人，2020年自行开发并销售软件产品估计收入为8 000万元，收取技术咨询费800万元。该企业应如何进行税收筹划？

【解析】

方案一，如果在软件产品交付使用并结算以后按期或按次收取技术咨询费，则软件销售与技术咨询费分开计税：

企业可以享受增值税退税额＝8 000×13%－8 000×3%＝800(万元)

实际缴纳增值税税额＝8 000×13%－800＝240(万元)

现代服务业增值税应纳税额＝800×6%＝48(万元)

应纳城建税和教育费附加＝(240＋48)×(7%＋3%)＝28.8(万元)

合计应纳流转税税额＝240＋48＋28.8＝316.8(万元)

方案二，软件产品及其技术咨询费一起收取，按照混合销售计税：

可以享受退税额＝8 800×13%－8 800×3%＝880(万元)

实际缴纳增值税税额＝8 800×13%－880＝264(万元)

应纳城建税和教育费附加＝264×(7%＋3%)＝26.4(万元)

此方案中，由于软件产品和技术咨询费一起计算销售额，只需要计算增值税，可以享受即征即退的税收优惠。

合计应纳流转税税额＝264＋26.4＝290.4（万元）

【筹划结论】

方案二比方案一减轻税负：316.8－290.4＝26.4（万元）。

2.4.2 增值税起征点的税收筹划

税法规定，小规模纳税人发生增值税应税销售行为，合计月销售额未超过 10 万元（以 1 个季度为 1 个纳税期的，季度销售额未超过 30 万元）的，免征增值税，小规模纳税人发生增值税应税销售行为，合计月销售额超过 10 万元，但扣除本期发生的销售不动产的销售额后未超过 10 万元的，其销售货物、劳务、服务、无形资产取得的销售额免征增值税。

【例 2-11】 百惠家电超市是增值税小规模纳税人，增值税征收率为 3%。该超市每月销售额为 100 000～120 000 元，在这个销售区间应如何进行税收筹划？

【解析】

根据增值税起征点的规定分析如下。

(1) 若月含税销售额在 100 000 元以下，不用缴纳增值税，因此收入越多越好。

(2) 若月含税销售额超过 100 000 元，则要考虑应负担的税收情况。由于超过 100 000 元要全额征税（同时，依据增值税税率征收 7%的城市维护建设税及 3%的教育费附加，综合税率为 3.3%），这里就存在一个节税点的问题。

设节税点营业额为 A，则有

$$A-\frac{A}{1+3\%}\times 3.3\%=100\,000(\text{元})$$

$$A=103\,309.93(\text{元})$$

由计算可知，当纳税人的月销售额为 103 309. 93 元时，其流转税后收益为 100 000 元。若月销售额为 100 000～103 309.93 元，其税后收益小于 100 000 元。

【筹划结论】

起征点税收筹划时，小规模纳税人应尽量将月销售额要么控制在 100 000 元以内，要么尽可能多地超过 103 309.93 元。

2.4.3 资源综合利用税收优惠的税收筹划

税法规定，自 2015 年 7 月 1 日起，纳税人销售自产的资源综合利用产品和提供资源综合利用劳务（以下称销售综合利用产品和劳务），可享受增值税即征即退政策。

【例 2-12】 永新水泥厂以旋窑工艺生产水泥等建材产品，其原料中普遍掺有 20%的粉煤灰。纳税人符合《水泥工业大气污染物排放标准》(GB 4915—2013) 规定的技术要求，由于其原料大多来源于直接开采和工业废渣，无法取得增值税专用发票，因此无法抵扣进项税额，税负较高。该厂应如何进行税收筹划？

【解析】

税法规定，对企业生产的原料中掺有不低于40%的煤矸石、粉煤灰的水泥，实行即征即退的政策，退税比例为70%。因此，建议该企业进行科技攻关，在配料比例中将粉煤灰、煤矸石和炉底渣的含量提高到40%以上，同时保证产品的性能不受影响。

2.4.4　农产品免税优惠政策的税收筹划

税法规定农业生产者销售自产农业产品免征增值税。纳税人可以利用法定的免税规定以及通过新设立独立核算单位进行原料收购及加工活动达到节税的目的。

【例 2-13】　振兴食品公司主要生产蔬菜罐头，其生产流程如下：将自产的新鲜蔬菜加工成蔬菜罐头对外销售。按照现行增值税法的相关规定，蔬菜罐头适用的增值税税率为13%，全年蔬菜罐头销售收入为500万元。公司进项税额主要有两部分：一是购进农业生产资料准予抵扣的进项税额，每年大约为10万元；二是当月公司水费、电费和修理用配件等按规定可以抵扣的进项税额为8万元。与销项税额相比，这两部分进项税额的比例很小。经过一段时间的运营，公司的增值税税负较高。该公司应如何进行税收筹划？

【解析】

从公司的客观情况来看，税负高的原因在于公司可抵扣的进项税额比例太低。因此，公司进行税收筹划的关键在于如何增加进项税额的抵扣。公司可以采取以下筹划方案：将整个生产流程分解成蔬菜生产农场和蔬菜罐头加工两部分，农场和罐头加工厂均实现独立核算。分立后，农场属于农产品生产单位，其生产销售蔬菜按规定可以免征增值税，罐头加工厂从农场购入的蔬菜可以抵扣10%[取得(开具)农产品销售发票或收购发票的，以农产品销售发票或收购发票上注明的农产品买价和9%的扣除率计算进项税额；用于生产或者委托加工13%税率货物的，在领用当期加计扣除1%的进项税额，即按照10%扣除率计算进项税额]。

筹划方案实施前，企业税负率：

应纳增值税税额＝销项税额－进项税额＝500×13%－(10＋8)＝47(万元)

税负率＝47÷500×100%＝9.4%

方案实施后，独立出来的农场销售自产的蔬菜免征增值税，假定农场销售给罐头厂的蔬菜售价为350万元，其他资料不变，则

应纳增值税税额＝销项税额－进项税额＝500×13%－(350×10%＋8)＝22(万元)

税负率＝22÷500×100%＝4.4%

【筹划结论】

比较可知，筹划方案的实施取得了良好的效益，方案实施后比实施前节省增值税税额25(47－22)万元，节省城市维护建设税和教育费附加合计2.5[25×(7%＋3%)]万元，税收负担下降了5%(9.4%－4.4%)。

2.5 出口退税的税收筹划

2.5.1 出口退税的政策规定

出口货物劳务退(免)税是指在国际贸易业务中,对报关出口的货物或者劳务和服务退还在国内各生产环节和流转环节按税法规定已缴纳的增值税,或免征应缴纳的增值税。它是国际上通行的一种税收措施,目的在于鼓励各国出口货物劳务公平竞争。

1. 适用增值税退(免)税政策的出口货物劳务

对下列出口货物劳务,除适用增值税免税政策和出口货物劳务规定的征税政策以外,实行免征和退还增值税[以下称增值税退(免)税]政策。

1）出口企业出口货物

出口企业,是指依法办理工商登记、税务登记、对外贸易经营者备案登记,自营或委托出口货物的单位或个体工商户,以及依法办理工商登记、税务登记但未办理对外贸易经营者备案登记,委托出口货物的生产企业。

出口货物,是指向海关报关后实际离境并销售给境外单位或个人的货物,分为自营出口货物和委托出口货物两类。

生产企业,是指具有生产能力(包括加工修理修配能力)的单位或个体工商户。

2）出口企业或其他单位视同出口货物

(1) 出口企业对外援助、对外承包、境外投资的出口货物。

(2) 出口企业经海关报关进入国家批准的出口加工区、保税物流园区、保税港区、综合保税区、珠澳跨境工业区(珠海园区)、中哈霍尔果斯国际边境合作中心(中方配套区域)、保税物流中心(B型)(以下统称特殊区域)并销售给特殊区域内单位或境外单位、个人的货物。

(3) 免税品经营企业销售的货物

(4) 出口企业或其他单位销售给用于国际金融组织或外国政府贷款国际招标建设项目的中标机电产品。

(5) 生产企业向海上石油天然气开采企业销售的自产的海洋工程结构物。

(6) 出口企业或其他单位销售给国际运输企业用于国际运输工具上的货物。

(7) 出口企业或其他单位销售给特殊区域内生产企业生产耗用且不向海关报关而输入特殊区域的水(包括蒸汽)、电力、燃气。

3）出口企业对外提供加工修理修配劳务

对外提供加工修理修配劳务,是指对进境复出口货物或从事国际运输的运输工具进行的加工修理修配。

4）一般纳税人提供适用增值税零税率的应税服务的退(免)税办法

增值税零税率应税服务退(免)税办法包括免抵退税办法和免退税办法。境内的单位和个人提供适用增值税零税率的应税服务，属于适用增值税一般计税方法的，生产企业实行免抵退税办法，外贸企业外购研发服务和设计服务出口实行免退税办法，外贸企业自己开发的研发服务和设计服务出口，视同生产企业连同其出口货物统一实行免抵退税办法。零税率应税服务的退税率为对应服务被提供给境内单位适用的增值税税率(9%或6%)。

2. 出口货物的退税率

除财政部和国家税务总局根据国务院的决定而明确的增值税出口退税率外，出口货物的退税率为其适用税率。由于税收减免及国家经济政策等原因，货物的进项税额往往不等于实际负担的税额。自2019年4月1日起，出口退税率调整为13%、9%、6%、0。

3. 增值税退(免)税办法

(1) 免抵退税办法。生产企业出口自产货物和视同自产货物及对外提供加工修理修配劳务，以及《财政部 国家税务总局关于出口货物劳务增值税和消费税政策的通知》(财税〔2012〕39号)附件5列名生产企业出口非自产货物，免征增值税，相应的进项税额抵减应纳增值税税额(不包括适用增值税即征即退、先征后退政策的应纳增值税税额)，未抵减完的部分予以退还。

(2) 免退税办法。不具有生产能力的出口企业或其他单位出口货物劳务，免征增值税，相应的进项税额予以退还。

(3) 境内的单位和个人提供适用增值税零税率的应税服务，如果属于适用简易计税方法的，实行免征增值税办法。如果属于适用增值税一般计税方法的，生产企业实行免抵退税办法，外贸企业外购研发服务和设计服务出口实行免退税办法，外贸企业自己开发的研发服务和设计服务出口，视同生产企业连同其出口货物统一实行免抵退税办法。

(4) 境内的单位和个人提供适用增值税零税率应税服务的，可以放弃适用增值税零税率，选择免税或按规定缴纳增值税。放弃适用增值税零税率后，36个月内不得再申请适用增值税零税率。

(5) 境内的单位和个人提供适用增值税零税率的应税服务，按月向主管退税的税务机关申报办理增值税免抵退税或免税手续。具体管理办法由国家税务总局商财政部另行制定。

4. 出口货物退税的计算

出口货物只有在适用既免税又退税的政策时，才会涉及如何计算退税的问题。由于各类出口企业对出口货物的会计核算办法不同，有对出口货物单独核算的，有对出口和内销的货物统一核算成本的。为了与出口企业的会计核算办法相一致，《出口货物退(免)税管理办法》规定了两种退税计算办法：第一种是"免、抵、退"办法，主要适用于自营和委托出口自产货物的生产企业；第二种是"先征后退"办法，目前主要用于收购货物出口的外(工)贸企业。

1）出口货物的“免、抵、退”办法

实行“免、抵、退”税办法的“免”税是指对生产企业出口的自产货物，免征本企业生产销售环节增值税；“抵”税是指对生产企业出口自产货物所耗用的原材料、零部件、燃料、动力等所含应予退还的进项税额，抵顶内销货物的应纳税额；“退”税是指生产企业出口的自产货物在当月内应抵顶的进项税额大于应纳税额时，对未抵顶完的部分予以退税。

生产企业“免、抵、退”税具体计算方法与计算公式如下。

（1）当期应纳税额的计算。

$$\text{当期应纳税额}=\text{当期内销货物的销项税额}-\left(\text{当期进项税额}-\text{当期免抵退税不得免征和抵扣税额}\right)$$

其中：

$$\text{免抵退税不得免征和抵扣税额}=\text{当期出口货物离岸价}\times\text{外汇人民币牌价}\times\left(\text{出口货物征税税率}-\text{出口货物退税率}\right)-\text{免抵退税不得免征和抵扣税额抵减额}$$

$$\text{免抵退税不得免征和抵扣税额抵减额}=\text{免税购进原材料价格}\times\left(\text{出口货物征税税率}-\text{出口货物退税率}\right)$$

免税购进原材料包括国内购进免税原材料和进料加工免税进口料件。其中，国内购进免税原材料指《增值税暂行条例》《中华人民共和国增值税暂行条例实施细则》及其他有关规定中列明的且不能按规定计提进项税额的免税货物；进料加工免税进口料件的价格为组成计税价格。

（2）免抵退税额的计算。

$$\text{免抵退税额}=\text{出口货物离岸价}\times\text{外汇人民币牌价}\times\text{出口货物退税率}-\text{免抵退税额抵减额}$$

其中：

$$\text{免抵退税额抵减额}=\text{免税购进原材料价格}\times\text{出口货物退税率}$$

（3）当期应退税额和当期免抵退税额的计算。

如当期期末留抵税额≤当期免抵退税额时，则

$$\text{当期应退税额}=\text{当期期末留抵税额}$$

$$\text{当期免抵税额}=\text{当期免抵退税额}-\text{当期应退税额}$$

如当期期末留抵税额＞当期免抵退税额时，则

$$\text{当期应退税额}=\text{当期免抵退税额}$$

$$\text{当期免抵退税额}=0$$

当期期末留抵税额为当期增值税纳税申报表中的“期末留抵税额”。

2）“先征后退”办法

外贸企业“先征后退”的计算方法如下。

（1）外贸企业以及实行外贸企业财务制度的工贸企业收购货物出口，其出口销售环节的增值税免征；其收购货物的成本部分，因外贸企业在支付收购货款的同时也支付了生产经营该类商品的企业已纳的增值税款，因此，在货物出口后按收购成本与退税率计算退

税退还给外贸企业，征、退税之差计入企业成本。

外贸企业出口货物增值税的计算应依据购进出口货物增值税专用发票上所注明的进项金额和退税率计算。

$$\text{应退税额}=\text{外贸企业收购不含增值税购进金额}\times\text{退税率}$$

（2）外贸企业收购小规模纳税人出口货物增值税的退税规定如下。

① 凡从小规模纳税人购进持普通发票特准退税的抽纱、工艺品等12类出口货物，同样实行销售出口货物的收入免税，并退还出口货物进项税额的办法。其计算公式为

$$\text{应退税额}=\frac{\text{普通发票所列（含增值税）销售金额}}{1+\text{征收率}}\times\text{退税率}$$

② 凡从小规模纳税人购进税务机关代开的增值税专用发票的出口货物，按以下公式计算退税。

$$\text{应退税额}=\text{增值税专用发票注明的金额}\times\text{退税率}$$

（3）外贸企业委托生产企业加工收回后报关出口的货物，按购进国内原辅材料的增值税专用发票上注明的进项金额，依原辅材料的退税率计算原辅材料应退税额。支付的加工费，凭受托方开具货物的退税率，计算加工费的应退税额。

2.5.2 出口退税方式选择的税收筹划

1. 改变经营方式的税收筹划

现行出口退税政策对不同的经营方式规定了不同的出口退税政策，企业可以利用政策之间的税收差异，选择合理的经营方式，降低自己的税负。目前，生产企业出口货物主要有两种方式，即自营出口（含进料加工）和来料加工，分别按“免、抵、退”办法和“不征不退”的免税方法处理。

以下从三个方面对两种贸易方式下的出口退税进行比较。

（1）征税率与退税率的大小。一般情况下，增值税的征税率比退税率高，征退税差额要计入出口货物成本。在进料加工贸易方式下，征、退两个比率差异越大，不予免征的税额就越大，即要计入成本的数额就越大。

（2）耗用国产料件的数量。来料加工方式下，国产料件的进项税额可以进行抵减，在很大程度上决定企业能否退税，从而影响加工贸易方式的选择。

（3）企业利润水平的高低。企业利润水平的高低也会对税负产生影响。进料加工贸易方式下，利润越大，当期免抵退税不得免征和抵扣的税额就会更大，那么，当期应退税额就会变少，甚至要缴纳税额。如果利润少，当期免抵退税不得免征和抵扣的税额也会小，退税会相对多一些。

【例 2-14】 某有进出口经营权的出口企业为国外加工一批货物，进口保税料件价格为3 000万元，加工后出口价格为4 500万元，为加工产品所耗用的国内原材料等费用的进项税额为70万元，增值税适用税率为13%，出口退税率为9%，货物全部出口。如何进行税收筹划？

【解析】

方案一，企业采用来料加工贸易方式。因来料加工贸易方式下，企业进口和出口货物都是免税的，企业不用缴纳增值税。

方案二，企业采用进料加工贸易方式，计算税额如下。

当期免抵退税不予免征和抵扣税额＝(4 500－3 000)×(13％－9％)＝60(万元)

当期应纳税额＝60－70＝－10(万元)

【筹划结论】

在上面的假设条件下，如果采用进料加工贸易方式，企业能得到10万元的增值税退税。

【例2-15】 沿用例2-14相关数据，将国内原材料等费用的进项税额改为50万元。

【解析】

当期免抵退税不予免征和抵扣税额＝(4 500－3 000)×(13％－9％)＝60(万元)

当期应纳税额＝60－50＝10(万元)

【筹划结论】

当国内采购料件较少，也就是进项税额较低时，若采用进料加工贸易方式，可抵减的进项税额根本不足以抵减销项税额，因此要缴纳税款。相反，如果进项税额较高，在进料加工贸易方式下，抵减额可以办理出口退税，其业务成本就会等于或者小于来料加工贸易方式的成本。在来料加工贸易方式下，进项税额高，不能办理退税，就会出现出口成本随着国产料件的增加而增大的现象。

【例2-16】 沿用例2-14的相关数据，如果出口货物价格改为5 000万元，利润增大，应纳税额发生改变。

【解析】

当期免抵退税不予免征和抵扣税额＝(5 000－3 000)×(13％－9％)＝80(万元)

当期应纳税额＝80－70＝10(万元)

【筹划结论】

在上面的假设条件下，如果采用进料加工贸易方式，企业要缴纳10万元的增值税，而采用来料加工贸易方式，则可以省下10万元的增值税。企业应根据实际业务的需要，综合考虑上面的三种因素，找出一个最佳的经营方式，使税收负担降至最低。

2. 货物出口方式的选择

目前，我国企业出口商品主要有生产企业自营出口、委托代理出口和买断出口三种方式。自营出口由出口企业自己办理出口业务，出口商品定价和与出口业务有关的一切国内外费用以及佣金支出、索赔、理赔等，均由出口企业负担，出口企业直接办理退税，并享有出口退税收入；委托代理出口是指货物出口企业委托代理企业办理货物出口；买断出口是指生产企业把货物卖给出口企业，由出口企业办理货物出口和出口退税。

现行外贸企业出口货物应退增值税采取“先征后退”方式，而生产企业自营(委托)出口应退的增值税是执行“免、抵、退”。自营(或委托)出口与通过外贸企业出口采取不同的退税方式，会对企业的税负产生不同影响。

当征税率等于退税率时，自营(或委托)出口与通过关联外贸企业出口，企业所负担的增值税税负相同。

当征税率大于退税率时,自营(或委托)出口与通过关联外贸企业出口,企业所负担的增值税负存在差异。

首先,如果生产企业当期投入料件全部来自国内采购,当产品出口价格大于外贸企业的收购价格时,企业通过关联外贸企业出口产品有利于减轻增值税税负。并且,在产品出口价格确定的情况下,利用外贸出口可为生产企业进行税收筹划提供更广阔的空间,因为生产企业在将来销售产品给关联外贸企业时,可以通过压低销售价格进行税收筹划,从而获得更多的税收利益。

【例 2-17】 某中外合资企业A采购国内原材料生产工业品并全部用于出口,3月自营出口产品价格1 130万元,本月可抵扣进项税额为100万元,增值税税率为13%,产品出口退税率为9%,无上期留抵税金。A企业如何进行税收筹划?

【解析】

若A企业自营出口,实行"免、抵、退"税政策,A企业本月实际增值税税负为

$$1\,130\times(13\%-9\%)-100=-54.8(\text{万元})$$

即A企业实际可从税务部门得到税收补贴54.8万元。

若A企业通过关联外贸企业B出口,A企业把产品以同样价格1 130万元(即A企业开具增值税专用发票价税合计1 130万元,此时不含税价为1 000万元)销售给B企业,B企业再以价格1 130万元出口到境外,则A、B两企业本月实际增值税税负为

$$1\,000\times(13\%-9\%)-100=-60(\text{万元})$$

即A、B两企业实际可从税务部门得到税收补贴60万元。

若A企业以更低价格791万元(此时不含税价为700万元)销售给B企业,B企业再以1 130万元的价格出口,则A、B两企业本月实际增值税税负为

$$700\times(17\%-13\%)-100=-72(\text{万元})$$

【筹划结论】

通过筹划,A、B两企业可从税务部门得到税收补贴72万元。

可见,生产企业当期投入料件全部来自国内采购时,通过外贸企业出口有利于减轻增值税税负,并可利用转让定价进行税收筹划,以此获得更多的税收利益。

【例 2-18】 大运公司本月出口商品销售额为8 000万元,产品成本为3 200万元,进项税额为544万元,公司增值税税率为13%,退税率为9%。大运公司可采用以下不同方式办理出口及退税。

(1) 该公司所属的生产出口产品的工厂采取非独立核算,大运公司采取自营出口方式,出口退税采用"免、抵、退"办法。

(2) A公司是大运公司独立核算的进出口公司,集团所有商品均委托A公司出口,大运公司出口退税采用"免、抵、退"办法。

(3) 按8 000万元价格将出口商品卖给A公司,由A公司报关出口并申请退税,A公司采用"先征后退"办法办理退税。

(4) 按6 000万元价格将出口商品卖给A公司,由A公司报关出口并申请退税,A公

司采用“先征后退”办法办理退税。

请问大运公司采用哪种方式出口商品最有利?

【解析】

采用第一种即自营出口方式,大运公司本月应纳税额为

$$8\,000\times(13\%-9\%)-3\,200\times13\%=-96(\text{万元})$$

即应退税额为96元。如果计算结果为正数,则为应纳税额。

采用第二种即委托出口方式,大运公司应纳税额的计算结果与第一种方式相同。

采取第三种即买断方式,大运公司将商品卖给A公司,开具增值税专用发票并缴纳增值税。应纳税额为

$$8\,000\times13\%-3\,200\times13\%=624(\text{万元})$$

A公司应退税额为

$$8\,000\times9\%=720(\text{万元})$$

大运公司实际可获得退税额为A公司的退税额与集团已缴税额之差,即

$$720-624=96(\text{万元})$$

从计算结果看,第三种退税方式退税额与前两种方式相同,但是,第三种方式下,大运公司缴纳增值税的同时,还要按应纳增值税的7%和3%缴纳城建税和教育费附加,而这一部分并不退税,实际上增加了税负。

第四种方式也是买断方式,但利用了转让定价。大运公司应纳税额为

$$6\,000\times13\%-3\,200\times13\%=364(\text{万元})$$

A公司应退税额为

$$8\,000\times9\%=720(\text{万元})$$

大运公司实际可获得退税额为A公司的退税额与集团已缴税额之差,即

$$720-364=356(\text{万元})$$

【筹划结论】

从以上计算结果可见,集团公司如果设有独立核算的进出口公司,集团可以采用转让定价方式进行税收筹划,选择出口方式时可用买断出口;如果不能利用转让定价,企业应改“买断出口”为“委托出口”,即生产企业生产的产品不再销售给进出口公司,而是委托进出口公司办理出口。这样,可以将出口货物所含的进项税额抵顶内销货物的销项税额,减少整个集团公司实际缴纳的增值税税额,而不用等着国家退税,缩短了出口货物在退税总过程和“先征后退”方式带来的时间差,从而可以减少企业资金占用,提高资金使用效率。同时由于对出口货物不征增值税,出口企业就不必负担随之而缴纳的城建税和教育费附加,从而减轻了企业税收负担。另外,由于出口货物的应退税额在内销货物的应纳税额中得到抵扣,使出口企业的出口退税兑现期提前,有助于企业加快资金周转。

【例2-19】 某外资企业A本年度计划出口价值1 130万元的自产产品,产品无内销,当期投入进口料件到岸价600万元,国内采购料件不含税价格200万元,增值税税率为13%,出口退税率为9%,无上期留抵税金。A企业如何进行税收筹划?

【解析】

若A企业通过外贸企业B出口，假设A企业以价格900万元(不含税价)售予B企业，B企业再以1130万元出口，则A、B两关联企业当期应纳增值税为

$$900\times(13\%-9\%)-200\times13\%=10(\text{万元})$$

若A企业自营(或委托)出口，则A企业当期应纳增值税为

$$(1\,130-600)\times(13\%-9\%)-200\times13\%=-4.8(\text{万元})$$

【筹划结论】

可见，同样的外销收入，却产生了不同的结果。从A、B两企业来看，自营出口实际应纳增值税为-4.8万元，而通过外贸出口实际应纳的增值税是10万元。显然A企业通过自营(或委托)出口有利于减轻增值税税负。

另外，如果外贸企业出口货物受出口配额(出口许可证)限制或外贸企业所在地出口退税指标不足，或某些人为原因影响正常出口退税时，外贸企业可将已收购的货物委托或再调拨销售给其他外贸企业出口，收汇后，前者由自己办理退税，后者由接受调拨货物的外贸企业办理退税。这两种方式下，双方都可自行结汇且谁办理出口退税都不影响退税。企业可在货物出口收汇后及时取得应退税款。

本章小结

1. 增值税纳税人划分为一般纳税人和小规模纳税人，企业可以通过增值率、抵扣率的计算，以确定两类纳税人的税负平衡点，选择税负较轻的增值税纳税人身份。

2. 一般纳税人在发生购销业务时，应当尽可能地降低销项税额，增大进项税额。销项税额的降低主要通过对不同的销售方式、结算方式的选择来实现；进项税额的增大主要是通过对不同的购进价格、不同抵扣时间的选择来实现。

3. 在实际经营中，企业的混合销售与兼营往往同时进行，纳税人可通过将混合销售业务分离出来或调整货物与劳务的比例，来实现选择作为低税负税种的纳税人的目的。纳税人发生兼营业务时，应该注意尽量分别核算货物或者应税服务的销售额。

4. 纳税人可以利用起征点、即征即退、农产品免税及资源综合利用等增值税优惠政策进行税收筹划。

5. 对于出口企业，要熟知相关优惠政策，结合自身生产特点，对经营方式及货物出口方式进行税收筹划。

思考题

1. 增值税两类纳税人的税负是否存在差异？如何利用纳税人身份进行税收筹划？

2. 如何进行折扣销售方式的税收筹划？

案例分析题

1. 某商业企业的平均销售利润为30%,准备在国庆节期间开展一次促销活动,决定打八折让利销售。在促销活动的酝酿阶段,企业的决策层对销售活动的涉税问题了解不深,于是向税务师事务所提出咨询。

为了帮助该企业了解销售环节的涉税问题,并就有关问题作出决策,该税务师事务所的专家提出了三个方案进行税收分析,让企业决策者从中体会税收策划的意义。这三个方案分别是:

方案一,让利20%销售。

方案二,赠送20%的购物券。

方案三,返还20%的现金。

假如以销售10 000元的商品为基数,分析在具体商业运作过程中的涉税问题。

2. 某公司是一个年含税销售额在500万元左右的生产企业,公司每年购进材料350万元左右(含13%增值税)。如果是一般纳税人,该公司产品的增值税适用税率为13%,如果是小规模纳税人则增值税征收率为3%。该公司会计核算健全,有条件被认定为一般纳税人。请为该企业进行纳税人类别的税收筹划。

3. 某汽车修理修配厂,某年应税销售额为570万元(不含税),属于一般纳税人,增值税税率为13%,该企业同期进项税额为65万元。如果该企业将其中的修理车间分离出去,注册登记为独立法人,假定分离后的修理厂(原修理车间)年销售额为240万元,原企业年销售额为330万元。因符合小规模纳税人的条件,可适用3%征收率征收。请问该企业应该如何进行税收筹划,实现税收负担的最小化。

4. 某研究所注册登记为企业性单位,所研制的产品科技含量较高,当年预计不含税销售额为6 000万元,购进不含增值税的原材料价款为800万元,该研究所如何进行纳税人类别的税收筹划?

5. 大明空调电器公司于2019年8月18日与南京甲商场签订了一笔直接销售方式销售合同,销售金额为90万元,货物于2019年8月18日、2019年10月18日、2020年4月18日分三批(每批均为30万元)发给商场,货款于每批货物发出后两个月内支付。公司的会计已于2019年8月18日将该三批货物计算缴纳增值税。该公司会计应如何处理以获取税收筹划利益。

6. 丽波手表厂3月向某一大型商场销售手表60万元(不含税),货款结算采用先销售后付款的方式。手表厂3月发出货物后就计提了该批货物的销项税金,8月商场汇来货款60万元。该企业应如何进行税收筹划?

7. 大森灯具厂为增值税一般纳税人,外购支架作为原材料生产灯具,现有两个供应商甲与乙。甲为增值税一般纳税人,可以开具税率为13%的增值税专用发票,甲厂销售支架的报价为60万元(含税价款);乙为小规模纳税人,可以出具由其所在主管税务机关代开的征收率为3%的增值税专用发票,乙厂对同样的布料报价为57.8万元(已知城市维护建设税税率为7%，教育费附加征收率为3%）。请为该厂的材料采购事宜做出税收筹划建议。

8. 某公司是增值税一般纳税人。2020年3月该公司销售全部产品取得收入共230万元，其中机电产品取得收入200万元，另销售拖拉机取得收入30万元，该企业应如何进行税收筹划？机电产品税率为13%，农机税率为9%。

9. 立美电器为增值税一般纳税人，主要从事家用电器销售安装业务。2020年7月对外销售空调收入为1 200万元，其中空调安装费为80万元，空调销售额为1 120万元，当期可抵扣进项税额为96万元。假设上述金额均为不含税，城建税税率为7%，教育费附加税率为3%。请为该企业提出税收筹划建议。

10. 扬明软件公司属于增值税一般纳税人，2020年自行开发并销售软件产品估计收入为7 000万元，收取技术咨询费700万元。该企业应如何进行税收筹划？

11. 家辉超市是增值税小规模纳税人，专卖家用电器，增值税征收率为3%。该超市每月销售额在100 000～110 000元，在这个销售区间内，应如何进行税收筹划？

12. 力新水泥厂生产水泥等建材产品，其原料中普遍掺有20%的煤矸石。纳税人符合《水泥工业大气污染物排放标准》(GB 4915—2013)规定的技术要求，由于其原料大多来源于直接开采和工业废渣，无法取得增值税专用发票，因此无法抵扣进项税额，税负较高。该厂应如何进行税收筹划？

13. 优园食品公司主要生产蔬菜罐头，其生产流程如下：将自产的新鲜蔬菜加工成蔬菜罐头对外销售。按照现行增值税法的相关规定，蔬菜罐头适用的增值税税率为13%，全年蔬菜罐头销售收入为600万元。公司进项税额主要有两部分：一是购进农业生产资料准予抵扣的进项税额，每年大约为12万元；二是当月公司水费、电费和修理用配件等按规定可以抵扣的进项税额为9万元。与销项税额相比，这两部分进项税额的比例很小。经过一段时间的运营，公司的增值税税负较高。该公司应如何进行税收筹划？

14. 某中外合资企业A采购国内原材料生产工业品并全部用于出口，8月自营出口产品价格1 800万元，本月可抵扣进项税额为180万元，增值税税率为13%，产品出口退税率为9%，无上期留抵税金。分析该企业通过哪一种出口方式有利于减轻增值税税负。

15. 某有进出口经营权的出口企业为国外加工一批货物，进口保税料件价格为2 900万元，加工后出口价格为4 200万元，为加工产品所耗用的国内原材料等费用的进项税额为60万元，增值税适用税率为13%，出口退税率为9%，货物全部出口。如何进行税收筹划？

16. 某集团公司本月出口商品销售额为600万元，产品成本为220万元，进项税额为37.4万元，公司增值税税率为13%，退税率为9%。该集团公司可采用以下不同方式办理出口及退税。

(1) 该公司所属的生产出口产品的工厂采取非独立核算，集团公司采取自营出口方式，出口退税采用“免、抵、退”办法。

(2) 集团公司设有独立核算的进出口公司A，集团所有商品均委托A公司出口，集团公司出口退税采用“免、抵、退”办法。

(3) 按600万元价格将出口商品卖给A公司，由A公司报关出口并申请退税，A公司采用“先征后退”办法办理退税。

(4) 按500万元价格将出口商品卖给A公司，由A公司报关出口并申请退税，A公司采用“先征后退”办法办理退税。

请问集团公司采用哪种方式出口商品最有利？

第 3 章 消费税的税收筹划

3.1 消费税计税依据的税收筹划

3.1.1 消费税征税范围、税目、税率的规定

1. 征税范围

1）生产应税消费品

（1）生产应税消费品销售。

（2）将生产的应税消费品换取生产资料、消费资料、投资入股、偿还债务以及用于继续生产应税消费品以外的其他方面。

工业企业以外的单位和个人如果将外购的消费税非应税产品以消费税应税产品对外销售，或是将外购的消费税低税率应税产品以高税率应税产品对外销售的行为视为应税消费品的生产行为，按规定征收消费税。

2）委托加工应税消费品

委托加工的应税消费品收回后，再继续用于生产应税消费品销售且符合现行政策规定的，其加工环节缴纳的消费税款可以扣除。

3）进口应税消费品

单位和个人进口应税消费品，在进口环节缴纳消费税。

4）批发应税消费品

自 2009 年 5 月 1 日起，批发卷烟产品加征消费税。

5）零售应税消费品

（1）金银首饰消费税自 1995 年 1 月 1 日起、钻石及钻石饰品消费税自 2002 年 1 月 1 日起、铂金首饰消费税自 2003 年 5 月 1 日起其征收环节均由生产销售环节和进口环节征收改为在零售环节征收。

（2）自 2016 年 12 月 1 日起，对超豪华小汽车，在生产（进口）环节按现行税率征收消费税基础上，在零售环节加征 10％消费税。

2. 税目与税率

1）税目

现行消费税按产品类别共设置 15 个税目，并在烟、酒、成品油和小汽车 4 个税目中进一步划分了若干子目。

(1) 烟。凡是以烟叶为原料加工生产的产品,不论使用何种辅料,均属于本税目征收范围,包括卷烟(进口卷烟、白包卷烟、手工卷烟和未经国务院批准纳入计划的企业及个人生产的卷烟)、雪茄烟和烟丝。

在"烟"税目下分"卷烟"等子目,"卷烟"又分"甲类卷烟"和"乙类卷烟"。其中,甲类卷烟是指每标准条(200 支,下同)调拨价格在 70 元(不含增值税)以上(含 70 元)的卷烟;乙类卷烟是指每标准条调拨价格在 70 元(不含增值税)以下的卷烟。

(2) 酒。酒是酒精度在 1°以上的各类酒类饮料,包括白酒、黄酒、啤酒、其他酒。

啤酒每吨出厂价(含包装物及包装物押金)在 3 000 元(含 3 000 元,不含增值税)以上的是甲类啤酒,每吨出厂价(含包装物及包装物押金)在 3 000 元(不含增值税)以下的是乙类啤酒。包装物押金不包括重复使用的塑料周转箱的押金。对饮食业、商业、娱乐业举办的啤酒屋(啤酒坊)利用啤酒生产设备生产的啤酒,应当征收消费税。果啤属于啤酒,按啤酒征收消费税。

(3) 高档化妆品。高档化妆品包括高档美容、修饰类化妆品、高档护肤类化妆品和成套化妆品。

高档美容、修饰类化妆品和高档护肤类化妆品是指生产(进口)环节销售(完税)价格(不含增值税)在 10 元/毫升(克)或 15 元/片(张)及以上的美容、修饰类化妆品和护肤类化妆品。

美容、修饰类化妆品是指香水、香水精、香粉、口红、指甲油、胭脂、眉笔、唇笔、蓝眼油、眼睫毛以及成套化妆品。

舞台、戏剧、影视演员化妆用的上妆油、卸妆油、油彩,不属于本税目的征收范围。

(4) 贵重首饰及珠宝玉石。贵重首饰及珠宝玉石包括以金、银、白金、宝石、珍珠、钻石、翡翠、珊瑚、玛瑙等高贵稀有物质以及其他金属、人造宝石等制作的各种纯金银首饰及镶嵌首饰和经采掘、打磨、加工的各种珠宝玉石。对出国人员免税商店销售的金银首饰征收消费税。

(5) 鞭炮、焰火。体育上用的发令纸、鞭炮药引线,不按本税目征收。

(6) 成品油。成品油包括汽油、柴油、航空煤油、石脑油、溶剂油、润滑油、燃料油七个子目。航空煤油暂缓征收消费税。变压器油、导热类油等绝缘油类产品不属于润滑油,不征收消费税。

(7) 小汽车。小汽车是指由动力驱动,具有四个或四个以上车轮的非轨道承载的车辆。包括乘用车、中轻型商用客车、超豪华小汽车 3 个子目。

超豪华小汽车为每辆零售价格 130 万元(不含增值税)及以上的乘用车和中轻型商用客车。

不包括电动汽车、车身长度大于 7 米(含)且座位在 10～23 座(含)以下的商用客车、沙滩车、雪地车、卡丁车、高尔夫车。

(8) 摩托车。摩托车包括轻便摩托车和摩托车两种。

(9) 高尔夫球及球具。高尔夫球及球具是指从事高尔夫球运动所需的各种专用装备,包括高尔夫球、高尔夫球杆及高尔夫球包(袋)等。高尔夫球杆的杆头、杆身和握把等属于本税目征税范围。

(10) 高档手表。高档手表是指销售价格(不含增值税)每只在10 000元(含)以上的各类手表。

(11) 游艇。本税目征收范围包括艇身长度大于8米(含)小于90米(含),内置发动机,可以在水上移动,一般为私人或团体购置,主要用于水上运动和休闲娱乐等非营利活动的各类机动艇。

(12) 木制一次性筷子。木制一次性筷子,又称卫生筷子,是指以木材为原料经过锯段、浸泡、旋切、刨切、烘干、筛选、打磨、倒角、包装等环节加工而成的各类一次性使用的筷子。本税目征收范围包括各种规格的木制一次性筷子。未经打磨、倒角的木制一次性筷子属于本税目征税范围。

(13) 实木地板。实木地板是指以木材为原料,经锯割、干燥、刨光、截断、开榫、涂漆等工序加工而成的块状或条状的地面装饰材料。

本税目征收范围包括各类规格的实木地板、实木指接地板、实木复合地板及用于装饰墙壁、天棚的侧端面为榫、槽的实木装饰板。未经涂饰的素板属于本税目征税范围。

(14) 电池。电池包括原电池、蓄电池、燃料电池、太阳能电池和其他电池。

自2015年2月1日起对电池(铅蓄电池除外)征收消费税;对无汞原电池、金属氢化物镍蓄电池(又称氢镍蓄电池或镍氢蓄电池)、锂原电池、锂离子蓄电池、太阳能电池、燃料电池、全钒液流电池免征消费税。2015年12月31日前对铅蓄电池缓征消费税;自2016年1月1日起,对铅蓄电池按4%税率征收消费税。

(15) 涂料。自2015年2月1日起对涂料征收消费税,施工状态下挥发性有机物(VOC)含量低于420克/升(含)的涂料免征消费税。

2) 税率

消费税税目、税率见表3-1。

表3-1 消费税税目、税率表

税目	税率
一、烟	
1. 卷烟	
(1) 甲类卷烟(生产或进口环节)	56%加0.003元/支
(2) 乙类卷烟(生产或进口环节)	36%加0.003元/支
(3) 批发环节	11%加0.005元/支
2. 雪茄烟	36%
3. 烟丝	30%
二、酒	
1. 白酒	20%加0.5元/500克(或者500毫升)
2. 黄酒	240元/吨
3. 啤酒	250元/吨
(1) 甲类啤酒	220元/吨
(2) 乙类啤酒	10%

续表

税　目	税　率
4. 其他酒	
三、高档化妆品	15%
四、贵重首饰及珠宝玉石	
1. 金银首饰、铂金首饰和钻石及钻石饰品	5%
2. 其他贵重首饰和珠宝玉石	10%
五、鞭炮、焰火	15%
六、成品油	
1. 汽油	1.52 元/升
2. 柴油	1.2 元/升
3. 航空煤油	1.2 元/升
4. 石脑油	1.52 元/升
5. 溶剂油	1.52 元/升
6. 润滑油	1.52 元/升
7. 燃料油	1.2 元/升
七、小汽车	
1. 乘用车	
(1) 气缸容量(排气量，下同)在 1.0 升(含 1.0 升)以下的	1%
(2) 气缸容量在 1.0 升以上至 1.5 升(含 1.5 升)的	3%
(3) 气缸容量在 1.5 升以上至 2.0 升(含 2.0 升)的	5%
(4) 气缸容量在 2.0 升以上至 2.5 升(含 2.5 升)的	9%
(5) 气缸容量在 2.5 升以上至 3.0 升(含 3.0 升)的	12%
(6) 气缸容量在 3.0 升以上至 4.0 升(含 4.0 升)的	25%
(7) 气缸容量在 4.0 升以上的	40%
2. 中轻型商用客车	5%
3. 超豪华小汽车(零售环节)	10%
八、摩托车	
1. 气缸容量 250 毫升	3%
2. 气缸容量在 250 毫升以上的	10%
九、高尔夫球及球具	10%
十、高档手表	20%
十一、游艇	10%
十二、木制一次性筷子	5%
十三、实木地板	5%
十四、电池	4%
十五、涂料	4%

单位换算如下。

(1) 白酒(吨与斤的换算):

1千克=2×500克=2斤;

1吨=1 000千克=1 000×2斤=2 000斤;

白酒消费税定额税率为0.5元/斤,所以每吨定额税=0.5×2 000=1 000(元)。

(2) 卷烟(支、条、箱的换算):

每标准条=200支;

每标准箱=250标准条=50 000支;

卷烟生产销售、委托加工或进口环节的消费税定额税率为0.003元/支,则相当于0.6元/标准条,150元/标准箱;卷烟批发环节的消费税定额税率为0.005元/支,则相当于1元/标准条,250元/标准箱。

下列两种情况从高适用消费税税率计税。

(1) 纳税人兼营不同税率的应税消费品未分别核算销售额、销售数量的,从高适用税率。

(2) 将不同税率的应税消费品组成成套消费品销售的,从高适用税率。

3.1.2 消费税计税依据的规定

按现行消费税的基本规定,消费税应纳税额的计算分为从价计征、从量计征、从价从量复合计征三种方法。

1. 从价计征

在从价定率计算方法下,应纳税额的计算取决于应税消费品的销售额和适用税率两个因素。

实行从价定率征税的消费品,其消费税税基与增值税税基是一致的,即都是以含消费税而不含增值税的销售额作为计税基数。

销售额是纳税人销售应税消费品向购买方收取的全部价款和价外费用。所谓价外费用,是指价外向购买方收取的手续费、补贴、基金、集资费、返还利润、奖励费、违约金、滞纳金、延期付款利息、赔偿金、代收款项、代垫款项、包装费、包装物租金、储备费、优质费、运输装卸费以及其他各种性质的价外收费。但下列项目不包括在内。

(1) 同时符合以下条件的代垫运输费用:

① 承运部门的运输费用发票开具给购买方的;

② 纳税人将该项发票转交给购买方的。

(2) 同时符合以下条件代为收取的政府性基金或者行政事业性收费:

① 由国务院或者财政部批准设立的政府性基金,由国务院或者省级人民政府及其财政、价格主管部门批准设立的行政事业性收费;

② 收取时开具省级以上财政部门印制的财政票据;

③ 所收款项全额上缴财政。

白酒生产企业向商业销售单位收取的“品牌使用费”是随着应税白酒的销售而向购货方收取的，属于应税白酒销售价款的组成部分，因此，不论企业采取何种方式或以何种名义收取价款，均应并入白酒的销售额中缴纳消费税。

2. 从量计征

在从量定额计算方法下，应纳税额的计算取决于应税消费品的销售数量和单位税额两个因素。

1）销售数量的确定

销售数量，是指应税消费品的数量。具体如下：

(1) 销售应税消费品的，为应税消费品的销售数量；

(2) 自产自用应税消费品的，为应税消费品的移送使用数量；

(3) 委托加工应税消费品的，为纳税人收回的应税消费品数量；

(4) 进口应税消费品的，为海关核定的应税消费品进口征税数量。

2）计量单位的换算标准

换算标准见表 3-2。

表 3-2 应税消费品单位换算表

序　号	名　称	计量单位的换算标准
1	黄酒	1 吨＝962 升
2	啤酒	1 吨＝988 升
3	汽油	1 吨＝1 388 升
4	柴油	1 吨＝1 176 升
5	航空煤油	1 吨＝1 246 升
6	石脑油	1 吨＝1 385 升
7	溶剂油	1 吨＝1 282 升
8	润滑油	1 吨＝1 126 升
9	燃料油	1 吨＝1 015 升

3. 从价从量复合计征

现行消费税的征税范围中，只有卷烟、白酒采用复合计征方法。

生产销售卷烟、白酒从量定额计税依据为实际销售数量。进口、委托加工、自产自用卷烟、白酒从量定额计税依据分别为海关核定的进口征税数量、委托方收回数量、移送使用数量。

4. 计税依据的特殊规定

1）卷烟消费税计税价格

自 2012 年 1 月 1 日起，卷烟消费税最低计税价格（以下简称计税价格）核定范围为卷烟生产企业在生产环节销售的所有牌号、规格的卷烟。

计税价格由国家税务总局按照卷烟批发环节销售价格扣除卷烟批发环节批发毛利核定并发布。计税价格的核定公式为

某牌号、规格卷烟计税价格＝批发环节销售价格×(1－适用批发毛利率)

卷烟批发环节销售价格，按照税务机关采集的所有卷烟批发企业在价格采集期内销售的该牌号、规格卷烟的数量、销售额进行加权平均计算。计算公式为

$$批发环节销售价格=\sum 该牌号、规格卷烟各采集点的销售额 \div \sum 该牌号、规格卷烟各采集点的销售数量$$

未经国家税务总局核定计税价格的新牌号、新规格卷烟，生产企业应按卷烟调拨价格申报纳税。

已经国家税务总局核定计税价格的卷烟，生产企业实际销售价格高于计税价格的，按实际销售价格确定适用税率，计算应纳税款并申报纳税；实际销售价格低于计税价格的，按计税价格确定适用税率，计算应纳税款并申报纳税。

2) 金银首饰计税价格

(1) 对既销售金银首饰，又销售非金银首饰的生产、经营单位，应将两类商品划分清楚，分别核算销售额。凡划分不清楚或不能分别核算的，在生产环节销售的，一律从高适用税率征收消费税；在零售环节销售的，一律按金银首饰征收消费税。

(2) 金银首饰与其他产品组成成套消费品销售的，应按销售额全额征收消费税。

(3) 金银首饰连同包装物销售的，不论包装物是否单独计价，也不论会计上如何核算，均应并入金银首饰的销售额计征消费税。

(4) 带料加工的金银首饰，应按受托方销售同类金银首饰的销售价格确定计税依据征收消费税。没有同类金银首饰销售价格的，按照组成计税价格计算纳税，其计算公式为

组成计税价格＝(材料成本＋加工费)÷(1－消费税税率)

(5) 纳税人采用以旧换新(含翻新改制)方式销售的金银首饰，应按实际收取的不含增值税的全部价款确定计税依据征收消费税。

3) 通过自设非独立核算门市部销售的自产应税消费品

纳税人通过自设非独立核算门市部销售的自产应税消费品，应当按照门市部对外销售额或者销售数量征收消费税。

4) 用于换取生产资料、消费资料、投资入股和抵偿债务等方面的应税消费品

纳税人用于换取生产资料、消费资料、投资入股和抵偿债务等方面的应税消费品，应当以纳税人同类应税消费品的最高销售价格作为计税依据计算消费税。

5) 白酒最低计税价格的核定

(1) 核定范围。

① 白酒生产企业销售给销售单位的白酒，生产企业消费税计税价格低于销售单位对外销售价格(不含增值税，下同) 70%以下的。

② 纳税人将委托加工收回的白酒销售给销售单位，消费税计税价格低于销售单位对外销售价格 70%以下的。

(2) 核定标准。

① 白酒生产企业销售给销售单位的白酒，生产企业消费税计税价格高于销售单位对外销售价格70%(含70%)以上的，税务机关暂不核定消费税最低计税价格。

② 白酒生产企业销售给销售单位的白酒，生产企业消费税计税价格低于销售单位对外销售价格70%以下的，消费税最低计税价格由税务机关根据生产规模、白酒品牌、利润水平等情况在销售单位对外销售价格50%～70%范围内自行核定。其中生产规模较大、利润水平较高的企业生产的需要核定消费税最低计税价格的白酒，税务机关核价幅度原则上应选择在销售单位对外销售价格60%～70%范围内。

(3) 重新核定。已核定最低计税价格的白酒，销售单位对外销售价格持续上涨或下降时间达到3个月以上、累计上涨或下降幅度在20%(含)以上的白酒，税务机关重新核定最低计税价格。

(4) 计税价格的适用。已核定最低计税价格的白酒，生产企业实际销售价格高于消费税最低计税价格的，按实际销售价格申报纳税；实际销售价格低于消费税最低计税价格的，按最低计税价格申报纳税。

3.1.3 设立独立核算销售公司的税收筹划

消费税只在单一环节征收，消费税的纳税行为发生在生产领域(包括生产、委托加工和进口环节)，而非流通领域或终极的消费环节(卷烟、金银首饰和超豪华小汽车除外)，这就是说，消费税的纳税义务人是在中国境内从事生产、委托加工和进口应税消费品的单位和个人。如果将生产销售环节的价格降低，可直接取得节税的利益。

企业可设立独立核算的销售公司，先以较低但不违反公平交易的价格将应税消费品销售给其独立核算的销售公司，这时消费税以此较低的销售额计征，从而减少应纳消费税税额；然后独立核算的销售公司再以较高的价格对外售出，在此环节只缴纳增值税，不缴纳消费税。这样可使集团的整体消费税税负下降，但增值税税负不变。

由于消费税的课征只选择单一环节(卷烟和超豪华小汽车除外)，而消费品的流通还存在着批发、零售等若干个流转环节，这在客观上为企业进行税务筹划提供了可能。企业可以采用分设独立核算的经销部、销售公司的办法，降低生产环节的销售价格，经销部、销售公司再以正常价格对外销售。由于消费税主要在生产环节征收，企业的税务负担会因此而减轻。

【例3-1】 百灵公司为增值税一般纳税人，主要生产化妆品，本期生产的高档香水销售给批发商的价格为每件3 600元(不含增值税)，销售给零售商及消费者的价格为每件4 000元(不含增值税)。本年预计零售商及消费者到公司直接购买高档香水约10 000件。该公司如何进行税收筹划？

【解析】

方案一，百灵公司将高档香水直接销售给零售商及消费者。

$$应纳消费税=4\,000\times10\,000\times15\%=6\,000\,000(元)$$

方案二，百灵公司先将高档香水以每件3 600元的价格出售给其独立核算的销售公司，销售公司再以每件 4 000 元的价格销售给零售商及消费者。

应纳消费税＝3 600×10 000×15%＝5 400 000(元)

【筹划结论】

方案二比方案一少缴纳消费税 600 000(6 000 000－5 400 000)元。

应注意，设立独立核算的销售公司必然增加部分支出，企业需要比较降低的税负与增加的支出的大小，最终作出正确的决策。

3.1.4 以应税消费品投资、抵债的筹划

根据税法的规定，纳税人用于换取生产资料和消费资料、投资入股和抵偿债务等方面的应税消费品，应当以纳税人同类应税消费品的最高销售价格作为计税依据计算消费税。因此，如果企业存在以应税消费品抵债、入股的情况，最好先销售，再做抵债或入股处理。

【例 3-2】 某摩托车生产企业当月以三种价格实现对外销售同一型号的摩托车，数量总共 600 辆，其中以 3 000 元的单价销售 300 辆，以 3 500 元的单价销售 200 辆，以 3 300 元的单价销售 100 辆。另外，当月又以 100 辆同型号的摩托车抵偿债务。双方按当月的加权平均销售价格确定摩托车的价格，摩托车的消费税税率为 10%。该企业应如何进行税收筹划？

【解析】

税法规定纳税人自产的应税消费品用于换取生产资料和消费资料、投资入股或抵偿债务等，应当以纳税人同类应税消费品的最高销售价格作为计税依据。

方案一，企业以自产产品抵债。

应纳消费税＝100×3 500×10%＝35 000(元)

方案二，企业按照当月的加权平均单价销售摩托车后用现金还债。

$$\text{应纳消费税}=\frac{3\,000\times300+3\,500\times200+3\,300\times100}{300+200+100}\times100\times10\%=32\,166.67(\text{元})$$

【筹划结论】

方案二比方案一少缴纳消费税 2 833.33(35 000－32 166.67)元。

3.1.5 兼营不同税率应税消费品的税收筹划

消费税的兼营行为包括兼营不同税率的应税消费品和兼营非应税消费品两种情况。纳税人兼营不同税率的应税消费品，是指纳税人生产销售两种税率以上的应税消费品。税法对企业兼营不同税率应税消费品的税务处理作了明确的规定：纳税人兼营不同税率的应税消费品，应当分别核算不同税率应税消费品的销售额、销售数量，按不同税率分别征税。未分别核算销售额、销售数量的，从高适用税率。

所谓“从高适用税率”，就是对兼营高低不同税率的应税消费品，当不能分别核算销售额、销售数量时，就以应税消费品适用的最高税率与混合在一起的销售额或销售数量相乘，得出应纳消费税税额。对此，纳税人采取分开核算的办法，可避免在消费税兼营行为

中承担不必要的税收负担。

【例 3-3】 蓝星酒厂以生产果酒见长,也生产白酒,酒厂不能分别核算不同酒的销售额。本月酒厂生产并销售粮食白酒 100 吨,实现销售收入 45 万元,同时销售果酒 150 吨,实现销售收入 80 万元。该酒厂应如何进行税收筹划?

【解析】

方案一,如果该企业没有将两种产品分别核算,那么其应从高适用税率,即将全部产品按照粮食白酒的税率纳税,该月应缴纳消费税:

$$(450\,000+800\,000)\times 20\%+(150+100)\times 1\,000\times 1=50(\text{万元})$$

方案二,如果该企业将所销售的白酒和果酒的销售数量和销售额分别核算,则应缴纳消费税:

$$450\,000\times 20\%+100\times 1\,000\times 1+800\,000\times 10\%=27(\text{万元})$$

【筹划结论】

方案二比方案一少缴消费税 23 万元,应选择方案二。分别核算减轻了税收负担。

3.2 包装物及包装方式的税收筹划

3.2.1 包装物押金的税收筹划

1. 包装物及其押金的种类

在一般产品销售活动中,包装物随产品销售是很普遍的。从其形式看,产品销售活动中的包装物可以分成如下四种类型。

(1) 用于包装产品作为消费品组成部分的包装物。

(2) 随同产品出售不单独计价的包装物。

(3) 随同产品出售单独计价的包装物。

(4) 出租或出借给购买产品的单位使用包装物。

出租出售包装物包括三种情况:①包装物不作价随同产品出售,只是单纯收取押金,以便收回周转使用;②既作价随同产品出售,又另外收取押金;③不作价随同产品出售,在收取租金的基础上,又收取包装物押金。

如某啤酒厂,在销售啤酒的过程中,对周转箱不作价销售,只是收取押金,这属于第一种情况;如果啤酒厂以较低的价格对周转箱作价,计入销售额中,另外又规定归还包装物的时间,并收取押金,这属于第二种情况;如果周装箱未作价销售,而是借给购货方使用,该啤酒厂对周转箱实际使用期限收取租金,此外,为了保证包装物完好,又另外收取部分押金,就属于第三种情况。

2. 将销售包装物改为收取押金的筹划

根据《中华人民共和国消费税暂行条例实施细则》(以下简称《消费税暂行条例实施细

则》)的规定：实行从价定率办法计算应纳税额的应税消费品连同包装物销售的，要区分不同情况计算应纳税额。

(1) 实行从价定率办法计算应纳税额的应税消费品连同包装物销售的，无论包装物是否单独计价以及在会计上如何核算，均应并入应税消费品的销售额中缴纳消费税。

(2) 如果包装物不作价随同产品销售，而是收取押金，此项押金则不应并入应税消费品的销售额中征税。但对因逾期未收回的包装物不再退还的或者已收取的时间超过12个月的押金，应并入应税消费品的销售额，按照应税消费品的适用税率缴纳消费税。

(3) 对既作价随同应税消费品销售，又另外收取押金的包装物的押金，此项押金暂不并入销售额征税，只对作价销售的包装物缴纳消费税。凡纳税人在规定的期限内没有退还的，均应并入应税消费品的销售额，按照应税消费品的适用税率缴纳消费税。

(4) 对酒类产品生产企业销售酒类产品(黄酒、啤酒除外)而收取的包装物押金，无论押金是否返还与会计上如何核算，均需在收取时并入当期销售额中，依酒类产品的适用税率征收消费税。

这里需要注意两个问题：①"逾期"的界定，"逾期"是以1年(12个月)为期限。②押金属于含税收入，应先将其换算为不含税销售额再并入销售额征税。另外，包装物押金与包装物租金不能混淆，包装物租金属于价外费用，在收取时便并入销售额征税。包装物的租金应视为价外费用。对增值税一般纳税人向购买方收取的价外费用的逾期未归还包装物的押金，应视为含税收入，在计缴消费税时应首先换算成不含税收入，再并入销售额计税。

【例 3-4】 大宇公司是一家手表生产企业，为增值税一般纳税人，本月销售高档手表500只，每只价值50 000元(不含税)，另外包装物价值2 000元(不含税)。高档手表的消费税税率为20%，增值税税率为13%。该企业对包装物应如何进行税收筹划?

【解析】

方案一，如果企业将包装盒作价连同手表一同销售，包装盒应并入手表售价中一并缴纳消费税。应纳消费税税额为

$$500\times(50\ 000+2\ 000)\times20\%=5\ 200\ 000(\text{元})$$

方案二，如果企业将包装盒不作价销售而是收取押金，每只包装盒收取2 260(2 000×13%)元的押金，则此项押金不应并入应税消费品的销售额计缴消费税。应纳消费税为

$$500\times50\ 000\times20\%=5\ 000\ 000(\text{元})$$

如果包装盒在规定期限内(一年)收回，此项押金不纳税。

如果包装盒在规定期限内(一年)未收回，应将此项押金作为销售额纳税。

$$\text{该包装物应纳消费税}=500\times2\ 260\div(1+13\%)\times20\%=200\ 000(\text{元})$$

【筹划结论】

由此可见，该公司如果能在规定的期限内将包装物收回，就可以不用对包装物缴税，可以达到最大限度的节税。如果不能收回包装物，则应采用收取包装物押金的方式，这样可以推迟缴纳税金1年，给企业带来资金的时间价值

【例 3-5】 某手表厂本月销售高档手表500个，单价为10 000元(不含税)，单价中包含包装物价值200元(不含税)，该月销售额为500万元，高档手表的消费税税率为20%，

因此该月应纳消费税税额为 500×20%=100（万元）。该企业领导认为税收成本过高，因此要求财务人员采取措施，减少企业的应纳税额。该企业应如何进行税收筹划？

【解析】

根据该企业的情况，财务人员可以在包装物上寻求节税的途径。例如，可以采取收取包装物押金的方式降低手表售价，收取包装物押金后，每个手表售价 9 800 元。由于高档手表，是指销售价格（不含增值税）每只在 10 000 元（含）以上的各类手表。因此，该批手表不属于高档手表，无需缴纳消费税。

【筹划结论】

当商品单价处于临界点时，利用收取包装物押金，降低销售单价，从而使商品无需缴纳消费税，可以节约税收成本 100 万元。

综合考虑，采取收取包装物押金可以给企业带来三方面的好处：①促使购货方及早退回包装物以便周转使用，从而在一定程度上节约了生产包装物的人力、物力，利于环保，降低了产品成本；②在产品的售价中可以扣除原来包装物的价值，从而降低了产品的售价，有利于增强产品的竞争力；③节约税收成本。

【例 3-6】 某化妆品厂 5 月销售高档化妆品 450 件，使用包装物共 1 350 个，化妆品的销售价格为每件 1 000 元。其中有 450 个包装袋随同化妆品作价出售，每个包装袋销售价格 50 元；另外 450 个包装物只收取押金，每个包装物收取押金 50 元；还有 450 个包装盒随同化妆品作价 40 元销售，同时每个包装盒另外收 10 元押金。高档化妆品消费税税率为 15%。以上除收取押金外，销售价均为不含税价，该企业应如何进行税收筹划？

【解析】

(1) 将 450 个包装袋随同化妆品作价销售，则包装袋应纳消费税税额为

$$50\times450\times15\%=3\,375(\text{元})$$

(2) 另将 450 个包装物只收取押金，当期不纳消费税。

(3) 将 450 个包装盒既作价随同化妆品销售，同时又收取押金，当期应纳消费税税额为

$$450\times40\times15\%=2\,700(\text{元})$$

根据规定，如果包装物不作价随同产品销售，只收取押金，此项押金不应并入应税消费品销售额中征税。但对逾期未收回的包装物不再退还的押金，应并入当期销售额中，按照应税消费品的适用税率缴纳消费税。假如 1 年后 450 个不随同化妆品作价销售只收取押金的包装物未收回，则

$$\text{应纳消费税}=\frac{450\times50}{1+13\%}\times15\%=2\,986.73(\text{元})$$

【筹划结论】

企业如果想在包装物上节省消费税，可以采取两项措施：

一是包装物不能作价随同产品销售，而应采取收取押金的形式，而此项押金必须在规定的时间内收回，则可以不并入销售额计算缴纳消费税。

二是不管包装物是否收回，都应当选择收取押金方式，税法规定，对因逾期未收回包装物不再退还的押金，应按所包装货物适用的税率计算缴纳消费税、增值税。这其中的

"逾期"是以一年为限。对收取的押金超过一年以上的,无论是否退还都应并入销售额计税。虽然暂时少纳的税款最终是要缴纳的,但由于其缴纳时限延缓了一年,增加了企业的营运资金,获取了资金的时间价值,为企业的生产经营提供了便利。

3.2.2 销售成套包装应税消费品的税收筹划

随着人们生活和消费水平的提高,"成套"消费品的市场需求日益扩大。销售成套消费品,不仅可以扩大生产企业产品的市场需求,而且能增强企业在市场中的竞争优势。但按规定,纳税人兼营非应征消费税货物,应当分别核算不同货物的销售额或销售数量,未分别核算的,非应征消费税货物一并计缴消费税。而习惯上,工业企业销售产品,都采取"先包装后销售"的方式进行,如果改成"先销售后包装"方式,就可以大大降低消费税税负。

【例 3-7】 某日用化妆品厂,将生产的高档化妆品、护肤护发品、小工艺品等组成成套消费品销售。每套消费品由下列产品组成:化妆品包括一瓶高档香水 300 元、一瓶指甲油 10 元、一支高档口红 150 元;护肤护发品包括两瓶浴液 25 元、一瓶摩丝 8 元;化妆工具及小工艺品 10 元、包装盒 15 元。除高档香水与高档口红外,其他均为不征消费税产品。高档化妆品的消费税税率为 15%,上述价格均不含税。该厂应如何进行税收筹划?

【解析】

方案一,按照习惯做法,将产品包装后再销售给商家。

应纳消费税=(300+10+150+25+8+10+15)×15%=77.7(元)

方案二,若改变做法,将上述产品先分别销售给商家,再由商家包装后对外销售(实际操作中,只是换了个包装地点,并将产品分别开具发票,财务上分别核算销售收入即可)。

应纳消费税=(300+150)×15%=67.5(元)

【筹划结论】

"先包装后销售"改为"先销售后包装"后,每套化妆品节税额为 10.2(77.7-67.5)元。需要注意的是,如果上述产品采取"先销售后包装"方式,但在账务上未分别核算其销售额,则税务部门仍按照 15%的最高税率对所有产品征收消费税。因此,企业从事消费税的兼营业务时,能单独核算的,最好单独核算,没有必要成套销售的,最好单独销售,尽量降低企业的税收负担。

3.3 酒类生产企业合并的纳税筹划

纳税人自产自用的应税消费品,用于连续生产应税消费品的,不纳税。用于其他方面的,于移送使用时纳税。

所谓用于连续生产应税消费品,是指纳税人将自产的应税消费品作为直接材料生产最终应税消费品,自产自用应税消费品构成最终应税消费品的实体。用于连续生产应税消费品的自产应税消费品不征税,体现了税不重征且计税简便的原则。

现在已经停止执行对外购或委托加工已税酒生产的酒，其外购酒已纳税款或受托方代收代缴税款准予抵扣的政策。因此，对于外购酒类应税消费品连续生产另一种酒类应税消费品的情况，企业可以创造条件通过并购上游企业，使原来企业间的购销行为转变为企业内部的原材料领用行为，从而达到规避重复缴纳消费税的目的。

【例 3-8】 双鹿酒厂是一家以生产药酒为主的企业，其生产药酒的原材料为某白酒，均从红星酒厂购入。预计本年红星酒厂向双鹿酒厂销售白酒 5 000 吨，售价为 4 000 万元。白酒适用消费税比例税率为 20%，定额税率为 0.5 元/斤。预计本年双鹿酒厂销售药酒取得收入 6 000 万元，销售数量为 5 000 吨。以上价格均不含增值税，药酒的消费税税率为 10%。企业如何进行纳税筹划？

【解析】

方案一，双鹿酒厂仍然采购红星酒厂白酒作为原料。

双鹿酒厂应纳消费税＝6 000×10%＝600（万元）

红星酒厂应纳消费税＝4 000×20%＋5 000×2 000×0.5÷10 000＝1 300（万元）

应纳消费税合计＝600＋1 300＝1 900（万元）

方案二，双鹿酒厂合并红星酒厂，使红星酒厂作为双鹿酒厂的原料（白酒）生产车间（不再具有法人资格）。

双鹿酒厂应纳消费税＝6 000×10%＝600（万元）

双鹿酒厂自产自用的应税消费品白酒（由红星白酒生产车间生产），用于连续生产应税消费品药酒，白酒在移送环节不缴纳消费税。

因此，应纳消费税就是 600 万元。

【筹划结论】

两种方案比较，方案二比方案一少缴纳消费税 1 300（1 900－600）万元，因此，应当选择方案二。

应注意，企业的合并（兼并）行为还应考虑到自身有无兼并的能力、对企业未来发展的影响、被兼并的企业是否存在严重的遗留问题等很多因素。

3.4 利用纳税义务发生时间进行税收筹划

税法规定的消费税纳税义务发生时间如下。

(1) 纳税人销售应税消费品纳税义务的发生时间：①采取赊销和分期收款结算方式的，为书面合同约定的收款日期的当天，书面合同没有约定收款日期或者无书面合同的，为发出应税消费品的当天；②采取预收货款结算方式的，为发出应税消费品的当天；③采取托收承付和委托银行收款方式的，为发出应税消费品并办妥托收手续的当天；④采取其他结算方式的，为收讫销售款或者取得索取销售款凭据的当天。

(2) 纳税人自产自用应税消费品的，为移送使用的当天。

(3) 纳税人委托加工应税消费品的，为纳税人提货的当天。

(4) 纳税人进口应税消费品的，为报关进口的当天。

【例 3-9】 4月,芳雅化妆品有限责任公司与南京甲商场签订了一笔高档化妆品销售合同,销售金额为180万元,货物于4月18日、10月18日、12月18日分三批发给商场,货款于每批货物发出后2个月内支付。公司的会计已于4月18日将该三批货物计算缴纳消费税。该公司在该笔交易中如何进行税收筹划?

【解析】

(1) 对4月18日的第一笔业务,合同没有明确销售方式,公司会计人员可以对其按直接销售业务处理,并于业务发生的当月月底计提并缴纳消费税9(60×15%)万元。

(2) 对10月18日的第二笔业务,如果公司的销售人员在与甲商场签订该笔业务的销售合同时,明确"分期收款结算方式销售"业务,那么,该笔业务的纳税义务就可以向后推延。将"书面合同约定的收款日期的当天"作为纳税义务实现的时间,企业就可以将其中的9万元消费税向后推延8个月。

(3) 对12月18日的第三笔业务,9万元消费税向后推延10个月。

【筹划结论】

由于资金存在时间价值,所以推迟纳税义务实现也是税收筹划的一个重要方面。

本章小结

消费税一般只在单一环节征税,根据消费税的特点,消费税的纳税筹划主要有:①侧重于改变经营方式,利用企业合并、分立的形式减少纳税环节,以减少税收负担;②企业可以结合自身经营特点选择有利的方案递延纳税时间进行税收筹划;③企业可以通过设立关联企业、降低生产销售价格、分别核算及利用税收优惠等方法减轻税收负担,取得节税收益。

思考题

1. 如何利用加工方式进行应税消费品的税收筹划?
2. 如何进行包装物及其押金的税收筹划?
3. 如何利用分别核算进行消费税的税收筹划?

案例分析题

1. 某鞭炮厂主要生产鞭炮和焰火,产品销售给全国各地的批发商。按照以往的经验,本县的一些商业零售户、消费者每年到工厂直接购买的焰火产品大约2 000大箱,零售价为每大箱400元。鞭炮焰火产品适用消费税税率15%。问:

(1) 每年该厂这种本地销售产品所负担的消费税有多少?

(2) 已知该厂给全国各地批发商的批发价为每大箱300元,该厂如何进行消费税的税收筹划?

2. 某化妆品厂在妇女节前夕推出“大礼包”促销,即将生产的化妆品、护肤护发品、小工艺品等组成“大礼包”销售。每套“大礼包”由下列产品组成:化妆品包括1瓶高档香水(单卖市价430元)、1瓶高档指甲油(单卖市价35元)、1支高档口红(单卖市价130元);护肤护发品包括1瓶普通洗发水(单卖市价30元)、1瓶高档防晒霜(单卖市价70元);化妆工具及小工艺品(单卖市价25元)、精美包装盒(单卖市价15元)。“大礼包”售价735元,化妆品消费税税率为15%,上述各产品价格均不含增值税。从税收筹划角度分析该企业采用成套销售是否有利。

3. 某葡萄酒生产企业当月以三种价格实现对外销售同一型号的葡萄酒,数量总共600件,其中以6 000元的单价销售300件,以6 500元的单价销售200件,以6 300元的单价销售100件。另外,当月又以100件同型号的葡萄酒抵偿债务。双方按当月的加权平均销售价格确定葡萄酒的价格,葡萄酒的消费税税率为10%。该企业应如何进行税收筹划?

4. 某烟草集团的卷烟厂生产甲类卷烟,该厂以每条80元(不含增值税)的调拨价,销售给独立核算的销售部门300标准箱,每标准箱内装250条卷烟,该烟的市场销售价为每条950元(不含增值税),试分析卷烟厂转让定价前后消费税税收负担的大小。

5. 甲酒厂既生产果酒,也生产白酒,酒厂对不同酒不能实行分别核算。本月酒厂生产并销售粮食白酒100吨,实现销售收入100万元,同时销售果酒150吨,实现销售收入80万元。该酒厂应如何进行税收筹划?

6. 甲公司是一家手表生产企业,为增值税一般纳税人,本月销售高档手表200只,每只价值30 000元(不含税),另外包装物价值1 000元(不含税)。高档手表的消费税税率为20%,增值税税率为13%。该企业应如何进行税收筹划?

7. 某化妆品厂9月销售高档化妆品200件,使用包装物共600个,化妆品的销售价格为每件1 000元。其中有200个包装袋随同化妆品作价出售,每个包装袋销售价格50元;另外200个包装物只收取押金,每个包装物收取押金50元;还有200个包装盒随同化妆品作价40元销售,同时每个包装盒另外收10元押金。高档化妆品消费税税率为15%。以上除收取押金外,销售价均为不含税价。该厂应如何进行税收筹划?

8. A酒厂是一家以生产药酒为主的企业,其生产药酒的原材料为从B酒厂购入的白酒。预计本年B酒厂向A酒厂销售白酒6 000吨,售价为5 000万元。白酒适用消费税比例税率为20%,定额税率为0.5元/斤。预计本年A酒厂销售药酒取得收入7 000万元,销售数量为6 000吨。以上价格均不含增值税,药酒的消费税税率为10%。企业如何进行纳税筹划?

9. 4月,美雅化妆品有限责任公司与广州甲商场签订了一笔高档化妆品销售合同,销售金额为400万元,货物于4月6日、10月6日、12月6日分三批发给商场,货款于每批货物发出后2个月内支付。公司的会计已于4月6日将该三批货物计算缴纳消费税。该公司在该笔交易中如何进行税收筹划?

第4章 企业所得税的税收筹划

4.1 企业所得税纳税人的税收筹划

4.1.1 企业所得税纳税人的法律规定

企业所得税的纳税人是指在中华人民共和国境内的企业和其他取得收入的组织。《中华人民共和国企业所得税法》(以下简称《企业所得税法》)规定,除个人独资企业、合伙企业不适用企业所得税法外,凡在中国境内的企业和其他取得收入的组织(以下统称企业)为企业所得税的纳税人,依照法律的规定缴纳企业所得税。

企业所得税的纳税人分为居民企业和非居民企业,这是基于不同企业承担的纳税义务不同而进行的分类。把企业分为居民企业和非居民企业,是为了更好地保障我国税收管辖权的有效行使和避免双重课税。税收管辖权是一国政府在征税方面的主权,是国家主权的重要组成部分。根据国际上通行的做法,我国选择了地域管辖权和居民管辖权的双重管辖权标准,最大限度地维护我国的税收利益。

1. 居民企业

居民企业是指依法在中国境内成立,或者依照外国(地区)法律成立但实际管理机构在中国境内的企业。

这里的企业包括国有企业,集体企业,私营企业,联营企业,股份制企业,外商投资企业,外国企业以及有生产、经营所得和其他所得的其他组织。其中,有生产、经营所得和其他所得的其他组织,是指经国家有关部门批准,依法注册、登记的事业单位、社会团体等组织。由于我国的一些社会团体组织、事业单位在完成国家事业计划的过程中,开展多种经营和有偿服务活动,取得除财政部门各项拨款、财政部和国家物价部门批准的各项规费收入以外的经营收入,具有了经营的特点,应纳入征税范围。其中,实际管理机构,是指对企业的生产经营、人员、账务、财产等实施实质性全面管理和控制的机构。

界定实际管理机构的最关键标准,是强调对人事权和财务权的控制。比如,到中国投资的许多外国企业,如果其设在中国的管理机构冠以“亚太区总部”“亚洲区总部”等字样,一般都被认定为实际管理机构,即对企业具有实质性管理和控制。如果该机构只是对该企业的一部分或非关键的生产经营活动进行管理和控制,比如,只是对在中国境内的某一个生产车间进行管理,则不被认定为实际管理机构。

居民企业负有全面的纳税义务。居民企业应当就其来源于中国境内、境外的所得缴纳企业所得税。居民企业承担全面的纳税义务，对其一切所得纳税，即居民企业应当就其在中国境内、境外的所得缴纳企业所得税。

这里所指的所得，包括销售货物所得、提供劳务所得、转让财产所得、股息红利等权益性投资所得、利息所得、租金所得、特许权使用费所得、接受捐赠所得和其他所得。

2. 非居民企业

非居民企业是指依照外国（地区）法律成立且实际管理机构不在中国境内，但在中国境内设立机构、场所的，或者在中国境内未设立机构、场所，但有来源于中国境内所得的企业。

上述所称机构、场所，是指在中国境内从事生产经营活动的机构、场所，包括：

（1）管理机构、营业机构、办事机构；

（2）工厂、农场、开采自然资源的场所；

（3）提供劳务的场所；

（4）从事建筑、安装、装配、修理、勘探等工程作业的场所；

（5）其他从事生产经营活动的机构、场所。

非居民企业委托营业代理人在中国境内从事生产经营活动的，包括委托单位或者个人经常代其签订合同，或者储存、交付货物等，该营业代理人视为非居民企业在中国境内设立的机构、场所。

非居民企业在中国境内设立机构、场所的，应当就其所设机构、场所取得的来源于中国境内的所得，以及发生在中国境外但与其所设机构、场所有实际联系的所得，缴纳企业所得税。这里所说的实际联系，是指非居民企业在中国境内设立的机构、场所拥有据以取得所得的股权、债权，以及拥有、管理、控制据以取得所得的财产等。

非居民企业在中国境内未设立机构、场所的，或者虽设立机构、场所但取得的所得与其所设机构、场所没有实际联系的，应当就其来源于中国境内的所得缴纳企业所得税。

4.1.2 企业设立时组织形式选择的税收筹划

企业在投资设立时可以划分为三类：个人独资企业、合伙企业和公司制企业（股份有限公司、有限责任公司）。不同主体身份的选择，纳税主体适用的税收政策不同。

对个人独资企业、合伙企业按照“经营所得”缴纳个人所得税。而公司制企业需要缴纳企业所得税。公司制企业向个人投资者分配股息、红利的，还要按照税法规定适用20%的比例税率代扣其个人所得税。

经营所得个人所得税税率见表 4-1。

表 4-1 经营所得个人所得税税率表（含速算扣除数）

级　数	全年应纳税所得额	税率/%	速算扣除数
1	不超过 30 000 元的	5	0
2	超过 30 000 元至 90 000 元的部分	10	1 500

续表

级　　数	全年应纳税所得额	税率/%	速算扣除数
3	超过 90 000 元至 300 000 元的部分	20	10 500
4	超过 300 000 元至 500 000 元的部分	30	40 500
5	超过 500 000 元的部分	35	65 500

【例 4-1】 王某 2020 年投资办企业，若年应纳税所得额为 600 000 元。现有两种方案可供选择：方案一，成立个人独资企业，且将税后利润全部分配给投资者；方案二，成立一人独资公司，该公司符合小型微利企业条件，没有企业所得税纳税调整项目，税后利润提取法定盈余公积后全部分配给王某。王某应选择哪一个方案？

【解析】

方案一，成立个人独资企业，每年应纳税所得额为 600 000 元，且将利润全部分配。

应纳个人所得税总额＝600 000×35%－65 500＝144 500(元)

方案二，成立一人有限责任公司，每年应纳税所得额为 600 000 元，没有企业所得税纳税调整项目，符合小型微利企业条件，税后利润全部分配给股东。

若该企业为从事国家非限制和禁止行业的公司制企业，且同时满足从业人数不超过 300 人、资产总额不超过 5 000 万元、年度应纳税所得额不超过 300 万元三个条件，则符合小型微利企业最新优惠条件的规定，其年度所得不超过 100 万元的部分，按 25%计入应纳税所得额，按 20%税率计缴企业所得税；其年度所得大于 100 万元但小于等于 300 万元的部分，减按 50%计入应纳税所得额，按 20%税率计缴企业所得税。

企业当年应纳所得税＝600 000×25%×20%＝30 000(元)

企业税后利润＝600 000－30 000＝570 000(元)

企业提取法定盈余公积＝570 000×10%＝57 000(元)

王某分得的利润＝570 000－57 000＝513 000(元)

王某“利息、股息、红利所得”应纳个人所得税总额＝513 000×20%＝102 600(元)

应纳税额合计＝30 000＋102 600＝132 600(元)

【筹划结论】

方案二比方案一少缴税合计 11 900(144 500－132 600)元，因此应当选择方案二。该小型微利企业税收优惠政策有效期至 2021 年 12 月 31 日。

具有法人资格的企业(股份有限公司、有限责任公司)相对于不具有法人资格的企业(个体工商户、个人独资企业、合伙企业)的优势如下。

(1) 具有法人资格的企业股东以其认缴的出资额对公司承担有限责任，公司以其全部资产对其债务承担责任，而不具有法人资格的企业的投资人以其个人财产对企业债务承担无限责任。

(2) 若成立具有法人资格的企业且满足小型微利企业的条件，则可适用较低的企业所得税税率。

注意，由于“经营所得”适用五级超额累进税率，不同的年应纳税所得额的计算结果会得出不同的结论，例如本题如果当年应纳税所得额改为 30 万元，则选择方案一的税收负担更小，因此在进行企业组织形式的选择时，应在综合权衡企业的经营风险、经营规模、管理模式等因素的基础上，选择税负较小的组织形式。

4.1.3 子公司与分公司选择的税收筹划

企业经营状况良好，要扩大生产经营规模，就面临着分支机构组织形式的选择，即子公司与分公司。

子公司是以独立的法人身份出现的，因而可以享受子公司所在地提供的包括减免税在内的税收优惠。但设立子公司手续繁杂，需要具备一定的条件；子公司必须独立开展经营，自负盈亏，独立纳税；在经营过程中还要接受当地政府部门的监督和管理等。

分公司不具有独立的法人身份，因而不能享受当地的税收优惠。但设立分公司手续简单，有关财务资料也不必公开，分公司不需要独立缴纳企业所得税，并且分公司这种组织形式便于总公司管理和控制。

设立子公司与设立分公司的税收利益孰高孰低并不是绝对的，它受到国家税收制度、经营状况及企业内部利润分配政策等多种因素的影响。通常而言，在投资初期分支机构发生亏损的可能性比较大，宜采用分公司的组织形式，其亏损额可以和总公司的损益合并纳税。当公司经营成熟后，宜采用子公司的组织形式，以便充分享受所在地的各项税收优惠政策。

【例 4-2】 鸿运公司经营状况良好，准备扩大规模，增设一分支机构鸿利公司。公司均适用 25%的所得税税率，分支机构设立后 6 年内经营情况预测如表 4-2 所示。请问鸿运公司应选择成立子公司还是分公司？

表 4-2 公司盈利预测表 单位：万元

项　目	1 年	2 年	3 年	4 年	5 年	6 年
鸿运公司	100	130	150	200	250	300
鸿利公司	－50	－30	0	30	50	60

【解析】

成立分公司的应纳税额情况见表 4-3。

表 4-3 成立分公司的应纳税额情况 单位：万元

项　目	1 年	2 年	3 年	4 年	5 年	6 年	合计
鸿运公司	100	130	150	200	250	300	1 130
鸿利公司	－50	－30	0	30	50	60	60
应纳税所得额	50	100	150	230	300	360	1 190
应纳企业所得税	12.5	25	37.5	57.5	75	90	297.5

成立子公司的应纳税额情况见表 4-4。

表 4-4 成立子公司的应纳税额情况 单位：万元

项 目	1年	2年	3年	4年	5年	6年	合计
鸿运公司	100	130	150	200	250	300	1 130
鸿利公司	－50	－30	0	30	50	60	60
鸿运公司应纳税额	25	32.5	37.5	50	62.5	75	282.5
鸿利公司应纳税额	0	0	0	0	0	15	15
合计应纳税额	25	32.5	37.5	50	62.5	90	297.5

【筹划结论】

虽然两个方案6年应纳企业所得税总额相等，但由于前者第1、2年减少的税负延迟到第4、5年缴纳，获得了货币的时间价值，因此该公司可以在设立分支机构之初选择分公司的组织形式。

【例 4-3】 假设鸿运公司为国家重点扶持的高新技术企业，适用企业所得税税率为15%。而鸿利公司适用25%的税率。该如何筹划？

【解析】

成立分公司的应纳税额情况见表4-5。

表 4-5 成立分公司的应纳税额情况 单位：万元

项 目	1年	2年	3年	4年	5年	6年	合计
鸿运公司	100	130	150	200	250	300	1 130
鸿利公司	－50	－30	0	30	50	60	60
应纳税所得额	50	100	150	230	300	360	1 190
应纳企业所得税	7.5	15	22.5	34.5	45	54	178.5

成立子公司的应纳税额情况见表4-6。

表 4-6 成立子公司的应纳税额情况 单位：万元

项 目	1年	2年	3年	4年	5年	6年	合计
鸿运公司	100	130	150	200	250	300	1 130
鸿利公司	－50	－30	0	30	50	60	60
鸿运公司应纳税额	15	19.5	22.5	30	37.5	45	169.5
鸿利公司应纳税额	0	0	0	0	0	15	15
合计应纳税额	15	19.5	22.5	30	37.5	60	184.5

【筹划结论】

当母公司为高新技术企业时，设立分公司比设立子公司6年合计可节税6(184.5－178.5)万元，因此应选择设立分公司。

【例 4-4】 假设鸿运公司适用企业所得税税率为 25%。鸿利公司为国家重点扶持的高新技术企业，适用企业所得税税率为 15%。该如何筹划？

【解析】

成立子公司的应纳税额情况见表 4-7。

表 4-7 成立子公司的应纳税额情况 单位：万元

项 目	1 年	2 年	3 年	4 年	5 年	6 年	合计
鸿运公司	100	130	150	200	250	300	1 130
鸿利公司	−50	−30	0	30	50	60	60
鸿运公司应纳税额	25	32.5	37.5	50	62.5	75	282.5
鸿利公司应纳税额	0	0	0	0	0	9	9
合计应纳税额	25	32.5	37.5	50	62.5	84	291.5

【筹划结论】

当分支机构为高新技术企业时，应选择设立子公司可以节税。

当母公司和分支机构不享受税收优惠政策时，无论母公司和分支机构是盈利还是亏损，采用分公司或子公司形式的应纳企业所得税税额是相同的。但设立分公司可以在公司设立初期有亏损的状态下充分利用亏损结转的政策，使企业延迟纳税。

由于子公司具有单独享受税收优惠的权利，如果子公司能享受的税收优惠政策优于母公司，则分支机构应设立为子公司；反之，应设立为分公司。即两机构适用税率有高有低时，尽可能依附于低税率公司。

4.2 企业所得税计税依据的税收筹划

企业所得税的计税依据就是应纳税所得额，它是决定税收负担的核心因素，因此也是税收筹划的重要环节。

企业应纳税所得额的计算公式为

应纳税所得额＝收入总额－不征税收入－免税收入－各项扣除－弥补以前年度亏损

企业应纳税所得额的计算，以权责发生制为原则，属于当期的收入和费用，不论款项是否收付，均作为当期的收入和费用；不属于当期的收入和费用，即使款项已经在当期收付，均不作为当期的收入和费用。

4.2.1 收入的税收筹划

《企业所得税法》规定，企业的收入总额包括以货币形式和非货币形式从各种来源取得的收入。具体有：销售货物收入，提供劳务收入，转让财产收入，股息、红利等权益性投资收益，利息收入，租金收入，特许权使用费收入，接受捐赠收入和其他收入。

企业取得收入的货币形式，包括现金、存款、应收账款、应收票据、准备持有至到期的债券投资以及债务的豁免等。企业取得收入的非货币形式,包括固定资产、生物资产、无形资产、股权投资、存货、不准备持有至到期的债券投资、劳务以及有关权益等,以非货币形式取得的收入,应当按照公允价值确定收入额。公允价值是指按照市场价格确定的价值。

1. 不征税收入和免税收入

国家为了扶持和鼓励某些特殊的纳税人和特定的项目,或者避免因征税影响企业的正常经营,对企业取得的某些收入予以不征税或免税,以减轻企业的负担,促进经济的协调发展。

1) 不征税收入

(1) 财政拨款。财政拨款是指各级人民政府对纳入预算管理的事业单位、社会团体等组织拨付的财政资金,但国务院和国务院财政、税务主管部门另有规定的除外。

(2) 依法收取并纳入财政管理的行政事业性收费、政府性基金。

(3) 国务院规定的其他不征税收入。其是指企业取得的,由国务院财政、税务主管部门规定专项用途并经国务院批准的财政性资金。

2) 免税收入

(1) 国债利息收入。国债利息收入是指企业持有国务院财政部门发行的国债取得的利息收入。

(2) 符合条件的居民企业之间的股息、红利等权益性投资收益。其是指居民企业直接投资于其他居民企业取得的投资收益,不包括连续持有居民企业公开发行并上市流通的股票不足 12 个月取得的投资收益。

(3) 在中国境内设立机构、场所的非居民企业从居民企业取得与该机构、场所有实际联系的股息、红利等权益性投资收益,不包括连续持有居民企业公开发行并上市流通的股票不足 12 个月取得的投资收益。

(4) 符合条件的非营利组织的收入。

在对收入进行筹划时,首先应明确界定不征税收入和免税收入,严格划分、分别核算。不征税收入和免税收入的取得受企业生产性质和经营内容的限制,筹划空间不大,但是如果企业有此类收入,应严格划分不征税收入和免税收入的范围,做到分别核算,并确保相应的凭证资料真实、合法。

2. 一般收入的确认

应税收入的大小虽然直接决定了应纳税所得额的大小,但是企业在追求利润最大化的目标下,通过压缩应税收入实现筹划的空间不大。不过企业可尽量推迟应税收入确认的时间,使自己获得更多的货币时间价值,从而达到筹划目的。

《企业所得税法》对以下收入作出了具体规定。

(1) 股息、红利等权益性投资收益,是指企业因权益性投资从被投资方取得的收入。股息、红利等权益性投资收益,除国务院财政、税务主管部门另有规定外,按照被投资方作出利润分配决定的日期确认收入的实现。

(2) 利息收入,是指企业将资金提供给他人使用但不构成权益性投资,或者因他人占用本企业资金取得的收入，包括存款利息、贷款利息、债券利息、欠款利息等收入。利息收入，按照合同约定的债务人应付利息的日期确认收入的实现。

(3) 租金收入，是指企业提供固定资产、包装物或者其他有形资产的使用权取得的收入。租金收入，按照合同约定的承租人应付租金的日期确认收入的实现。

(4) 特许权使用费收入，是指企业提供专利权、非专利技术、商标权、著作权以及其他特许权的使用权取得的收入。特许权使用费收入，按照合同约定的特许权使用人应付特许权使用费的日期确认收入的实现。

(5) 接受捐赠收入，是指企业接受的来自其他企业、组织或者个人无偿给予的货币性资产、非货币性资产。接受捐赠收入，按照实际收到捐赠资产的日期确认收入的实现。

(6) 其他收入，是指企业取得的除上述收入外的其他收入，包括企业资产溢余收入、逾期未退包装物押金收入、确实无法偿付的应付款项、已作坏账损失处理后又收回的应收款项、债务重组收入、补贴收入、违约金收入、汇兑收益等。

3. 特殊收入的确认

(1) 以分期收款方式销售货物的，按照合同约定的收款日期确认收入的实现。

(2) 企业受托加工制造大型机械设备、船舶、飞机，以及从事建筑、安装、装配工程业务或者提供其他劳务等，持续时间超过12个月的，按照纳税年度内完工进度或者完成的工作量确认收入的实现。

(3) 采取产品分成方式取得收入的，按照企业分得产品的日期确认收入的实现，其收入额按照产品的公允价值确定。

(4) 企业发生非货币性资产交换，以及将货物、财产、劳务用于捐赠、偿债、赞助、集资、广告、样品、职工福利或者利润分配等用途的，应当视同销售货物、转让财产或者提供劳务，但国务院财政、税务主管部门另有规定的除外。

企业确认上述收入时，应该注意，凡是有理由推迟确认的收入，则尽可能推迟确认，这样，企业可以获得相应税款的利息收入。当然这些安排也要根据企业的实际情况灵活处理。如应根据应税收入的金额、可推迟的时间计算出可能获得的货币时间价值，作为综合考虑各方面得失的因素。

【例4-5】 某公司当年8月有闲置资金100万元，现有两个投资项目供其选择，投资期限均为1年。方案一，购买国库券，年利率为7%；方案二，购买建设债券，年利率为9%。请问购买哪种债券更节税？

【解析】

方案一，购买国库券：

到期收回本息额＝100＋100×7%＝107(万元)

国库券利息免税，税后利润＝107－100＝7(万元)

方案二，购买建设债券：

到期收回本息额＝100＋100×9%＝109(万元)

应缴企业所得税＝9×25%＝2.25(万元)

税后利润＝109－100－2.25＝6.75(万元)

【筹划结论】

购买国库券比购买建设债券多获利 2 500(70 000－67 500)元。

企业进行税收筹划之前不能单看利息率的高低，还要看其利息收入是否免税。

4.2.2 扣除项目的税收筹划

《企业所得税法》规定，企业实际发生的与取得收入有关的、合理的支出，包括成本、费用、税金、损失和其他支出，准予在计算应纳税所得额时扣除。在实际工作中，企业对扣除项目的税收筹划可以从以下几个方面进行。

1. 工资、薪金及"三项经费"的税收筹划

企业实际发生的合理的工资薪金支出，在企业所得税税前扣除时可以全额据实扣除。因此，企业在安排工资、薪金支出时，应当充分考虑工资、薪金支出对企业所得税和个人所得税的影响，并且在事前做好筹划，尽可能实现税负最小化和总收益最大化。

企业发生的职工福利费、工会经费和职工教育经费，其税前扣除分别如下：企业发生的职工福利费支出，不超过工资薪金总额 14%的部分，准予扣除；企业拨缴的工会经费，不超过工资薪金总额 2%的部分，准予扣除；企业发生的职工教育经费支出，不超过工资薪金总额 8%的部分，准予扣除；超过部分，准予在以后纳税年度结转扣除。"三项经费"税前扣除的金额，随着工资薪金总额的增加而增加，因此，提高工资薪金总额，也就提高了"三项经费"税前扣除的金额。

根据以上规定，企业发放工资时，应该从以下方面进行筹划。

(1) 企业发放普通职工工资。应当分析现行个人所得税的相关政策规定，根据员工的年度工资、薪金总额，合理安排月度工资奖金和全年一次性奖金，有条件的企业还可适当安排股票期权、住房(让员工低价取得住房)等项目，从而让员工的"工资、薪金所得"充分享受低税率，使个人所得税负担最小化。

(2) 在职工从事研究开发期间，可多安排工资、奖金(包括全年一次性奖金)，从而更多地享受加计扣除。需要注意的是，多安排工资、奖金相应增加的个人所得税负担，不能超过加计扣除部分减少的企业所得税负担，否则将得不偿失。

(3) 企业安置残疾人员，在按照支付给残疾职工工资据实扣除的基础上，按照支付给残疾职工工资的 100%加计扣除。

(4) 税前列支工资和税后分配股利。企业投资者从企业取得收入的途径有税前列支工资和税后分配股利两种途径。例如，企业每发放 100 元工资即可减少 25 元的企业所得税负担，而如果这 100 元不以工资形式发放，而是先按 25%缴纳企业所得税后，再分配给投资者，此时企业不仅要缴纳 25 元企业所得税，股息、红利还要按 20%缴纳个人所得税，因此只要"工资、薪金所得"个人所得税适用的最高税率未达到 45%，领取工资均比分配股利更有利。如果企业适用的企业所得税税率低于 25%，只要企业所得税适用税率与 20%之和，大于"工资、薪金所得"适用的个人所得税最高税率，税前列支工资就比税后分配股利更有利。

2. 利息支出的税收筹划

企业在生产经营活动中发生的下列利息支出，按以下规定扣除。

(1) 非金融企业向金融企业借款的利息支出、金融企业的各项存款利息支出和同业拆借利息支出、企业经批准发行债券的利息支出，可据实扣除。

(2) 非金融企业向非金融企业借款的利息支出，不超过按照金融企业同期同类贷款利率计算的数额的部分可据实扣除，超过部分不得扣除。

(3) 企业支付给符合条件的无关联关系的自然人的利息支出不超过按照金融企业同期同类贷款利率计算的数额的部分可据实扣除，超过部分不得扣除。

(4) 企业从其关联方接受的债权性投资与权益性投资的比例超过规定标准而发生的利息支出，不得在计算应纳税所得额时扣除。

企业实际支付给关联方的利息支出，不超过下列比例和税法及其实施条例有关规定计算的部分，准予扣除，超过的部分不得扣除。

① 接受关联方债权性投资与其权益性投资比例为金融企业 5∶1；其他企业 2∶1。

② 利息支出的扣除限额＝权益性投资金额×2(或 5)×金融企业同期同类贷款利率。

【例 4-6】 甲公司与乙公司（甲、乙均非金融企业）是关联企业，甲公司对乙公司投资股本总额为 1 000 万元。2019 年甲公司有闲置资金 2 000 万元，甲公司当年应纳税所得额为 800 万元，乙公司当年应纳税所得额为 300 万元。请作出相应的税收筹划。已知甲公司为国家重点扶持的高新技术企业，适用的企业所得税税率为 15%；乙公司适用的企业所得税税率为 25%，同期同类银行贷款利率为 8%。

【解析】

筹划前：

乙公司应纳企业所得税税额＝300×25%＝75(万元)

甲公司应纳企业所得税税额＝800×15%＝120(万元)

关联企业合计应纳税额＝75＋120＝195(万元)

筹划建议：当年乙公司向甲公司借款 2 000 万元，年利率为 8%，这一利率不高于银行同期同类贷款利率，借款金额也没有超过权益性投资金额的 2 倍的限定。则

乙公司向甲公司支付利息＝2 000×8%＝160(万元)

乙公司利息可以全额税前扣除。

乙公司应纳企业所得税税额＝(300－160)×25%＝35(万元)

甲公司提供金融贷款服务，需缴纳增值税、城建税及教育费附加。

甲公司应纳企业所得税税额＝[800＋160－90×6%×(7%＋3%)]×15%＝143.919(万元)

关联企业合计应纳税额＝35＋143.919＝178.919(万元)

【筹划结论】

实现节税额 16.081(195－178.919)万元。

关联企业之间可以通过借贷资金利息支付，达到转移利润的目的，所得税率高的企业可以向所得税率低的企业借款，从而实现将利润转移给低税率企业，当然，借入资金的企业一定要用好资金，否则筹划就没有意义了。

3. 公益、救济性捐赠支出的税收筹划

公益性捐赠是指企业通过公益性社会团体或者县级以上人民政府及其部门，用于《公益事业捐赠法》规定的公益事业的捐赠。这里的公益性社会团体是指同时符合规定条件的基金会、慈善组织等社会团体。纳税人直接向受赠人的捐赠不允许扣除。

《企业所得税法》规定，企业发生的公益性捐赠支出，在年度利润总额12%以内的部分，准予在计算应纳税所得额时扣除；超过年度利润总额12%的部分，准予结转以后三年内在计算应纳税所得额时扣除。

企业为了提高其产品在市场上的竞争力，树立良好的社会形象，往往会发生向外捐赠的行为。由于税法对不同对象、不同途径的捐赠规定了不同处理方法，因此为企业进行筹划提供了空间。

【例4-7】 某企业某年度实现会计利润100万元，企业所得税税率为25%。该企业当年营业外支出中含有15万元向社会相关单位的捐赠。不考虑其他扣除项目，在捐赠总额不变时，有下列两种捐赠方式选择：①纳税人不通过境内非营利的社会团体、国家机关作公益、救济性捐赠或非公益、救济性捐赠；②纳税人通过境内非营利的社会团体、国家机关，向教育、民政等公益事业作公益、救济性的捐赠。请问如何选择最节税？

【解析】

第一种情况，由于未通过境内非营利的社会团体、国家机关作公益、救济性捐赠或非公益、救济性捐赠，其应纳税所得额不能作任何扣除，故其应纳所得税税额为

$$(100+15)\times 25\%=28.75(\text{万元})$$

第二种情况，通过公益性社会团体进行捐赠，捐赠在年度利润总额12%以内的部分，准予在计算应纳税所得额时扣除。

$$\text{捐赠的扣除限额}=100\times 12\%=12(\text{万元})$$

企业捐赠的金额为15万元，而捐赠抵扣限额只有12万元，超出限额的3万元捐赠金额不得在计算所得额时扣除。

$$\text{应纳企业所得税税额}=(100+15-12)\times 25\%=25.75(\text{万元})$$

【筹划结论】

第二种情况可以节省3(28.75－25.75)万元税款。可见，选择的捐赠方式不同，同样金额的捐赠支出导致计算所得额时的抵扣额有很大的差别，影响到企业的实际应纳所得税也有较大的区别。

企业在发生公益性捐赠业务时，应该先预估当年的会计利润额，尽量把捐赠额度控制在扣除限额之内，或者把超出扣除部分的捐赠安排在下年度进行，以最大限度享受捐赠扣除的优惠。

这里的公益性社会团体，必须是同时符合下列条件的基金会、慈善组织等社会团体。

(1) 依法登记，具有法人资格。

(2) 以发展公益事业为宗旨，且不以营利为目的。

(3) 全部资产及其增值为法人所有。

(4) 收益和营运结余主要用于符合该法人设立目的的事业。

(5) 终止后的剩余财产不归属任何人或者营运组织。

(6) 不经营与其设立目的无关的业务。

(7) 有健全的财务会计制度。

(8) 捐赠者不以任何形式参与社会团体财产的分配。

(9) 国务院财政、税务主管部门会同国务院民政部门等登记管理部门规定的其他条件。

4. 业务招待费的税收筹划

税法规定,企业发生的与生产经营活动有关的业务招待费支出,按照发生额的60%扣除,但最高不得超过当年销售(营业)收入的5‰。

由于税法对业务招待费的扣除规定采用双重标准,因此,纳税人可以利用平衡点的方法进行税收筹划。设年销售(营业)收入为X,业务招待费的发生额为Y,则

$$X \times 5‰ = Y \times 60\%$$

得

$$Y = X \times 0.833\%$$

当业务招待费正好是销售收入的0.833%时,企业能充分利用业务招待费税前扣除政策;当业务招待费大于销售收入的0.833%时,业务招待费实际发生额大于允许税前扣除的限额,企业要承受更高的税负;当业务招待费小于销售收入的0.833%时,企业不能充分利用税前扣除政策。

【例 4-8】 某企业当年预计销售收入为3 000万元,当业务招待费为多少时最节税?

【解析】

按照上述平衡点计算办法,当年该企业业务招待费的最高限额是

$$Y = X \times 0.833\% = 3\,000 \times 0.833\% = 25(万元)$$

此时,

$$25 \times 60\% = 3\,000 \times 5‰ = 15(万元)$$

【筹划结论】

如果当年实际发生的业务招待费小于或大于该限额,说明税前扣除额没有被充分利用或已超限,最理想的状态应该是业务招待费正好是25万元。

5. 折旧方法的税收筹划

1) 运用不同的折旧方法进行税收筹划

《企业所得税法》规定,企业的固定资产由于技术进步等原因,确需加速折旧的,可以缩短折旧年限或者采取加速折旧的方法。《企业所得税法实施条例》据此明确,可以享受这一优惠的固定资产包括:①由于技术进步,产品更新换代较快的固定资产;②常年处于强震动、高腐蚀状态的固定资产。采取缩短折旧年限方法的,最低折旧年限不得低于规定折旧年限的60%;采取加速折旧方法的,可以采取双倍余额递减法或者年数总和法计提折旧。

不同的折旧方法所计算出来的折旧额在量上不一致,分摊到各期的固定资产成本也存在差异,从而影响企业的应纳所得额。加速折旧可以使企业前期的折旧(摊销)费用加大,应纳所得税减少,以充分享受资金的时间价值所带来的税收利益。

折旧方法选择的筹划应立足于使折旧费用的抵税效应得到最充分或最快的发挥。在不同企业内,应选择不同的折旧方法,才能使企业的所得税税负降低。

(1) 赢利企业。由于赢利企业的折旧费用能从当年的所得额中税前扣除,即折旧费用的抵税效应能够完全发挥。因此,在选择折旧方法时,应着眼于使折旧费用的抵税效应尽可能地发挥作用。

(2) 享受所得税优惠政策的企业。处于减免所得税优惠期内的企业,由于减免税期内折旧费用的抵税效应会全部或部分地被减免优惠所抵消,应选择减免税期内折旧少、非减免税期折旧多的折旧方法。企业在享受免税、减税待遇时,固定资产折旧速度越快,企业所得税税负越重。因为企业在可以享受减免税期间,将可以作为利润的部分作为费用扣除了,而没能使这部分利润享受减免税优惠待遇。而到以后正常纳税年度时,折旧费用减少,所得税增加,会加重企业的总体税负。因此企业在享受减免税期内,应尽可能缩小费用、加大利润,把费用尽可能安排在正常纳税年度报销,以减少正常纳税年度的应纳所得,降低所得税负担。

如果企业在开业初期发生亏损,按现行规定,企业可以在以后 5 年内以税前利润抵扣,抵扣之后赢利时,确认为获利年度,从当年起执行免税、减税待遇,这就意味着企业按税法规定税率正常纳税的年度将进一步推迟。在这种情况下,采用加速折旧方法或直线法缩短折旧年限更不可取。因此,在企业减免税优惠期内,加速折旧会使企业总体税负提高,增加了所得税的支出,使经营者可以自主支配的资金减少,一部分资金以税款的形式流出企业。

(3) 亏损企业。亏损企业的折旧方法选择应同企业的亏损弥补情况相结合。选择的折旧方法,必须能使不能得到或不能完全得到税前弥补的亏损年度的折旧额降低,保证折旧费用的抵税效应得到最大限度的发挥。此外,在累进税率的情况下,采用直线摊销法使企业承担的税负最轻,而快速折旧法使企业承担的税负最重。这是因为直线摊销法使折旧平均摊入成本,有效地遏制某一年内利润过于集中,适用较高税率,而别的年份利润又骤减。相反,加速折旧法把利润集中在后几年,必然导致后几年承担较高税率的税负。

在比例税率的情况下,采用加速折旧法,对企业更为有利。因为加速折旧法可使固定资产成本在使用期限内加快得到补偿,企业前期利润少,纳税少;后期利润多,纳税较多,从而起到延期纳税的作用。采用加速折旧法,开始的年份所得额减少,企业的利润向后顺延,可使企业加速对设备的更新,促进技术进步。

2) 利用折旧年限进行税收筹划

折旧年限取决于固定资产的使用年限。缩短折旧年限有利于加速成本收回,可以使后期成本费用前移,从而使前期会计利润发生后移。对于折旧年限,税法和会计法规都赋予较大弹性空间,税法只规定了各类固定资产的最低折旧年限。这为企业通过选择折旧年限、达到最大限度地列支折旧费用、充分发挥折旧费用的抵税作用提供了可能。

(1) 赢利企业应选择最低的折旧年限,有利于加速固定资产投资的回收,使计入成本的折旧费用前移、应纳税所得额尽可能地后移,相当于取得一笔无息的贷款,从而相对降低纳税人的所得税税金。

(2) 正处于所得税税收优惠期内的企业,选择较长的折旧年限,有利于企业充分享受税收优惠政策，把税收优惠政策对折旧费用抵税效应的抵消作用降低到最低限度，从而达到降低企业所得税税负的目的。

（3）亏损企业确定最佳折旧年限必须充分考虑企业亏损的税前弥补规定，如果某一纳税年度的亏损额不能在今后的纳税年度中得到税前弥补或不能全部得到税前弥补，则该年度折旧费用的抵税效应就不能发挥或不能完全发挥作用。在这种情况下，纳税人只能通过选择合理的折旧年限，使因亏损税前弥补不足对折旧费用抵税效应的抵消作用降到最低程度，才能充分发挥折旧费用的抵税效应，从而降低所得税税负。

在具体选择折旧计算方法时应首先遵循税法和财务制度的有关规定。

【例 4-9】 某企业（不属于可享受折旧优惠政策行业）固定资产原值为100万元，预计残值率为5%，使用年限为5年，使用平均年限法时，每年的税前会计利润均为200万元。如果该设备属于处于强震动、高腐蚀状态的固定资产，税务机关批准可以采用平均年限法、双倍余额递减法或年数总和法计提折旧。没有其他纳税调整项目，请问该企业选择哪种折旧方法最有利？

【解析】

不同折旧方法对应纳税额的影响如表4-8所示。

表 4-8 平均年限法和年数总和法的税负情况表 单位：万元

年份	平均年限法			年数总和法		
	折旧额	税前利润	企业所得税	折旧额	税前利润	企业所得税
1	19	200	50	31.67	187.33	46.83
2	19	200	50	25.33	193.67	48.42
3	19	200	50	19	200	50
4	19	200	50	12.67	206.33	51.58
5	19	200	50	6.33	212.67	53.17
合计	95	1 000	250	95	1 000	250

【筹划结论】

企业采用加速折旧法（如年数总和法）与平均年限法在固定资产存在的纳税期间的应纳企业所得税税额是相同的。但加速折旧法下，可以在固定资产使用初期多计提折旧，减轻企业前期所得税负担，将企业缴纳所得税的时间推迟。

4.3 企业所得税税率的税收筹划

4.3.1 我国企业所得税税率的规定

我国企业所得税实行基本税率、预提所得税低税率及优惠税率。

（1）企业所得税的基本税率为25%。适用于居民企业和在中国境内设立机构、场所且所得与机构、场所有关联的非居民企业。

(2) 预提所得税低税率为20%。适用于在中国境内未设立机构、场所的，或者虽设立机构、场所但取得的所得与其所设机构、场所没有实际联系的非居民企业，应当就其来源于中国境内的所得缴纳企业所得税，适用税率为20%。但对这类企业实际征税时适用10%的税率。

(3) 优惠税率包括小型微利企业、高新技术企业和经认定的技术先进型服务企业。

① 小型微利企业优惠。符合条件的小型微利企业，减按20%的税率征收企业所得税。

② 高新技术企业优惠。国家需要重点扶持的高新技术企业，减按15%的税率征收企业所得税。

③ 经认定的技术先进型服务企业，减按15%的税率征收企业所得税。

4.3.2　预提所得税的税收筹划

预提所得税简称预提税。预提所得税制度是指一国政府对没有在该国境内设立机构及场所的外国公司、企业和其他经济组织从该国取得的股息、利息、租金、特许权使用费所得；或者虽设立机构、场所，但取得的所得与其所设机构、场所没有实际联系的，由支付单位按支付金额扣缴所得税的制度。

【例4-10】　某外国企业拟到中国开展技术服务业务，预计每年获得1 300万元人民币收入(这里暂不考虑相关的成本、费用支出)。该企业面临以下三种选择。

(1) 在中国境内设立实际管理机构。

(2) 在中国境内不设立实际管理机构，但设立营业机构，技术服务收入通过该营业机构取得。

(3) 在中国境内既不设立实际管理机构，也不设立营业机构。

请问该企业如何选择最有利于减轻税负？

【解析】

(1) 在中国境内设立实际管理机构，成为中国的居民纳税人，适用25%的所得税税率。

企业所得税＝1 300×25%＝325(万元)

(2) 在中国境内不设立实际管理机构，但设立营业机构，此时作为非居民纳税人，其来源于中国境内的所得适用25%的所得税税率。技术服务收入通过该营业机构取得。

企业所得税＝1 300×25%＝325(万元)

(3) 在中国境内既不设立实际管理机构，也不设立营业机构，则其来源于中国境内的所得适用10%的预提所得税税率。

企业所得税＝1 300×10%＝130(万元)

【筹划结论】

依照外国(地区)法律成立且实际管理机构不在中国境内，而且在中国境内不设立机构、场所的非居民企业，会降低企业所得税税率。

但要注意，外国企业不在中国设立机构、场所，会有很多不便，甚至有可能会降低来源

于中国境内的所得。企业应当权衡利弊，综合考虑，最终选择合适的运营方式，

4.4 企业所得税税收优惠的税收筹划

4.4.1 小型微利企业的税收筹划

《企业所得税法》规定，符合条件的小型微利企业，减按20%的税率征收企业所得税。

这里的小型微利企业，是指从事国家非限制和禁止行业，且同时符合年度应纳税所得额不超过300万元、从业人数不超过300人、资产总额不超过5 000万元三个条件的企业。

2019年1月1日至2021年12月31日，对小型微利企业年应纳税所得额不超过100万元的部分，减按25%计入应纳税所得额，按20%的税率缴纳企业所得税；对年应纳税所得额超过100万元但不超过300万元的部分，减按50%计入应纳税所得额，按20%的税率缴纳企业所得税。

小型微利企业与一般企业所得税税率的差异，给纳税人创造了充分的筹划空间，在纳税人预测到年所得额刚好超过级距临界点时，可以事先通过企业分立或增加一些合理费用的支出进行筹划。

1. 企业分立为小型微利企业减轻税收负担

【例4-11】 泰能有限公司是一家制药企业，该公司2019年度年应纳税所得额为420万元（适用税率为25%）。2020年年初，公司董事会认为该公司在本年度的销售规模不会有太大的增长。公司有两个部门，一个是为公司生产原材料的部门，2019年度应纳税所得额为250万元；另一个是制药产成品部门，2019年度应纳税所得额为170万元。由于原材料生产费用及药品价格在2020年度将不会有较大的改变，为使企业降低当年的应纳税额，减少税收负担，企业应如何进行税收筹划？

【解析】

筹划前，企业应纳所得税额＝420×25%＝105（万元）。

这是一个规模不大的企业，但其内部却具有两个相联系的部门。对于原材料部门，它具有前向联系作用，即它的产成品是作为制药部门的投入品。该公司可成立为一个集团，其下分为A、B两个独立核算企业，A为原材料生产企业，B为制药产成品企业。两企业之间的产品交换按照市场的正常价格成交，从而避免了利用关联企业转让定价的嫌疑，前提是两个独立核算的企业都符合小型微利企业的规模条件。

筹划后，假设A、B两企业年应税所得额之和仍为420万元。其中A企业250万元，B企业170万元。

A企业应纳所得税额＝100×25%×20%＋(250－100)×50%×20%＝20（万元）

B企业应纳所得税额＝100×25%×20%＋(170－100)×50%×20%＝12（万元）

【筹划结论】

企业分立后，集团企业税收负担合计为32万元，较分立前节税73(105－32)万元。

注意，将大企业分立为两个或者两个以上的小企业，必然要耗费一定的成本，还有可能影响正常的经营，因此需权衡利弊。

2. 企业捐赠利润减轻税收负担

《企业所得税法》规定，纳税人用于公益、救济性的捐赠，在年度应纳税所得额12%以内的部分准予扣除。

企业合理利用这些规定，既能使企业通过捐赠产生良好的社会影响，又能使企业减少应纳税额，一举两得。

【例4-12】 某企业2019年度从业人数120人、资产总额3 000万元，当年应税所得额为303万元。该企业应如何进行税收筹划？

【解析】

该企业可在年底前向希望工程捐资3万元，捐赠后则符合小型微利企业条件。

捐赠前，该企业应纳企业所得税税额＝303×25%＝75.75(万元)；

捐赠后，该企业应纳企业所得税税额＝100×25%×20%＋(300－100)×50%×20%＝25(万元)。

【筹划结论】

企业捐赠后，税收负担较前减少50.75(75.75－25)万元。

4.4.2 符合条件的技术转让所得的税收筹划

符合条件的技术转让所得免征、减征企业所得税，是指一个纳税年度内居民企业转让技术所有权所得不超过500万元的部分免征企业所得税，超过500万元的部分减半征收企业所得税。其中，技术转让所得＝技术转让收入－技术转让成本－相关税费。

【例4-13】 某企业10月准备转让其自行开发的某技术，技术转让价格为1 500万元，此项技术转让成本和相关税费为500万元。该企业应如何进行税收筹划？

【解析】

方案一，发生转让时与购买方签订直接收款的技术转让合同。

应纳企业所得税税额＝(1 500－500－500)×25%×50%＝62.5(万元)

方案二，签订分期收款的技术转让合同，合同约定款项分两期收取，当年收750万元，下一年再收剩余750万元。

当年应纳企业所得税税额＝(750－250－500)×25%＝0(万元)

下一年应纳企业所得税税额＝(750－250－500)×25%＝0(万元)

【筹划结论】

方案二比方案一少缴纳企业所得税62.5万元，因此应当选择方案二。

注意，以分期收款方式销售货物按照合同约定的收款日期确认收入的实现。分期确认转让技术收入的好处在于将技术转让所得分摊在不同的年度，在各年度分别充分享受税收优惠政策，避免一个年度享受不完的情况。

4.4.3 研发费用加计扣除的税收筹划

研发活动，是指企业为获得科学与技术新知识，创造性运用科学技术新知识，或实质性改进技术、产品(服务)、工艺而持续进行的具有明确目标的系统性活动。

企业开发新技术、新产品、新工艺发生的研究开发费用，未形成无形资产计入当期损益的，可以在计算应纳所得税税额时加计扣除，即在按照规定据实扣除的基础上，按照研究开发费用的50%加计扣除；形成无形资产的，按照无形资产成本的150%摊销。在2018年1月1日至2020年12月31日，企业开展研发活动中实际发生的研发费用，未形成无形资产计入当期损益的，在按规定据实扣除的基础上，再按照实际发生额的75%在税前加计扣除；形成无形资产的，在上述期间按照无形资产成本的175%在税前摊销。

1. 研发费用的具体范围

(1) 人员人工费用。直接从事研发活动人员的工资薪金、基本养老保险费、基本医疗保险费、失业保险费、工伤保险费、生育保险费和住房公积金，以及外聘研发人员的劳务费用。

(2) 直接投入费用：①研发活动直接消耗的材料、燃料和动力费用；②用于中间试验和产品试制的模具、工艺装备开发及制造费，不构成固定资产的样品、样机及一般测试手段购置费，试制产品的检验费；③用于研发活动的仪器、设备的运行维护、调整、检验、维修等费用，以及通过经营租赁方式租入的用于研发活动的仪器、设备租赁费。

(3) 折旧费用。折旧费用包括用于研发活动的仪器、设备的折旧费。

(4) 无形资产摊销。无形资产摊销包括用于研发活动的软件、专利权、非专利技术(包括许可证、专有技术、设计和计算方法等)的摊销费用。

(5) 新产品设计费、新工艺规程制定费、新药研制的临床试验费、勘探开发技术的现场试验费。

(6) 其他相关费用。其他相关费用包括与研发活动直接相关的其他费用，如技术图书资料费、资料翻译费、专家咨询费、高新科技研发保险费，研发成果的检索、分析、评议、论证、鉴定、评审、评估、验收费用，知识产权的申请费、注册费、代理费，差旅费、会议费等。此项费用总额不得超过可加计扣除研发费用总额的10%。

(7) 财政部和国家税务总局规定的其他费用。

2. 下列活动不适用税前加计扣除政策

(1) 企业产品(服务)的常规性升级。

(2) 对某项科研成果的直接应用，如直接采用公开的新工艺、材料、装置、产品、服务或知识等。

(3) 企业在商品化后为顾客提供的技术支持活动。

(4) 对现存产品、服务、技术、材料或工艺流程进行的重复或简单改变。

(5) 市场调查研究、效率调查或管理研究。

(6) 作为工业(服务)流程环节或常规的质量控制、测试分析、维修维护。

(7) 社会科学、艺术或人文学方面的研究。

3. 特别事项的处理

(1) 企业委托外部机构或个人进行研发活动所发生的费用,按照费用实际发生额的80%计入委托方研发费用并计算加计扣除,受托方不得再进行加计扣除。委托外部研究开发费用实际发生额应按照独立交易原则确定。

(2) 委托方与受托方存在关联关系的,受托方应向委托方提供研发项目费用支出明细情况。

(3) 企业共同合作开发的项目,由合作各方就自身实际承担的研发费用分别计算加计扣除。

(4) 企业集团根据生产经营和科技开发的实际情况,对技术要求高、投资数额大,需要集中研发的项目,其实际发生的研发费用,可以按照权利和义务相一致、费用支出和收益分享相配比的原则,合理确定研发费用的分摊方法,在受益成员企业间进行分摊,由相关成员企业分别计算加计扣除。

(5) 企业为获得创新性、创意性、突破性的产品进行创意设计活动而发生的相关费用,可按照规定进行税前加计扣除。

创意设计活动是指多媒体软件、动漫游戏软件开发,数字动漫、游戏设计制作;房屋建筑工程设计(绿色建筑评价标准为三星)、风景园林工程专项设计;工业设计、多媒体设计、动漫及衍生产品设计、模型设计等。

4. 委托境外进行研发活动

企业委托境外进行研发活动所发生的费用,按照费用实际发生额的80%计入委托方的委托境外研发费用。委托境外研发费用不超过境内符合条件的研发费用2/3的部分,可以按规定在企业所得税前加计扣除。

5. 会计核算与管理

(1) 企业应按照国家财务会计制度要求,对研发支出进行会计处理;同时,对享受加计扣除的研发费用按研发项目设置辅助账,准确归集核算当年可加计扣除的各项研发费用实际发生额。企业在一个纳税年度内进行多项研发活动的,应按照不同研发项目分别归集可加计扣除的研发费用。

(2) 企业应对研发费用和生产经营费用分别核算,准确、合理归集各项费用支出,对划分不清的,不得实行加计扣除。

6. 不适用税前加计扣除政策的行业

(1) 烟草制造业。

(2) 住宿和餐饮业。

(3) 批发和零售业。

(4) 房地产业。

(5) 租赁和商务服务业。

(6) 娱乐业。

(7) 财政部和国家税务总局规定的其他行业。

7. 管理事项及征管要求

(1) 研发费用加计扣除适用于会计核算健全、实行查账征收并能够准确归集研发费用的居民企业。

(2) 企业研发费用各项目的实际发生额归集不准确、汇总额计算不准确的，税务机关有权对其税前扣除额或加计扣除额进行合理调整。

(3) 税务机关对企业享受加计扣除优惠的研发项目有异议的，可以转请地市级(含)以上科技行政主管部门出具鉴定意见，科技部门应及时回复意见。企业承担省部级(含)以上科研项目的，以及以前年度已鉴定的跨年度研发项目，不再需要鉴定。

(4) 企业符合规定的研发费用加计扣除条件而在2016年1月1日以后未及时享受该项税收优惠的，可以追溯享受并履行备案手续，追溯期限最长为3年。

(5) 税务部门应加强研发费用加计扣除优惠政策的后续管理，定期开展核查，年度核查面不得低于20%。

【例4-14】 甲公司根据市场需求，拟开发一系列新产品，产品开发计划五年，该公司科研部门预计全年的研发费用预算为1 000万元，当年可取得技术转让收入600万元。科研部门提出独立成立一家高新技术公司，这样可以享受15%的税收优惠，甲公司当年税前利润4 000万元。单从税收筹划角度考虑，该科研部门是否应设为独立公司？

【解析】

方案一，将研发部门设为独立公司。由于新成立的科技公司当年技术转让收入小于研发费用，处于亏损，所以不纳企业所得税。

甲公司应纳企业所得税税额＝(4 000－600)×25%＝850(万元)

两家公司合计应纳企业所得税税额为850万元。

方案二，研发部门不独立。按税法规定，所得税税前除可扣除实际发生的技术开发费1 000万元外，还可加计扣除750万元。

甲公司应纳企业所得税税额＝(4 000－1 000－750)×25%＝562.5(万元)

【筹划结论】

甲公司内部设立技术研发部更节税，可节省企业所得税287.5(850－562.5)万元。

4.4.4 安置残疾人员就业的税收筹划

单位支付给残疾人及国家鼓励安置的其他就业人员所支付的实际工资可在计算应纳税所得额时加计扣除。加计扣除是指企业安置残疾人员的，在按照支付给残疾职工工资据实扣除的基础上，按照支付给残疾职工工资的100%加计扣除。

单位实际支付给残疾人的工资加计扣除部分，如大于本年度应纳税所得额的，可准予扣除其不超过应纳税所得额的部分,超过部分本年度和以后年度均不得扣除。亏损单位不适用上述工资加计扣除应纳税所得额的办法。

这里的"残疾人"是指持有《中华人民共和国残疾人证》上注明视力残疾、听力残疾、言语残疾、肢体残疾、智力残疾和精神残疾的人员,以及持有《中华人民共和国残疾军人证》(1~8级)的人员。

需要注意的是,要享受以上税收优惠,必须符合国家有关规定。安置残疾人员就业的单位应当同时符合以下条件并经有关部门认定。

(1) 依法与安置的每位残疾人签订了一年以上(含)的劳动合同或服务协议,且安置的每位残疾人在单位实际上岗工作。

(2) 为安置的每位残疾人按月足额缴纳了规定的基本养老保险、基本医疗保险、失业保险和工伤保险等社会保险。

(3) 通过银行等金融机构向安置的每位残疾人实际支付了不低于省政府批准的最低工资标准的工资。

(4) 具备安置残疾人上岗工作的基本设施。

纳税人可以依据自身情况,吸收残疾人员在本企业就业,以充分享受税收优惠,减轻税负。

【例4-15】 某企业现有职工50人,预计本年实现应纳税所得额160万元。现因扩大生产规模,企业需要招聘20名新员工,新增加的20名员工需要增加支付的工资总额为6.3万元。企业如何进行招聘员工的税收筹划?

【解析】

在不影响企业生产经营的前提下,可以招聘残疾人员来本企业就业,也可以招聘健康人员来本企业就业。如果招聘20名残疾人员,则

当年该企业应纳所得税=(160-6.3×2)×25%=36.85(万元)

如果招聘20名健康人员,则

当年该企业应纳所得税=(160-6.3)×25%=38.425(万元)

【筹划结论】

企业因为安置20名残疾人员就业获得了1.575(38.425-36.85)万元的节税利益。

本章小结

企业所得税的税收筹划主要侧重于应纳税额的筹划和最大限度地利用税收优惠政策。

1. 要降低应纳税额,就必须降低应纳税所得额。而降低应纳税所得额的关键在于增加本期的成本、费用和尽量减少本期确认的收入。《企业所得税法》规定了多项不得在税前列支的扣除项目,进行税收筹划时,应注意把有限额的项目尽量移入没有限额限制的项目中列支。

2.《企业所得税法》规定了一些减免税税收优惠政策,税收筹划时要最大限度地利用

这些法律规定。

思考题

1. 企业如何通过选择投资国家重点扶植产业进行税收筹划?

2. 企业应从哪几个方面寻求所得税筹划的途径?

案例分析题

1. 李某投资办企业,若年应纳税所得额为 800 000 元。现有两种方案可供选择;方案一,成立个人独资企业,且将税后利润全部分配给投资者;方案二,成立一人独资公司,该公司符合小型微利企业条件,没有企业所得税纳税调整项目,税后利润提取法定盈余公积后全部分配给李某。李某应选择哪一个方案?

2. 某公司 4 月有闲置资金 200 万元,现有两个投资项目供其选择,投资期限均为 1 年。方案一,购买国库券,年利率为 7%;方案二,购买建设债券,年利率为 9%。请问购买哪种债券更节税?

3. 甲公司与乙公司(非金融企业)是关联企业,甲公司对乙公司投资股本总额为 2 000 万元。2019 年甲公司有闲置资金 2 000 万元,甲公司当年应纳税所得额为 1 100 万元,乙公司当年应纳税所得额为 500 万元。请作出相应的税收筹划。已知甲公司为国家重点扶持的高新技术企业,适用的企业所得税税率为 15%;乙公司适用的企业所得税税率为 25%,同期同类银行贷款利率为 8%。

4. 某企业当年预计销售收入为 1 000 万元,当业务招待费为多少时最节税?

5. 某企业某年度实现会计利润 200 万元,企业所得税税率为 25%。当企业得知四川部分地区遭受地震灾害时,决定拿出 30 万元向社会相关单位捐赠。不考虑其他扣除项目,在捐赠总额不变时,有下列两种捐赠方式选择:①纳税人不通过境内非营利的社会团体、国家机关作公益、救济性捐赠或非公益、救济性捐赠;②纳税人通过境内非营利的社会团体、国家机关,向教育、民政等公益事业作公益、救济性的捐赠。请问如何选择最节税?

6. 某企业(不属于可享受折旧优惠政策行业)固定资产原值为 200 万元,预计残值率为 5%,使用年限为 5 年,使用平均年限法时,每年的税前会计利润均为 300 万元。如果该设备属于处于强震动、高腐蚀状态的固定资产,税务机关批准可以采用平均年限法、双倍余额递减法或年数总和法计提折旧。没有其他纳税调整项目,请问该企业选择哪种折旧方法最有利?

7. 某外国企业拟到中国开展技术服务业务,预计每年获得 2 300 万元人民币收入(这里暂不考虑相关的成本、费用支出)。该企业面临以下三种选择。

(1) 在中国境内设立实际管理机构。

(2) 在中国境内不设立实际管理机构，但设立营业机构，技术服务收入通过该营业机构取得。

(3) 在中国境内既不设立实际管理机构，也不设立营业机构。

请问该企业如何选择最有利于减轻税负？

8. A公司是一家制药企业，该公司2019年度年应纳税所得额为620万元(适用税率为25%)。2020年年初，公司董事会认为该公司在本年度的销售规模不会有太大的增长。公司有两个部门，一个是为公司生产原材料的部门，2019年度应纳税所得额为400万元；另一个是制药产成品部门，2019年度应纳税所得额为220万元。由于原材料生产费用及药品价格在2020年度将不会有较大的改变，为使企业降低当年的应纳税额，减少税收负担，企业应如何进行税收筹划？

9. 某企业2019年度从业人数130人、资产总额3 000万元，当年应税所得额为301万元。该企业应如何进行税收筹划？

10. 某企业10月准备转让其自行开发的某项技术，技术转让价格为1 800万元，此项技术转让成本和相关税费为600万元。该企业应如何进行税收筹划？

11. 甲公司根据市场需求，拟开发一系列新产品，产品开发计划五年，该公司科研部门预计全年的研发费用预算为1 200万元，当年可取得技术转让收入700万元。科研部门提出独立成立一家高新技术公司，以便享受15%的税收优惠，甲公司当年税前利润5 000万元。单从税收筹划角度考虑，该科研部门是否应设为独立公司？

12. 某企业现有职工60人，预计本年实现应纳税所得额180万元。现因扩大生产规模，企业需要招聘30名新员工，新增加的30名员工需要增加支付的工资总额为9.3万元。企业如何进行招聘员工的税收筹划？

第5章 个人所得税的税收筹划

5.1 个人所得税纳税人的税收筹划

5.1.1 企业所得税纳税人与个人所得税纳税人选择的税收筹划

随着经济的发展，个人投资越来越多。作为投资者个人，在进行投资前必然会对不同的投资方式进行比较，以选择最佳方式进行投资。目前，个人可以选择的投资方式主要有：作为个体工商户从事生产经营；个人从事对企事业单位的承包、承租经营；成立个人独资企业；组建合伙企业；设立有限责任制企业（企业所得税纳税义务人）。在对这些投资方式进行比较时，如果其他因素相同，投资者应承担的税收，尤其是所得税便成为决定投资决策的关键。

一般来讲，在收入相同的情况下，个体工商户、个人独资企业、合伙制企业、有限责任制企业的税负是不一样的。个人独资企业、合伙制企业、有限责任制企业三种形式的企业是法人单位，在发票的申购、纳税人的认定等方面占有优势，比较容易开展业务，经营的范围也比较广，并且可以享受国家的一些税收优惠政策。在这三种企业形式中，有限责任制企业以公司的形式出现，只承担有限责任，风险相对较小；个人独资企业和合伙制企业由于要承担无限责任，风险较大。只要通过比较有限责任制企业和其他任意形式的纳税人的转换，就可以分析其税负情况。

《公司法》明确了一名自然人股东或一名法人股东可以设立一人有限责任公司。一人有限责任公司具有法人资格，是企业所得税的纳税主体，缴纳企业所得税后再对一人股东征收一道个人所得税。个人独资企业无独立的法律地位，只需缴纳个人所得税。一般认为，一人有限责任公司要缴纳两道税，税负较重，个人独资企业只缴纳一道税，税负较轻。但是，由于现行《企业所得税法》实施后，取消了内资企业计税工资限制，这一筹划思路出现了新的变化。如果从两类企业综合因素分析，充分利用我国所得税优惠政策，合理进行筹划，便会取得不同的效果。

【例 5-1】 某投资者计划投资设立一家企业，在个人独资企业未扣除投资者费用，一人有限责任公司未扣除投资者工资的情况下，预计 2020 年度利润为 25 万元。从减轻税负的角度分析，该投资者应设立一人有限责任公司还是个人独资企业？

【解析】

方案一，设立个人独资企业。

应纳个人所得税税额＝(250 000－60 000)×20％－10 500＝27 500(元)

税负率＝27 500÷250 000×100％＝11％

方案二，设立一人有限责任公司。

假设该企业符合小型微利企业认定条件。从2019年1月1日至2021年12月31日，从事国家非限制和禁止行业，且同时符合年度应纳税所得额不超过300万元、从业人数不超过300人、资产总额不超过5 000万元三个条件的企业（小型微利企业），无论适用查账征收还是核定征收方法，均可享受年应纳税所得额不超过100万元的部分，减按25％计入应纳税所得额，按20％的税率缴纳企业所得税；对年应纳税所得额超过100万元但不超过300万元的部分，减按50％计入应纳税所得额，按20％的税率缴纳企业所得税。该有限责任公司如果每月发放工资20 000元，当年共发放工资120 000元，则

年度工资薪金应纳个人所得税税额＝（240 000－60 000）×20％－16 920＝19 080（元）

公司年度应纳企业所得税税额＝（250 000－240 000）×25％×20％＝500（元）

分回股利收入应纳个人所得税税额＝（250 000－240 000－500）×20％＝1 900（元）

合计应纳税额＝19 080＋500＋1 900＝21 480（元）

税负率＝21 480÷250 000×100％＝8.59％

【筹划结论】

此例中，一人有限责任公司的税负比个人独资企业的税负低。影响两种不同企业组织形式的税负的主要因素是一人有限责任公司每月发放的工资，如果发放工资较少，则情况又将相反。

由于现行《企业所得税法》取消了内资企业计税工资限制，所以一人有限责任公司可以通过发放工资进行筹划。

【例5-2】 刘某承包经营了一家公司制企业。合同规定：刘某平时不领取工资，从企业净利润中上缴承包费100 000元，其余经营成果全部归刘某个人所有。刘某的生产经营所得当年为300 000元（已扣除相关费用）。假设刘某没有其他的劳务收入，他应该选择什么性质的企业税收筹划？

【解析】

方案一，如果刘某选择按照对企事业单位承包、承租经营所得缴税，则按税法规定，其经营所得应先缴纳企业所得税（假设该企业符合小型微利企业认定条件），再按经营所得缴纳个人所得税。

企业所得税＝300 000×25％×20％＝15 000（元）

刘某的承包经营所得＝（300 000－15 000）－100 000＝185 000（元）

刘某应缴纳的个人所得税＝（185 000－60 000）×20％－10 500＝14 500（元）

刘某实际获得的税后利润＝185 000－14 500＝170 500（元）

方案二，如果刘某将原企业的工商登记改为个体工商户，则其承包经营所得应缴纳个人所得税。在不考虑其他调整因素的情况下，刘某的纳税情况如下。

应纳个人所得税＝（300 000－100 000－60 000）×20％－10 500＝17 500（元）

刘某获得的税后利润＝300 000－100 000－17 500＝182 500（元）

【筹划结论】

通过比较，刘某采纳方案二可以多获利12 000（182 500－170 500）元。在面临选择公

司制企业还是个体工商户时,选择个体工商户税负更低。

【例 5-3】 四位投资者共同投资设立一家企业,每位投资人占公司 25%的股权。假设年底公司的年度利润总额为 500 000 元(假设该企业若设成有限责任公司,则符合小型微利企业认定条件)。在无其他纳税调整事项的情况下,从税收筹划的角度考虑,企业应选择设置为公司制企业还是合伙企业?

【解析】

方案一,如果选择设置为有限责任公司,在小微企业的税收优惠政策下,需要先缴纳企业所得税,税后利润平均分配给四位股东,每位股东再按股息、红利所得缴纳 20%的个人所得税。

企业所得税=500 000×25%×20%=25 000(元)

每位股东股息、红利所得=(500 000-25 000)÷4=118 750(元)

股息、红利所得应缴个人所得税=118 750×20%=23 750(元)

每位股东税后净收入=118 750-23 750=95 000(元)

方案二,如果选择设置为合伙企业(其他条件不变),这个合伙企业不需要缴纳企业所得税,仅需要就每个自然人合伙人的所得缴纳个人所得税,每位股东实际分得的收入为125 000 元。

每位股东应缴个人所得税=(125 000-60 000)×10%-1 500=5 000(元)

每位股东税后净收入=125 000-5 000=120 000(元)

【筹划结论】

经比较可知,在合伙制的情况下,每位股东比有限责任公司制情况下的年税后净收入多出 25 000(120 000-95 000)元。如果仅从税收角度考虑,企业采用公司制形式,需要先就公司所得缴纳企业所得税,其自然人股东取得股息、红利所得还要缴纳个人所得税;如果采用合伙制经营,则对自然人合伙人只征收个人所得税。

5.1.2 居民纳税人与非居民纳税人转换的税收筹划

个人所得税的纳税人,根据纳税人的住所和其在中国境内居住的时间,分为居民纳税人和非居民纳税人。由于对这两种纳税人的税收政策不同,因此纳税人可以通过住所和居住时间的筹划,改变纳税人的居民或非居民身份,实现节税目的。

2019 年修订的《中华人民共和国个人所得税法实施条例》规定:

(1) 在中国境内无住所,且在一个纳税年度内在中国境内居住累计不超过 90 天的个人,其来源于中国境内的所得,由境外雇主支付并且不由该雇主在中国境内的机构、场所负担的部分,免予缴纳个人所得税。

(2) 在中国境内无住所的个人,在中国境内居住累计满 183 天的年度连续不满 6 年的,经向主管税务机关备案,其来源于中国境外且由境外单位或者个人支付的所得,免予缴纳个人所得税;在中国境内居住累计满 183 天的任一年度中有一次离境超过 30 天的,其在中国境内居住累计满 183 天的年度的连续年限重新起算。

(3) 一个纳税年度内在境内居住累计满 183 天的年度连续满六年的纳税人,且在六年内未发生单次离境超过30天情形的，从第七年起，继续在中国境内居住累计满183天的，应当就其来源于中国境外的全部所得缴纳个人所得税。

【例5-4】 一位日本工程师受雇于一家位于日本的公司(总公司)。从2019年10月起，他到中国境内的分公司帮助筹建工程。2019年内他曾离境10天回国向总公司述职，又曾离境10天回国探亲。2019年度，他从日本的总公司共领取薪金120 000元。应如何进行税收筹划？

【解析】

由于该工程师是10月才开始到中国境内居住，2019年度其累计居住时间不超过90天，因此，这位工程师为非居民个人。又由于他从日本公司收取的120 000元薪金不是来源于中国境内的所得，所以不征收个人所得税。

【筹划结论】

纳税人可以通过居住时间的筹划，改变纳税人的居民或非居民身份，实现节税目的。

个人还可以通过纳税人住所(居住地)变动进行税收筹划。通过个人的住所或居住地跨越税境的迁移，即当事人把自己的居所迁出某一国，但又不在任何地方取得住所，从而躲避所在国对其纳税人身份的确认，进而免除个人所得税的纳税义务。因此，一些从事跨国活动的人员就可以自由地游离于各国之间，不成为任何一个国家的居民纳税人，从而达到少缴税或不缴税之目的。

5.2　综合所得的税收筹划

5.2.1　工资、薪金的个人所得税筹划

1. 扣除项目的筹划

税法规定纳税人享受子女教育、继续教育、大病医疗、住房贷款利息或者住房租金、赡养老人六项专项附加扣除，六项限定为在纳税人的综合所得中进行扣除，但在扣除方法上给予纳税人一定的选择空间，纳税人应该充分利用现有政策，采取最合适的方式让自己享受最大限度的减税。

在子女教育专项附加扣除上，税法规定，纳税人年满3岁的子女接受学前教育和学历教育的相关支出，按照每个子女每年12 000元(每月1 000元)的标准定额扣除。受教育子女的父母可以分别按扣除标准的50%扣除；或经父母约定，也可以选择由其中一方按扣除标准的100%扣除。具体扣除方式确定后，在一个纳税年度内不得变更。

在住房贷款利息的扣除上，税法规定，在实际发生贷款利息的年度，按照每月1 000元标准定额扣除。经夫妻双方约定，可以选择由其中一方扣除，具体扣除方式在一个纳税年度内不能变更。房贷利息的扣除也需要在夫妻双方中统筹决定。

【例5-5】 小王每月工资9 000元，其妻每月工资4 000元，两人的工资、薪金为唯一收入且工资收入均已减除了专项扣除。此外，2018年9月，小王夫妻在婚后购买了首套

住房且享受首套房贷款利率，贷款期限20年。小王夫妻应如何选择房贷利息的扣除？

【解析】

如果每月1 000元的专项扣除全部由小王申报，此时小王当月需要缴纳的个人所得税为

$$(9\ 000-5\ 000-1\ 000)\times3\%=90(\text{元})$$

妻子无须扣税，两者合计缴纳个人所得税为90元。

如果每月1 000元的专项扣除全部由妻子申报，则小王当月需要缴纳的个人所得税为

$$(9\ 000-5\ 000)\times10\%-210=190(\text{元})$$

妻子仍无须扣税，两者合计缴纳的个人所得税为190元。

【筹划结论】

显然，房贷利息扣除应由小王进行申报。当夫妻双方有一方工资低于5 000元、另一方工资高于5 000元时，或者当双方工资均高于5 000元时，房贷利息扣除均应由工资收入高的一方申报，这样能够最大限度地降低整个家庭个人所得税的缴纳。

【例5-6】 小李夫妻有两个上小学的孩子，小李月工资12 000元，妻子月收入8 000元。不考虑其他扣除，该家庭应选择何种子女教育扣除方式？

【解析】

方案一，由小李全额扣除，则该家庭的应纳税额为

$$(12\ 000-5\ 000-2\ 000)\times10\%-210+(8\ 000-5\ 000)\times3\%=380(\text{元})$$

方案二，由妻子全额扣除，则该家庭的应纳税额为

$$(12\ 000-5\ 000)\times10\%-210+(8\ 000-5\ 000-2\ 000)\times3\%=520(\text{元})$$

方案三，由两人分别按标准的50%进行扣除，则该家庭的应纳税额为

$$(12\ 000-5\ 000-1\ 000)\times10\%-210+(8\ 000-5\ 000-1\ 000)\times3\%=450(\text{元})$$

【筹划结论】

该家庭应当选择方案一，即子女教育附加都由收入较高的小李进行扣除。

除上述房贷利息、子女教育专项扣除有选择空间外，对于一个家庭来说，赡养老人、住房租金这几项附加扣除也可以自行选择扣除方式来达到节税效果。从原理上分析，在一个家庭中，一般选择收入较高的个人扣除以上项目，因为其收入较高、适用的边际税率较高，所以享受的节税效果更大。

2. 工资、薪金福利化的筹划

如果企业把提供给职工的现金性工资转为向职工提供福利，则不被视为发放工资，对职工来说，此举在带来相同消费满足的同时，还降低了个人所得税应纳税所得额，少缴个人所得税。

税法规定，以下由企业向职工提供的各种福利设施，若不能将其转化为现金，则不会视为工资收入，从而也就不必计算个人所得税。

(1) 企业为职工提供与公司经营业务有关的培训。

(2) 用餐补贴。员工因公务不能在工作单位（或返回）就餐的，可以按标准领取误餐

费,不扣缴个人所得税;类似地,员工在出差时发生的餐费,也可在标准内领取差旅费补贴,不扣缴个人所得税。但是,企业为员工设立食堂提供的免费用餐和直接给员工发放伙食补贴是需要计入工资、薪金所得并缴纳个人所得税的。

(3) 为员工提供劳保用品。企业为员工提供的实际属于工作条件的劳保用品,不属于个人所得,但企业以"劳动保护"名义向职工发放的实物以及货币性资金需要缴纳个人所得税。

(4) 为员工提供通勤便利。企业可以配备车辆接送员工上下班,这部分支出既可以从员工的工资中扣除,从而降低名义收入,员工也不需要为此缴纳个人所得税,也可以选择给员工发放交通补贴,符合标准的无须扣缴个人所得税(企业在发放交通补贴时需要注意不可超过本省发放标准)。

(5) 由企业向有需要的员工提供出借办公用品和设施,如手提电脑等。

【例 5-7】 大华律师事务所员工小刘打算参加某培训班组织的司法考试培训班,学费为每月 4 000 元,为期一年,小刘月工资为 10 000 元。请问该事务所应如何对小刘进行个人所得税筹划?

【解析】

筹划前小刘年度需缴纳的个人所得税为

$$(10\,000\times12-60\,000)\times10\%-2\,520=3\,480(\text{元})$$

如果由事务所承担培训学费,则小刘月工资降至 6 000 元。对于事务所 4 000 元的培训支出可以作为职工教育经费在企业所得税税前扣除,对于小刘而言,他的实际收入不变,同时年度需缴纳的个人所得税为

$$(6\,000\times12-60\,000)\times3\%=360(\text{元})$$

【筹划结论】

小刘取得的个人所得税筹划收益为 3 120(3 480－360)元。

3. 充分利用税前扣除的筹划

我国《个人所得税法》规定了个人所得税税前扣除的政策,纳税人应充分利用这些政策,尽可能降低税负,如企业按照国家或省(自治区、直辖市)人民政府规定的缴费比例或办法实际缴付的基本养老保险费、基本医疗保险费、失业保险费和住房公积金等可以在个人应纳税所得额中扣除。单位和个人超过规定标准缴付的"三险一金"应计入年所得,需依法纳税。

根据《住房公积金管理条例》,单位和个人分别在不超过职工本人上一年度月平均工资 12%的幅度内,其实际缴存的住房公积金,允许在个人应纳税所得额中扣除。单位和职工个人缴存住房公积金的月平均工资不得超过职工工作地所在设区城市上一年度职工月平均工资的 3 倍,具体标准按照各地有关规定执行。因此,在不增加单位负担和政策允许的范围内,提高公积金计提比例,即可减少个人所得税应纳税额。

自 2017 年 7 月 1 日起,对个人购买符合规定的商业健康保险产品的支出,允许在当年(月)计算应纳税所得额时予以税前扣除,扣除限额为每年 2 400 元(200 元/月)。单位统一为员工购买符合规定的商业健康保险产品的支出,应分别计入员工的工资、薪金,视

同个人购买，按上述限额予以扣除。适用商业健康保险税收优惠政策的纳税人，是指取得工资薪金所得、连续性（连续3个月为同一单位提供劳务）劳务报酬所得的个人，以及取得个体工商户生产经营所得、对企事业单位的承包承租经营所得的个体工商户业主、个人独资企业投资者、合伙企业合伙人和承包承租经营者。即纳税人在扣除每年6万元的费用减除额度外，通过购买符合规定的商业健康保险产品，除享受正常的保险保障外，每年还可额外调减最高2 400元的应纳税所得额，实现一定的节税收益。

【例5-8】 张某每月工资为8 000元，扣除按上年平均工资的6%计提的住房公积金后，应税工资为7 520元。请问该公司如何对张某进行个人所得税筹划？

【解析】

筹划前张某年应纳个人所得税税额＝(7 520×12－60 000)×3%＝907.2(元)

筹划方案：由于张某的住房公积金计提比例并没有达到国家规定的上限，因此可以提高公积金个人缴纳比例至12%。则

筹划后张某年应纳个人所得税税额＝[8 000×(1－12%)×12－60 000]×3%＝734.4(元)

【筹划结论】

筹划后节税额为172.8(907.2－734.4)元。

4. 对全年一次性奖金计税方法的筹划

全年一次性奖金是指单位根据其全年经济效益和对雇员全年工作业绩的综合考核情况，向雇员发放的一次性奖金。一次性奖金包括年终加薪、实行年薪制和绩效工资办法的单位根据考核情况兑现的年薪和绩效工资。

税法规定，2021年12月31日前，居民个人取得的全年一次性奖金可以不并入当年综合所得，以全年一次性奖金收入除以12个月得到的数额，按照月度综合所得税率表（见表5-1）确定适用税率和速算扣除数，单独计算纳税。计算公式为

应纳税额＝全年一次性奖金收入×适用税率－速算扣除数

表5-1 按月换算后的综合所得税率表

级数	月应纳税所得额	税率/%	速算扣除数
1	不超过3 000元的	3	0
2	超过3 000元至12 000元的部分	10	210
3	超过12 000元至25 000元的部分	20	1 410
4	超过25 000元至35 000元的部分	25	2 660
5	超过35 000元至55 000元的部分	30	4 410
6	超过55 000元至80 000元的部分	35	7 160
7	超过80 000元的部分	45	15 160

自2022年1月1日起，居民个人取得全年一次性奖金，应并入当年综合所得计算缴纳个人所得税。

同时，在2021年12月31日前，居民个人取得全年一次性奖金，也可以选择并入当年综合所得计算纳税。也就是说，为了实现本次《个人所得税法》政策变更的平稳过渡，税法

对于年终奖的计税规定为进行税收筹划提供了一定的选择空间，即纳税人可以选择将年终奖单独计税，也可以选择并入当年度综合所得合并计税。但该筹划具有一定的时效性，仅仅在2019—2021年度有效。

在一个纳税年度内，对每一个纳税人，全年一次性奖金计税办法只允许采用一次。居民个人取得除全年一次性奖金以外的其他各种名目奖金，如半年奖、季度奖、加班奖、先进奖、考勤奖等，一律与当月工资、薪金收入合并，按税法规定缴纳个人所得税。

【例5-9】 中国居民个人李某2019年全年工资薪金收入为110 000元，12月31日又一次性领取年终奖金72 000元。符合规定的专项扣除和专项附加扣除共计40 000元，就全年一次性奖金收入，李某应如何进行个人所得税筹划？

【解析】

方案一，工资、薪金与年终奖分别计税。

工资、薪金收入全年的应纳税所得额＝(110 000－60 000－40 000)＝10 000(元)

应缴纳个人所得税＝10 000×3%＝300(元)

全年一次性奖金应纳税如下。

(1) 适用的税率和速算扣除数：按12个月分摊后，每月的奖金＝72 000÷12＝6 000(元)，根据按月换算的工资、薪金七级超额累进税率的规定，适用的税率和速算扣除数分别为10%、210元。

(2) 年终奖应缴纳个人所得税为

应纳税额＝72 000×10%－210＝6 990(元)

李某共计应缴纳个人所得税＝300＋6 990＝7 290(元)

方案二，工资、薪金与全年一次性奖金合并计税。

工资与全年一次性奖金全年的应纳税所得额＝110 000＋72 000－60 000－40 000
＝82 000(元)

应缴纳个人所得税＝82 000×10%－2 520＝5 680(元)

【筹划结论】

此题从税收筹划的角度看，工资、薪金与全年一次性奖金合并计税更优，这样少缴纳个人所得税1 610(7 290－5 680)元。

但是不同数额组合的工资与年终奖的发放，合并计税与分别计税节税的结果是不同的，因此，不能得出合并计税一定优于分别计税的结论。

【例5-10】 中国居民个人李某2019年全年工资薪金收入为380 000元，12月31日又一次性领取年终奖金24 000元。符合规定的专项扣除和专项附加扣除共计40 000元，就全年一次性奖金收入，李某应如何进行个人所得税筹划？

【解析】

方案一，工资、薪金与年终奖分别计税。

工资、薪金收入全年的应纳税所得额＝380 000－60 000－40 000＝280 000(元)

应缴纳个人所得税＝280 000×20%－16 920＝39 080(元)

全年一次性奖金应纳税如下。

(1) 适用的税率和速算扣除数：按12个月分摊后，每月的奖金＝24 000÷12＝2 000(元)，根据按月换算的工资、薪金七级超额累进税率的规定，适用的税率和速算扣除数分别为3％、0。

(2) 年终奖应缴纳个人所得税为

应纳税额＝24 000×3％＝720(元)

李某共计应缴纳个人所得税＝39 080＋720＝39 800(元)

方案二，工资、薪金与全年一次性奖金合并计税。

工资与全年一次性奖金全年的应纳税所得额＝380 000＋24 000－60 000－40 000
＝304 000(元)

应缴纳个人所得税＝304 000×25％－31 920＝44 080(元)

【筹划结论】

此题从税收筹划的角度，工资、薪金与全年一次性奖金分别计税更优，这样少缴纳个人所得税4 280(44 080－39 800)元。

综上可知，在职工收入较为稳定的情况下，要使个人所得税负担最轻，需要调整好工资总额与年终奖的分配关系，从而使工资、奖金所得最大限度地享受低税率。

5. 全年一次性奖金发放数额的筹划

对个人所得税中全年一次性奖金收入的筹划主要在于两个方面：①由居民选择是否并入当年综合所得计算缴纳个人所得税；②全年一次性奖金采用单独计税方法时，发放的数额要避免陷入税收陷阱，防止发放金额增加但实际到手金额减少的情况。

全年一次性奖金采用单独计税方法时，如果一个员工的年终奖为36 000元，其个人所得税的适用税率为3％，应纳个人所得税1 080元，税后收入为34 920元；当全年一次性奖金变为36 012元时，适用税率为10％，应纳个人所得税3 390(36 001×10％－210)元，税后收入32 622元。也就是说，该员工的全年一次性奖金增加了12元，但税负却上升了2 310元，税后收入反而减少了2 298元。

造成员工奖金增加而税后收入反而减少的原因如下：在确定全年一次性奖金适用税率时，是先除以12，再找到税率，因此全年一次性奖金适用的是全额累进税率。这样算出的税额高于超额累进税率计算的税额。

在全额累进税率的形式下，各级距临界点附近的税率和税负跳跃式上升，从而造成税负的增长速度大于收入的增长速度。

如果全年一次性奖金恰好为36 000元，则需要缴纳个人所得税1 080(36 000×3％)元，税后收入为34 920元；如果发放的奖金超过36 000元，就会适用10％的税率。假设用B表示企业发放的高于36 000元的全年一次性奖金，则

$$B-(B\times 10\%-210)=34\,920$$

$$B=38\,567(\text{元})$$

即当员工的年终奖在36 000～38 567元时，员工最后得到的税后净收入反而不如直接发36 000元得到的净收入多，这个区间叫作“年终奖的税收陷阱”。那么，当员工的年终奖位于这个区间时，超过36 000元的部分就不应再以全年一次性奖金的形式发放，而应在以前月份并入工资、薪金收入发放。

通过计算，年终奖的税收陷阱见表 5-2。

表 5-2 年终奖单独计税税收陷阱

年终奖金额	税收陷阱具体数值/元
36 000 元附近	36 000～38 567
144 000 元附近	144 000～160 500
300 000 元附近	300 000～318 333
420 000 元附近	420 000～447 500
660 000 元附近	660 000～706 539
960 000 元附近	960 000～1 120 000

5.2.2 稿酬所得的税收筹划

对多人合作承担同一作品而言，承担者为一人和多人，其税收总负担是不一样的，这里就有筹划的空间。

【例 5-11】 王教授应出版社的邀请，就其某项发明的原理、价值及发明经过等写了一本书，取得了 6 000 元的稿酬收入。在写作过程中，其妻提供了许多建议，并收集了资料，还承担了其中一章的写作和全部文字的润色工作。这部作品既可以算他单独完成，只署他的名字，也可以算他和妻子的共同作品。请给出税收筹划建议。

【解析】

如果只算王教授一人的作品，该笔稿酬将计入综合所得的收入为

$$6\,000\times(1-20\%)\times70\%=3\,360(\text{元})$$

如果算两个人的作品，两人稿酬平分，该笔稿酬将各自计入综合所得的收入为

$$(3\,000-800)\times70\%\times2=3\,080(\text{元})$$

【筹划结论】

通过以上筹划，可以减轻一部作品的总体税负，少缴纳个人所得税 280(3 360－3 080)元。

5.3 利息、股息、红利的个人所得税筹划

公司向股东税后分配股息、红利，计算个人所得税时，股息、红利所得适用 20%的税率，而如果将股息以全年一次性奖金的形式发给股东，工资、薪金所得适用 3%～45%的七级超额累进税率，同样的金额，不同的征税项目，其税负是不同的。当股息、红利转化为全年一次性奖金能减轻税负时，就可以采取这种方法。

【例 5-12】 利达有限责任公司由甲、乙两位自然人投资组建，投资比例各占 1/2，甲、乙两人月工资均为 10 000 元，当年企业利润为 100 万元，无其他纳税调整事项。当年每人应得股利 60 000 元。请给出税收筹划建议。

【解析】

筹划前：

年综合所得应纳税额＝(10 000×12－60 000)×10％－2 520＝3 480(元)

股息所得应纳税额＝60 000×20％＝12 000(元)

每人个税应纳税额合计＝3 480＋12 000＝15 480(元)

每人实际税后年收入＝120 000＋60 000－(3 480＋12 000)＝164 520(元)

应纳企业所得税税额＝1 000 000×25％＝250 000(元)

方案一，将股东应得的股利 60 000 元作为全年一次性奖金发放，如果采用工资与全年一次性奖金合并计税，应缴税结果如下。

每人年综合所得应纳税额＝(120 000＋60 000－60 000)×10％－2 520＝9 480(元)

应纳企业所得税税额＝(1 000 000－60 000×2)×25％＝220 000(元)

筹划后每人个税节税额＝15 480－9 480＝6 000(元)

企业所得税节税额＝250 000－220 000＝30 000(元)

每人实际年收入＝120 000＋60 000－9 480＝170 520(元)

方案二，将股东应得的股利 60 000 元作为全年一次性奖金发放，如果采用工资与全年一次性奖金分别计税，应缴税结果如下。

每人年综合所得应纳税额＝(120 000－60 000)×10％－2 520＝3 480(元)

奖金单独计税如下。

(1) 确定适用的税率和速算扣除数。按 12 个月分摊后，60 000÷12＝5 000(元)，根据按月换算后的工资、薪金七级超额累进税率的规定，适用的税率和速算扣除数分别为 10％、210。

(2) 年终奖应缴纳个人所得税为

应纳税额＝60 000×10％－210＝5 790(元)

每人应缴纳个人所得税＝3 480＋5 790＝9 270(元)

应纳企业所得税税额＝(1 000 000－60 000×2)×25％＝220 000(元)

筹划后每人个税节税额＝15 480－9 270＝6 210(元)

企业所得税节税额＝250 000－220 000＝30 000(元)

每人实际年收入＝120 000＋60 000－9 270＝170 730(元)

【筹划结论】

方案二更节税。

需要注意的是，由于存在企业所得税工资扣除和税后各项提留的因素，其计算结果可能并不与上述结果完全相同。以上计算只是说明一个道理，将股息所得转化为全年一次性奖金，其税负是不同的。在运用这种筹划方法时，应注意全年一次性奖金计税方式的选择。

5.4 捐赠的税收筹划

税法规定，个人将其所得通过中国境内的社会团体、国家机关和其他社会公益事业向遭受严重自然灾害地区、贫困地区的捐赠，捐赠额未超过纳税义务人申报的应纳税所得额

30%的部分可以从其应纳税所得额中扣除。个人在捐赠时,必须在捐赠方式、捐赠款投向、捐赠额度等方面作必要的筹划,才能使这部分捐赠款免缴个人所得税。

这里所说的社会团体是指获得公益性捐赠税前扣除资格的公益性社会团体,由财政部、国家税务总局和民政部以及省、自治区、直辖市、计划单列市财政、税务和民政部门每年分别联合公布名单。名单应当包括当年继续获得公益性捐赠税前扣除资格和新获得公益性捐赠税前扣除资格的公益性社会团体。

准予在计算缴纳个人所得税税前全额扣除的捐赠包括:个人向公益性青少年活动场所(其中包括新建)的捐赠、红十字事业的捐赠、福利性、非营利的老年服务机构的捐赠、农村义务教育的捐赠、中华健康快车基金会、孙冶方经济科学基金会、中华慈善总会、中国法律援助基金会、中华见义勇为基金会、中国医药卫生事业发展基金会等的捐赠。

注意,对于通过公益性社会团体发生的公益性捐赠支出,企业或个人应提供省级以上(含省级)财政部门印制并加盖接受捐赠单位印章的公益性捐赠票据,或加盖接受捐赠单位印章的非税收入一般缴款书收据联,方可按规定进行税前扣除。

【例 5-13】 李教授每月工资薪金收入为 15 000 元。2019 年李教授将工资中的 10 000 元直接捐赠给遭受自然灾害的农村家乡小学。假设除捐赠以外,李教授没有其他税前扣除项目。请给出税收筹划建议。

【解析】

由于李教授是直接向受赠人进行捐赠,未通过法律规定的第三方,不符合捐赠允许扣除的税法规定,因而李教授获得的工资薪金需要全额缴纳个人所得税。

$$(15\,000\times12-60\,000)\times10\%-2\,520=9\,480(元)$$

若李教授通过中国境内的社会团体、国家机关对农村家乡小学(属于农村义务教育)进行捐赠,则捐赠额准予在缴纳个人所得税前的应纳税所得额中全额扣除,李教授当年需要缴纳的个人所得税为

$$(15\,000\times12-60\,000-10\,000)\times10\%-2\,520=8\,480(元)$$

【筹划结论】

通过中国境内的社会团体、国家机关进行捐赠比直接捐赠节约个人所得税 1 000 (9 480－8 480)元。

5.5 减少名义劳务报酬的税收筹划

纳税人为了减少名义劳务报酬,降低税收负担,往往向报酬支付方提出许多条件,以减少自己的税收负担。比如要求支付方为其提供住宿、膳食、交通等来抵顶一部分劳务报酬。对支付方来说,支出并没有增多,利益无损;而对纳税人来说,这些伙食、交通等日常开支,若由纳税人承担则不能在缴纳所得税时扣除,因此,住宿、膳食、交通等支出往往由支付方承担。这种纳税人通过要求支付方减少发放劳务报酬,以降低税收负担的现象比较普遍,尤其是文艺界、高级技术人员运用较多。另外,外籍来华人员运用此法节税的也较多。

【例 5-14】 钱教授是北京某名牌大学工商管理学院的教授，经常应全国各地企业的邀请，到各地讲课。5月，钱教授与海南一家中外合资企业签约，双方约定由钱教授给该合资企业的经理层人员讲课，讲课时间是10天。关于讲课的劳务报酬，双方在合同书上约定甲方（企业）给乙方（钱教授）支付讲课费50 000元人民币，往返交通费、住宿费、伙食费等一概由乙方自付。钱教授应如何进行税收筹划？

【解析】

钱教授5月按期到海南授课，该企业财务人员支付钱教授讲课费，此次讲课费应计入钱教授本人年度综合所得为

$$50\,000\times(1-20\%)=40\,000(元)$$

如果对合同进行修改，将报酬条款改为"甲方向乙方支付讲课费40 000元，往返飞机票、住宿费、伙食费和应纳税款等全部由甲方负责"。这样，此次讲课费应计入钱教授本人年度综合所得为

$$40\,000\times(1-20\%)=32\,000(元)$$

【筹划结论】

对于钱教授而言，修改后的合同约定劳务报酬减少，则应计入本人年度的综合所得也减少，必然导致年终的个人所得税减少。

本章小结

1. 通过对住所和居住时间的筹划，可以改变纳税人的居民或非居民身份，实现节税目的。

2. 对个人取得的综合所得，全年一次性奖金，利息、股息、红利等各项所得，应根据规定相应采取有效的税收筹划方法。

思考题

1. 对劳务报酬所得进行税收筹划的思路和操作方法有哪些？
2. 全年一次性奖金如何进行税收筹划？
3. 捐赠所得如何进行税收筹划？
4. 稿酬所得如何进行税收筹划？

案例分析题

1. 某投资者计划投资设立一家企业，在个人独资企业未扣除投资者费用，一人有限责任公司未扣除投资者工资的情况下，预计2020年度利润为28万元。从减轻税负的角

度分析，应设立一人有限责任公司还是个人独资企业？

2. 陈某承包经营了一家公司制企业。合同规定：陈某平时不领取工资，从企业净利润中上缴承包费 200 000 元，其余经营成果全部归陈某个人所有。陈某当年的生产经营所得为 400 000 元(已扣除相关费用)。假设陈某没有其他的劳务收入，他应该选择什么性质的企业税收筹划？

3. 四位投资者共同投资设立一家企业，每位投资人占公司 25%的股权。假设年底公司的年度利润总额为 600 000 元(假设该企业若设成有限责任公司，则符合小型微利企业认定条件)。在无其他纳税调整事项的情况下，从税收筹划的角度考虑，企业应选择设置为公司制企业还是合伙企业？

4. 一位意大利工程师受雇于一家位于意大利的公司(总公司)。从 2019 年 9 月起，他到中国境内的分公司帮助筹建工程。2019 年内他曾离境 20 天回国向总公司述职，又曾离境 20 天回国探亲。2019 年度，他从意大利的总公司共领取薪金 160 000 元。应如何进行税收筹划？

5. 小吴每月工资 8 000 元，其妻每月工资 4 000 元，两人的工资、薪金为唯一收入且工资收入均已减除了专项扣除。此外，2018 年 9 月，小吴夫妻在婚后购买首套住房且享受首套房贷款利率，贷款期限 20 年。小吴夫妻应如何选择房贷利息的扣除？

6. 小彭夫妻有两个上小学的孩子，小彭月工资 11 000 元，妻子月收入 7 000 元。不考虑其他扣除，该家庭应选择何种子女教育扣除方式？

7. 正华律师事务所员工小王打算参加某培训班组织的司法考试培训班，学费为每月 5 000 元，为期一年，小王月工资为 12 000 元。请问该事务所应如何对小王进行个人所得税筹划？

8. 杜某每月工资为 9 000 元，扣除按上年平均工资的 6%计提的住房公积金后，应税工资为 8 460 元，请问该公司如何对杜某进行个人所得税筹划？

9. 中国居民个人孙某 2019 年全年工资薪金收入为 130 000 元，12 月 31 日又一次性领取年终奖金 73 200 元。符合规定的专项扣除和专项附加扣除共计 4 万元，就全年一次性奖金收入，请问孙某如何进行个人所得税筹划？

10. 中国居民个人赵某 2019 年全年工资薪金收入为 390 000 元，12 月 31 日又一次性领取年终奖金 28 000 元。符合规定的专项扣除和专项附加扣除共计 4 万元，就全年一次性奖金收入，请问赵某如何进行个人所得税筹划？

11. 左教授应出版社的邀请，就其某项发明的原理、价值及发明经过等写了一本书，取得了 7 000 元的稿酬收入。在写作过程中，其妻提供了许多建议，并收集了资料，还承担了其中一章的写作和全部文字的润色工作。这部作品既可以算他单独完成，只署他的名字，也可以算他和妻子的共同作品。请给出税收筹划建议。

12. 创伟有限责任公司由甲、乙两位自然人投资组建，投资比例各占 1/2，甲、乙两人月工资均为 20 000 元，当年企业利润为 100 万元，无其他纳税调整事项。当年每人应得股利 50 000 元。请给出税收筹划建议。

13. 袁教授每月工资薪金收入为 18 000 元。2019 年袁教授将工资中的 10 000 元直接捐赠给遭受自然灾害的农村家乡小学。假设除捐赠以外，袁教授没有其他税前扣除项目。请给出税收筹划建议。

14. 张某是北京某名牌大学工商管理学院的教授,经常应全国各地企业的邀请,到各地讲课。9月,张某与河北一家中外合资企业签约,双方约定由张某给该合资企业的经理层人员讲课,讲课时间是8天。关于讲课的劳务报酬,双方在合同书上约定甲方(企业)给乙方(张某)支付讲课费4万元人民币,往返交通费、住宿费、伙食费等一概由乙方自付。张某应如何进行税收筹划?

第6章 其他税种的税收筹划

6.1 关税的税收筹划

关税是海关依法对进出境货物、物品征收的一种税。关税的征税对象是准许进出境的货物和物品。

6.1.1 关税完税价格的税收筹划

根据《中华人民共和国海关法》(以下简称《海关法》)的规定,进出口货物的完税价格,由海关以该货物的成交价格为基础审查确定。成交价格不能确定时,完税价格由海关依法估定。

1. 一般进口货物的完税价格

根据《海关法》的规定,进口货物的完税价格包括货物的货价、货物运抵我国境内输入地点起卸前的运输及其相关费用、保险费。

进口货物完税价格的确定方法大致可以划分为两类,一类是以进口货物的成交价格为基础进行调整,从而确定进口货物完税价格的估价方法,另一类则是在进口货物的成交价格不符合规定条件或者成交价格不能确定的情况下,海关用以审查确定进口货物完税价格的估价方法。

1) 成交价格估价方法

进口货物的成交价格,是指卖方向我国境内销售该货物时买方为进口该货物向卖方实付、应付的,并且按照《中华人民共和国海关审定进出口货物完税价格办法》有关规定调整后的价款总额,包括直接支付的价款和间接支付的价款。

(1) 完税价格的基本构成:

关税完税价格=货价+货物运抵我国境内输入地点起卸前的运输及相关费用+保险费

(2) 应计入关税完税价格的调整项目包括:

① 由买方负担的除购货佣金以外的佣金和经纪费;

② 由买方负担的与该货物视为一体的容器费用;

③ 由买方负担的包装材料和包装劳务费用;

④ 与该货物的生产和向中华人民共和国境内销售有关的,由买方以免费或者以低于成本的方式提供并可以按适当比例分摊的料件、工具、模具、消耗材料及类似货物的价款,

以及在境外开发、设计等相关服务的费用；

⑤ 与该货物有关并作为卖方向我国销售该货物的一项条件，应当由买方直接或间接支付的特许权使用费；

⑥ 卖方直接或间接从买方对该货物进口后转售、处置或使用所得中获得的收益。

（3）下列费用，不得计入完税价格：

① 厂房、机械、设备等货物进口后的建设、安装、装配、维修、技术援助的费用（保修费用除外）；

② 进口货物运抵境内输入地点起卸后发生的运输及相关费用、保险费；

③ 进口关税、进口环节海关代征税及其他国内税；

④ 为在境内复制进口货物而支付的费用；

⑤ 境内外技术培训及境外考察费用；

⑥ 符合条件的为进口货物融资产生的利息费用及购货佣金。

2）进口货物海关估价方法

进口货物的成交价格不符合规定条件或者成交价格不能确定的，海关经了解有关情况，并且与纳税义务人进行价格磋商后，依以下次序审查确定该货物的完税价格（纳税义务人向海关提供有关资料，并提出申请，经海关同意，可以颠倒倒扣价格估价方法和计算价格估价方法的使用次序）。

（1）相同或类似货物成交价格估价方法，即以与被估的进口货物同时或大约同时（在海关接受申报进口之日的前后各 45 天之内）进口的相同或类似货物的成交价格为基础，估定完税价格。

如果有多个相同或类似货物的成交价格应当以最低的成交价格为基础审查确定进口货物的完税价格。

（2）倒扣价格估价方法，即以被估的进口货物、相同或类似进口货物在境内销售的价格为基础，扣除境内发生的有关费用后，估定完税价格。

以该方法估定完税价格时，下列各项应当扣除：

① 同等级或者同种类货物在境内第一销售环节销售时，通常的利润和一般费用（包括直接费用和间接费用）以及通常支付的佣金；

② 货物运抵境内输入地点起卸后的运输及其相关费用、保险费；

③ 进口关税、进口环节海关代征税及其他国内税。

（3）计算价格估价方法，即按下列各项的总和计算出的价格估定完税价格：

① 生产该货物所使用的料件成本和加工费用；

② 向境内销售同等级或者同种类货物通常的利润和一般费用（包括直接费用和间接费用）；

③ 该货物运抵境内输入地点起卸前的运输及相关费用、保险费。

（4）合理方法。当海关不能确定完税价格时，应遵循客观、公平、统一的原则，以客观量化的数据资料为基础审查确定进口货物完税价格的估价方法。海关在采用合理方法确定进口货物的完税价格时，不得使用以下价格：

① 境内生产的货物在境内的销售价格；

② 可供选择的价格中较高的价格；
③ 货物在出口地市场的销售价格；
④ 以计算价格估价方法规定之外的价值或者费用计算的相同或者类似货物的价格；
⑤ 出口到第三国或者地区的货物的销售价格；
⑥ 最低限价或者武断、虚构的价格。

2. 进口货物完税价格中的运输及相关费用、保险费的计算

(1) 进口货物的运输及其相关费用，应当按照由买方实际支付或者应当支付的费用计算。如果进口货物的运输及其相关费用无法确定的，海关应当按照该货物进口同期的正常运输成本审查确定。

(2) 运输工具作为进口货物，利用自身动力进境的，海关在审查确定完税价格时，不再另行计入运输及其相关费用。

(3) 进口货物的保险费，应当按照实际支付的费用计算。如果进口货物的保险费无法确定或者未实际发生，海关应当按照“货价加运费”两者总额的3‰计算保险费，其计算公式如下：

$$保险费=(货价+运费)\times 3‰$$

(4) 邮运进口的货物，应当以邮费作为运输及其相关费用、保险费。

3. 出口货物的完税价格

1) 以成交价格为基础的完税价格

出口货物的完税价格，由海关以该货物向境外销售的成交价格为基础审查确定，并应包括货物运至我国境内输出地点装载前的运输及其相关费用、保险费。

出口货物的成交价格，是指该货物出口销售时，卖方为出口该货物应当向买方直接收取和间接收取的价款总额。下列税收、费用不计入出口货物的完税价格：

(1) 出口关税；

(2) 在货物价款中单独列明的货物运至我国境内输出地点装载后的运输及其相关费用、保险费。

2) 出口货物海关估价方法

出口货物的成交价格不能确定时，海关经了解有关情况，并且与纳税义务人进行价格磋商后，依次以下列价格审查确定该货物的完税价格：

(1) 同时或者大约同时向同一国家或者地区出口的相同货物的成交价格；

(2) 同时或者大约同时向同一国家或者地区出口的类似货物的成交价格；

(3) 根据境内生产相同或者类似货物的成本、利润和一般费用(包括直接费用和间接费用)、境内发生的运输及其相关费用、保险费计算所得的价格；

(4) 按照合理方法估定的价格。

【例6-1】 甲公司是一家日本汽车制造企业，其在中国设立汽车销售乙公司。乙公司可选择直接从甲公司进口整装小汽车在中国销售，也可选择从甲公司进口汽车散装零部件，在中国组装后再销售。假设乙公司7月进口100辆小汽车，每辆小汽车的关税完税

价格为 30 万元，适用进口环节的关税税率为 15%，消费税税率为 9%。乙公司也可以每辆小汽车的全套散装零部件 23 万元的关税完税价格从甲公司进口 100 辆小汽车的散装零部件，散装零部件进口环节的关税税率为 6%。该企业应如何进行税收筹划？

【解析】

方案一，乙公司以每辆小汽车 30 万元的关税完税价格从甲公司进口 100 辆小汽车。

乙公司进口环节应纳关税＝30×100×15%＝450(万元)

乙公司进口环节应纳消费税＝(30×100＋450)÷(1－9%)×9%＝341.21(万元)

乙公司进口环节应纳增值税＝(30×100＋450)÷(1－9%)×13%＝492.86(万元)

乙公司应纳税额合计＝450＋341.21＋492.86＝1 284.07(万元)

方案二，乙公司以每辆小汽车的全套散装零部件 23 万元的关税完税价格从甲公司进口 100 辆小汽车的散装零部件。

乙公司进口环节应纳关税＝23×100×6%＝138(万元)

这种情况下，乙公司进口环节不需要缴纳消费税，则

乙公司进口环节应纳增值税＝(23×100＋138)×13%＝316.94(万元)

乙公司应纳税额合计＝138＋316.94＝454.94(万元)

【筹划结论】

方案二比方案一进口环节少缴纳关税 312(450－138)万元，少缴税合计 829.13(1 284.07－454.94)万元，因此应当选择方案二。

6.1.2 关税原产地的税收筹划

确定进境货物原产国的主要原因之一，是便于正确运用进口税则的各栏税率，对产自不同国家或地区的进口货物适用不同的关税税率。我国原产地规定基本上采用了“全部产地生产标准”“实质性加工标准”两种国际上通用的原产地标准。

1. 全部产地生产标准

全部产地生产标准，是指进口货物“完全在一个国家内生产或制造”，生产或制造国即为该货物的原产国。完全在一国生产或制造的进口货物包括：

(1) 在该国领土领海内开采的矿产品；

(2) 在该国领土上收获或采集的植物产品；

(3) 在该国领土出生或由该国饲养的活动物及从其所得产品；

(4) 在该国领土上狩猎或捕捞所得的产品；

(5) 在该国的船只上卸下的海洋捕捞物，以及由该国船只在海上取得的其他产品；

(6) 在该国加工船加工上述第(5)项所列物品所得的产品；

(7) 在该国收集的只适用于作再加工制造的废碎料和废旧物品；

(8) 在该国完全使用上述(1)至(7)项所列产品加工成的制成品。

2. 实质性加工标准

实质性加工标准是适用于确定有两个或两个以上国家参与生产的产品的原产国的标

准,其基本含义是:经过几个国家加工、制造的进口货物,以最后一个对货物进行经济上可以视为实质性加工的国家作为有关货物的原产国。“实质性加工”是指加工后,在进出口税则中四位数税号一级的税则归类已经有了改变,或者加工增值部分所占新产品总值的比例已超过30%及以上的。

3. 其他

对机器、仪器、器材或车辆所用零件、部件、配件、备件及工具,如与主件同时进口且数量合理的,其原产地按主件的原产地确定,分别进口的则按各自的原产地确定。

我国进口税则设有最惠国税率、协定税率、特惠税率、普通税率、关税配额税率共五栏税率。同一种进口货物的原产地不同,适用的税率也将有很大区别。而关于原产地的确认,我国设定了全部产地标准和实质性加工标准。正确合理地运用原产地标准,选择合适的地点,就可达到税收筹划的效果。

【例6-2】 甲国要向乙国销售飞机,甲国与乙国未签订飞机整机进口关税优惠协议,而乙国与丙国签订了有关互惠条约,甲国应如何进行税收筹划?

【解析】

甲国可以把在不同地区生产的飞机零部件运到丙国组装成整机再向乙国出口,那么这种飞机整机就不会被乙国视为原产于甲国,从而可以避开高额关税。

【筹划结论】

目前许多跨国公司在全球不同国家或地区设立了分支机构,这些机构在某种商品的生产过程中承担了一定的角色,可以说,成品是用在不同国家或地区生产的零部件组装起来的,那么最后组装成最终产品的地点(即原产地)就非常重要,一般应选择在同进口国签订有优惠税率的国家或地区,避开进口国征收特别关税的国家或地区。

6.2 资源税的税收筹划

资源税是对在我国境内从事应税矿产品开采和生产盐的单位和个人,就其因自然资源和开采条件差异而形成的级差收入征收的一种税。

资源税的纳税义务人是指在中华人民共和国领域及管辖海域开采应税资源的矿产品或者生产盐的单位和个人。

单位和个人以应税产品投资、分配、抵债、赠与、以物易物等,视同销售,应按规定计算缴纳资源税。

收购未税矿产品的单位为资源税的扣缴义务人。

规定资源税的扣缴义务人,主要是针对零星、分散、不定期开采的情况,为了加强管理,避免漏税,由扣缴义务人在收购矿产品时代扣代缴资源税。

6.2.1 资源税分别核算的税收筹划

资源税税目包括五大类,在五个税目下面又设有若干个子目,现行资源税的税目及子目主要是根据资源税应税产品和纳税人开采资源的行业特点设置的。

(1) 原油,是指开采的天然原油,不包括人造石油。税额为销售额的6%～10%。

(2) 天然气,是指专门开采或者与原油同时开采的天然气。税额为销售额的6%～10%。

(3) 煤炭,包括原煤和以未税原煤(即自采原煤)加工的洗选煤。税额为销售额的2%～10%。

(4) 金属矿,包含铁矿、金矿、铜矿、铝土矿、铅锌矿、镍矿、锡矿、钨、钼、未列举名称的其他金属矿产品原矿或精矿。

(5) 非金属矿,包含石墨、硅藻土、高岭土、萤石、石灰石、硫铁矿、磷矿、氯化钾、硫酸钾、井矿盐、湖盐、提取地下卤水晒制的盐、煤层(成)气、海盐、稀土、未列举名称的其他非金属矿产品。

资源税税目税率幅度表见表6-1。

表6-1 资源税税目税率幅度表

序号	税目		征税对象	税率幅度
1	金属矿	铁矿	精矿	1%～6%
2		金矿	金锭	1%～4%
3		铜矿	精矿	2%～8%
4		铝土矿	原矿	3%～9%
5		铅锌矿	精矿	2%～6%
6		镍矿	精矿	2%～6%
7		锡矿	精矿	2%～6%
8		未列举名称的其他金属矿产品	原矿或精矿	税率不超过20%
9	非金属矿	石墨	精矿	3%～10%
10		硅藻土	精矿	1%～6%
11		高岭土	原矿	1%～6%
12		萤石	精矿	1%～6%
13		石灰石	原矿	1%～6%
14		硫铁矿	精矿	1%～6%
15		磷矿	原矿	3%～8%
16		氯化钾	精矿	3%～8%
17		硫酸钾	精矿	6%～12%
18		井矿盐	氯化钠初级产品	1%～6%
19		湖盐	氯化钠初级产品	1%～6%
20		提取地下卤水晒制的盐	氯化钠初级产品	3%～15%
21		煤层(成)气	原矿	1%～2%

续表

序号	税　目		征税对象	税率幅度
22	非金属矿	粘土、砂石	原矿	每吨或立方米 0.1～5 元
23		未列举名称的其他非金属矿产品	原矿或精矿	从量税率每吨或立方米不超过 30 元；从价税率不超过 20%
24	海盐		氯化钠初级产品	1%～5%

注：1. 铝土矿包括耐火级矾土、研磨级矾土等高铝粘土。

2. 氯化钠初级产品是指井矿盐、湖盐原盐、提取地下卤水晒制的盐和海盐原盐，包括固体和液体形态的初级产品。

3. 海盐是指海水晒制的盐，不包括提取地下卤水晒制的盐。

对表 6-1 中列举名称的资源品目，由省级人民政府在规定的税率幅度内提出具体适用税率建议，报财政部、国家税务总局确定核准。

对未列举名称的其他金属和非金属矿产品，由省级人民政府根据实际情况确定具体税目和适用税率，报财政部、国家税务总局备案。

纳税人开采或者生产不同税目应税产品的，应当分别核算不同税目应税产品的销售额或者销售数量；未分别核算或者不能准确提供不同税目应税产品的销售额或者销售数量的，从高适用税率。

【例 6-3】 甲公司为一家石油开采公司，其在开采原油的过程中同时开采天然气，7 月共开采销售原油 200 万元，开采销售天然气 80 万元。原油适用税率为其销售额的 8%，天然气适用税率为其销售额的 6%。该公司应如何进行税收筹划？

【解析】

方案一，未将原油、天然气分别核算。

$$应纳资源税=(200+80)\times 8\%=22.4(万元)$$

方案二，将原油、天然气分别核算。

$$应纳资源税=200\times 8\%+80\times 6\%=20.8(万元)$$

【筹划结论】

方案二比方案一少缴纳资源税 1.6(22.4－20.8)万元，因此应当选择方案二。

6.2.2　资源税税收优惠的税收筹划

1. 原油、天然气优惠政策

(1) 开采原油过程中用于加热、修井的原油，免税。

(2) 油田范围内运输稠油过程中用于加热的原油、天然气，免征资源税。

(3) 稠油、高凝油和高含硫天然气资源税减征 40%。

(4) 三次采油资源税减征 30%。

(5) 对低丰度油气田资源税暂减征 20%。

(6) 对深水油气田资源税减征 30%。

符合上述减免税规定的原油、天然气划分不清的,一律不予减免资源税;同时符合上述(2)~(6)中两项及两项以上减税规定的,只能选择其中一项执行,不能叠加适用。

(7) 为促进页岩气开发利用,有效增加天然气供给,经国务院同意,自 2018 年 4 月 1 日至 2021 年 3 月 31 日,对页岩气资源税(按 6%的规定税率)减征 30%。

2. 矿产资源优惠政策

(1) 铁矿石资源税减按 40%征收资源税。

(2) 对鼓励利用的低品位矿、废石、尾矿、废渣、废水、废气等提取的矿产品,由省级人民政府根据实际情况确定是否减税或免税,并制定具体办法。

(3) 从 2007 年 1 月 1 日起,对地面抽采煤层气暂不征收资源税。煤层气是指赋存于煤层及其围岩中与煤炭资源伴生的非常规天然气,也称煤矿瓦斯。

(4) 对实际开采年限在 15 年以上的衰竭期矿山开采的矿产资源,资源税减征 30%。

(5) 对依法在建筑物下、铁路下、水体下通过充填开采方式采出的矿产资源,资源税减征 50%。

(6) 对鼓励利用的低品位矿、废石、尾矿、废渣、废水、废气等提取的矿产品,由省级人民政府根据实际情况确定是否给予减税或免税。

(7) 为促进共伴生矿的综合利用,纳税人开采销售共伴生矿,共伴生矿与主矿产品销售额分开核算的,对共伴生矿暂不计征资源税;没有分开核算的,共伴生矿按主矿产品的税目和适用税率计征资源税。财政部、国家税务总局另有规定的,从其规定。

3. 免征或者减征水资源税

(1) 规定限额内的农业生产取用水,免征水资源税。

(2) 取用污水处理再生水,免征水资源税。

(3) 除接入城镇公共供水管网以外,军队、武警部队通过其他方式取用水的,免征水资源税。

(4) 抽水蓄能发电取用水,免征水资源税。

(5) 采油排水经分离净化后在封闭管道回注的,免征水资源税。

(6) 财政部、税务总局规定的其他免征或者减征水资源税情形。

4. 其他减税、免税项目

纳税人开采或者生产应税产品过程中,因意外事故或者自然灾害等原因遭受重大损失的,由省、自治区、直辖市人民政府酌情决定减税或者免税。

资源税的纳税人应熟知国家的税收优惠政策,并尽可能的享受税收优惠。

【例 6-4】 振兴铜业开发有限公司是一家以自采原矿铜为原料加工成精矿铜产品对外销售的大型矿产企业,在原矿铜开采过程中伴生有钼、镍、金等矿产品;9 月,该公司销售额共计 8 000 万元,其中包含铜矿精矿销售额 5 000 万元、钼销售额 800 万元、镍销售额 800 万元、金销售额 1 400 万元。当地铜矿资源税税率为 8%。请为该公司筹划资源税节税方案。

【解析】

方案一，如果纳税人对伴生矿不分别核算，则

应纳资源税税额＝8 000×8％＝640（万元）

方案二，如果纳税人将钼、镍、金等伴生矿产品从主要矿产品中分离出来，分别核算，则

应纳资源税税额＝（8 000－800－800－1 400）×8％＝400（万元）

【筹划结论】

方案二比方案一节税240（640－400）万元。应将伴生矿与原矿分别核算。

资源税纳税人应按照不同的征税对象准确核算计税依据，在税率不同或有减免税项目的情况下分开核算，才能减轻税负。

6.2.3 利用结算方式进行税收筹划

根据资源税的有关规定，结算方式不同，纳税义务发生时间有较大差异。

(1) 纳税人销售应税产品，其纳税义务发生时间如下：①纳税人采取分期收款结算方式的，其纳税义务发生时间为销售合同规定的收款日期当天。②纳税人采取预收货款结算方式的，其纳税义务发生时间为发出应税产品的当天。③纳税人采取除分期收款和预收货款以外其他结算方式的，其纳税义务发生时间为收讫销售款或取得索取销售款凭据的当天。

(2) 纳税人自产自用应税产品的纳税义务发生时间，为移送使用应税产品的当天。

(3) 扣缴义务人代扣代缴税款的纳税义务发生时间，为支付首笔货款或者首次开具支付货款凭据的当天。

(4) 水资源的纳税义务发生时间，为纳税人取用水资源的当日。

纳税人可根据以上规定进行筹划，以获取资金的时间价值。

6.3 土地增值税的税收筹划

土地增值税是对有偿转让国有土地使用权、地上建筑物及其附着物并取得收入的单位和个人，就其转让房地产所取得的增值额征收的一种税。

土地增值税的纳税义务人为转让国有土地使用权、地上的建筑及其附着物（以下简称转让房地产）并取得收入的单位和个人。单位包括各类企事业单位、国家机关和社会团体及其他组织。个人包括个体经营者。

1. 土地增值税征税范围的一般规定

(1) 转让国有土地使用权。土地增值税只对转让国有土地使用权的行为征税，不包括转让非国有土地及国有土地使用权出让所取得的收入。

土地增值税的征税范围不包括国有土地使用权出让所取得的收入。国有土地使用权出让，是指国家以土地所有者的身份将土地使用权在一定年限内让与土地使用者，并由土地使用者向国家支付土地使用权出让金的行为，属于土地买卖的一级市场。土地使用权的出让不属于土地增值税的征税范围。

而国有土地使用权的转让，是指土地使用者通过出让等形式取得土地使用权后，将土地使用权再转让的行为，包括出售、交换和赠与等，它属于土地买卖的二级市场。土地使用权转让，其地上的建筑物、其他附着物的所有权随之转让。土地使用权的转让，属于土地增值税的征税范围。

(2) 地上建筑物及其附着物连同国有土地使用权一并转让。这里所说的"地上的建筑物"，是指建于土地上的一切建筑物，包括地上地下的各种附属设施。这里所说的"附着物"，是指附着于土地上的不能移动或一经移动即遭损坏的物品。

(3) 土地增值税是对转让房地产并取得收入的行为征税。土地增值税的征税范围不包括房地产的权属虽转让，但未取得收入的行为。如房地产的继承，尽管房地产的权属发生了变更，但权属人并没有取得收入，因此也不征收土地增值税。

需要强调的是，无论是单独转让国有土地使用权，还是房屋产权与国有土地使用权一并转让的，只要取得收入，就应对之征收土地增值税。

2. 对征税范围的若干具体规定

(1) 以出售方式转让国有土地使用权、地上的建筑物及附着物应征收土地增值税。

(2) 以继承、赠与方式转让房地产的不征土地增值税。

(3) 房地产的出租不征土地增值税。

(4) 房地产的交换征收土地增值税。

(5) 对以房地产抵债而发生房地产权属转让的，征收土地增值税。

(6) 以土地作价入股的不征土地增值税，将房地产再转让的，应征收土地增值税。

(7) 合作建房建成后自用的，暂免征收土地增值税，建成后转让的，征收土地增值税。

(8) 企业兼并转让房地产，暂免征收土地增值税。

(9) 房地产的代建房行为不征收土地增值税。

(10) 房地产的重新评估不征收土地增值税。

3. 土地增值税的税率

土地增值税实行四级超率累进税率，税率表见表 6-2。

表 6-2　土地增值税四级超率累进税率表

级数项目	增值额与扣除项目金额的比率	税率/%	速算扣除系数/%
1	不超过 50%的部分	30	0
2	超过 50%～100%的部分	40	5

续表

级数项目	增值额与扣除项目金额的比率	税率/%	速算扣除系数/%
3	超过 100%～200%的部分	50	15
4	超过 200%的部分	60	35

6.3.1 适当调整增值率筹划法

税法规定，纳税人建造普通标准住宅出售，增值额未超过扣除项目金额的 20%时，免征土地增值税；增值额超过扣除项目金额 20%的，应就其全部增值额按规定计税。前述情况下，20%是土地增值税的起征点。按此原则，纳税人建造住宅出售的，应考虑增值额增加带来的效益和放弃起征点的优惠而增加的税收负担间的关系，避免增值率稍高于起征点而导致得不偿失。

【例 6-5】 某房地产开发企业建成一批商品房待售，计划销售价格总额为 10 000 万元(不含增值税)，按税法规定计算的可扣除项目金额为 8 000 万元。该企业应如何进行税收筹划？

【解析】

方案一，销售价格总额为 10 000 万元，可扣除项目金额为 8 000 万元。

增值额＝10 000－8 000＝2 000(万元)

增值率＝2 000÷8 000＝25%

由于增值率为 25%，超过 20%，因此不能享受纳税人建造普通标准住宅出售，增值额未超过扣除项目金额的 20%时，免征土地增值税的优惠政策。经查表，适用 30%的税率，则

应纳土地增值税＝2 000×30%＝600(万元)

方案二，销售价格总额降为 9 600 万元，可扣除项目金额仍保持为 8 000 万元。

增值额＝9 600－8 000＝1 600(万元)

增值率＝1 600÷8 000＝20%

此时，免缴土地增值税。

【筹划结论】

方案二比方案一，虽然销售收入减少了 400(10 000－9 600)万元，但是方案二少缴纳土地增值税 600 万元，企业总体少支出 200(600－400)万元，因此应当选择方案二。

6.3.2 收入分散筹划法

在确定土地增值税税额时，很重要的一点便是确定售出房地产的增值额。而增值额是纳税人转让房地产所取得的收入减去规定扣除项目金额后的余额，因而纳税人转让房地产所取得的收入对其应纳税额有很大影响。如果能想办法使计税收入减少，从而减少纳税人转让的增值额，显然是能节省税款的。

在累进税制下，收入分散税收筹划显得更为重要。因为，在累进税制下，收入的增长

预示着相同条件下增值额的增长，从而使得高的增长率适用较高的税率，档次爬升现象会使纳税人的税收负担急剧上升，因而分散收入有着很强的现实意义。如何使收入分散合理合法，是这个方法的关键。

一般常见的方法就是将可以分开单独处理的部分从整个房地产中分离，比如房屋里面的各种设施。在售出房地产时，如果不全是整体进行，而是利用分散技巧，这样虽然增加一点麻烦，但极有利于节税。

【例 6-6】 A企业转让其位于市区的一幢已使用过的办公楼，该办公楼为2015年1月购入，购置原价4 000万元。签订的产权转移书据上注明含增值税转让收入8 000万元，其中包括2015年6月购入价值1 000万元设备，经房地产评估机构评估，该办公楼的重置成本价为9 000万元，成新度折扣率为6成，办公设备已提折旧300万元。该企业采用简易计税方法计算销售不动产增值税。产权转移印花税0.5‰，城市维护建设税7%，教育费附加和地方教育附加分别为3%和2%。A企业要如何签订合同实现税收筹划？

【解析】

方案一，如果将全部价款一并记入一份合同中，则全部金额一并缴纳土地增值税。

与转让房地产有关的税金＝8 000×0.5‰＋(8 000－4 000)÷(1＋5%)×5%×(7%＋3%＋2%)＝26.86(万元)

扣除项目金额合计＝9 000×60%＋26.86＝5 426.86(万元)

不含增值税收入＝8 000－(8 000－4 000)÷(1＋5%)×5%
＝8 000－190.48＝7 809.52(万元)

增值额＝7 809.52－5 426.86＝2 382.66(万元)

增值率＝2 382.66÷5 426.86×100%＝43.9%

适用税率30%。

该企业应缴纳土地增值税＝2 382.66×30%＝714.8(万元)

合计税额＝26.86＋190.48＋714.8＝932.14(万元)

方案二，如果A企业和购买者签订房屋转让合同时，在合同上注明7 000万元的房地产转让价格，同时签订一份1 000万元办公设备购销合同，则办公设备款项不缴土地增值税。

与转让房地产有关的税金＝7 000×0.5‰＋(7 000－4 000)÷(1＋5%)×5%×(7%＋3%＋2%)＝20.64(万元)

扣除项目金额合计＝9 000×60%＋20.64＝5 420.64(万元)

不含增值税收入＝7 000－(7 000－4 000)÷(1＋5%)×5%
＝7 000－142.86＝6 857.14(万元)

增值额＝6 857.14－5 420.64＝1 436.5(万元)

增值率＝1 436.5÷5 420.64×100%＝26.5%

适用税率30%。

该企业应缴纳土地增值税＝1 436.5×30%＝430.95(万元)

该企业销售办公设备，按照简易办法依照3%征收率减按2%征收增值税，则

销售办公设备应纳增值税＝1 000÷(1＋3%)×2%＝19.42(万元)

销售办公设备应纳其他税＝1 000×0.03％＋19.42×(7％＋3％＋2％)＝2.63(万元)

合计税额＝20.64＋142.86＋19.42＋430.95＋2.63＝616.5(万元)

【筹划结论】

方案二比方案一合计节税315.64(932.14－616.5)万元。

此题中，由于购销合同适用0.03％的印花税税率，比产权转移书据适用的0.05％税率要低，方案二可以节省印花税。

分散收入的方法应用非常广泛，操作的时候要注意将可独立项目分开签订合同，不要混在房地产开发项目中。例如房地产开发企业进行房屋建造出售时，将合同分两次签订，当住房初步完工但没有安装设备以及装潢、装饰时便和购买者签订房地产转移合同，接着再和购买者签订设备安装及装潢、装饰合同，则纳税人只就第一份合同上注明金额缴纳土地增值税，而第二份合同上注明的金额不用计征土地增值税，这样就达到了节税的目的。

6.3.3 成本费用扣除筹划法

税法规定纳税人转让新建房和存量房，在扣除项目的确定上是不同的。

房地产开发企业转让新建房，扣除项目包括五大类；非房地产开发企业转让新建房，扣除项目包括四大类；而转让存量房的扣除项目又细分为三种情况。应当先确定是房地产开发企业，还是非房地产开发企业，是转让新建房还是转让存量房，从而确定其有几项扣除项目。

1. 新建房的扣除项目

1）取得土地使用权所支付的金额

(1) 纳税人为取得土地使用权所支付的地价款，即支付的土地出让金或补缴的土地出让金或向原土地使用权人实际支付的地价款。

(2) 纳税人在取得土地使用权时按国家统一规定缴纳的有关费用，即登记、过户手续费。为取得土地使用权而支付的契税，视同“按国家统一规定缴纳的有关费用”，计入取得土地使用权所支付的金额。逾期开发缴纳的土地闲置费，不得作为扣除项目扣除。

2）房地产开发成本

房地产开发成本是指纳税人房地产开发项目实际发生的成本，包括土地的征用及拆迁补偿费、前期工程费、建筑安装工程费、基础设施费、公共配套设施费、开发间接费用等。

(1) 土地征用及拆迁补偿费，包括土地征用费、耕地占用税、劳动力安置费及有关地上、地下附着物拆迁补偿的净支出，安置动迁用房支出等。

(2) 建筑安装工程费，包括出包方式支付给承包单位的建筑安装工程费、自营方式发生的建筑安装工程费。建筑安装施工企业就质量保证金对房地产开发企业开具发票的，按发票所载金额予以扣除；未开具发票的，扣留的质保金不得计算扣除。

(3) 开发间接费用，包括工资、职工福利费、折旧费、修理费、办公费、劳动保护费、周转房摊销等。

(4) 房地产开发企业销售已装修的房屋，装修费计入房地产开发成本。

3）房地产开发费用

房地产开发费用，是指与房地产开发项目有关的销售费用、管理费用和财务费用。根据现行财务会计制度的规定，这三项费用直接计入当期损益，不按成本核算对象进行分摊。故作为土地增值税扣除项目的房地产开发费用，不按纳税人房地产开发项目实际发生的费用进行扣除，而按以下标准进行扣除。

（1）纳税人能够按转让房地产项目计算分摊利息支出，并能提供金融机构的贷款证明的，其允许扣除的房地产开发费用为

房地产开发费用＝利息＋（取得土地使用权所支付的金额＋房地产开发成本）×5％以内

注意，利息最高不能超过按商业银行同类同期贷款利率计算的金额，不包括加息、罚息。

（2）纳税人不能按转让房地产项目计算分摊利息支出或不能提供金融机构贷款证明的，其允许扣除的房地产开发费用为

房地产开发费用＝（取得土地使用权所支付的金额＋房地产开发成本）×10％以内

（3）房地产开发企业既向金融机构借款，又有其他借款的，其房地产开发费用计算扣除时不能同时适用上述（1）、（2）所述的两种办法。

（4）土地增值税清算时，已经计入房地产开发成本的利息支出，应调整至财务费用中计算扣除。

4）与转让房地产有关的税金

（1）“营改增”后印花税放入“税金及附加”中核算。

（2）土地增值税扣除项目涉及的增值税进项税额，允许在销项税额中抵扣的，不记入扣除项目，不允许在销项税额中抵扣的，可以记入扣除项目。

5）财政部规定的其他扣除项目

对于房地产企业转让新建房可按取得土地使用权所支付的金额与房地产开发成本之和，加计20％扣除。

非房地产开发企业转让新建房的扣除项目是前四项，即1）～4）。

分期开发、分期销售的情况，未开发以及未销售部分对应的金额不得作为扣除项目扣除。需要根据配比原则确定：

（1）实际扣除取得土地使用权所支付的金额＝取得土地使用权所支付的全部金额×（已开发土地/全部土地）×（已售房建筑面积/全部房建筑面积）；

（2）实际扣除房地产开发成本＝所有的房地产开发成本×（已售房建筑面积/全部房建筑面积）；

（3）实际扣除房地产开发费用＝本项目全部利息×（已售房建筑面积/全部房建筑面积）＋（实际扣除取得土地使用权所支付的金额＋实际扣除房地产开发成本）×5％以内，或（实际扣除取得土地使用权所支付的金额＋实际扣除房地产开发成本）×10％以内。

2.转让旧房及建筑物的扣除项目（存量房的扣除项目）

1）情况之一：有评估价格

（1）取得土地使用权所支付的地价款或出让金加上按国家统一规定缴纳的有关费用。

(2) 评估价格是指由政府批准设立的房地产评估机构评定的重置成本价乘以成新度折扣率后的价格。

(3) 转让环节缴纳的税金包括城建税、教育费附加、地方教育附加、印花税,不包括契税。

2) 情况之二:无评估价格,有购房发票

(1) 发票记载的金额×(1+5%×年份)。

年份的确定:从购房发票所载日期起至售房发票开具之日止,每满12个月计1年;超过1年,未满12个月但超过6个月的,可以视同为1年。

(2) 转让环节缴纳的增值税以外的税金(包含购房时的契税)。

对纳税人购房时缴纳的契税,凡能提供契税完税凭证的,准予作为“与转让房地产有关的税金”予以扣除,但不作为加计5%的基数。

3) 情况之三:无评估价格,无购房发票

此情况采用核定征收。

房地产开发企业在进行房地产开发业务过程中,一般都会发生大量的借款,因此利息支出是不可避免的。利息支出的不同扣除方法会对企业的应纳税额产生很大的影响。

【例 6-7】 某房地产开发企业开发某住宅用地,共支付地价款2 000万元,房地产开发成本为4 000万元,财务费用中按转让房地产项目计算分摊利息支出为400万元,不超过商业银行同类同期贷款利率。假设该项目所在省政府规定计征土地增值税时,房地产开发费用扣除比例按国家规定允许的最高比例执行。请问如何进行税收筹划。

【解析】

方案一,不能按转让房地产项目计算分摊利息支出或不能提供金融机构贷款证明。则

允许扣除的房地产开发费用=(取得土地使用权所支付的金额+房地产开发成本)×10%=(2 000+4 000)×10%=600(万元)

方案二,能够按转让房地产项目计算分摊利息支出,并能提供金融机构贷款证明。

允许扣除的房地产开发费用=利息+(取得土地使用权所支付的金额+房地产开发成本)×5%=400+(2 000+4 000)×5%=700(万元)

【筹划结论】

方案二比方案一多扣除房地产开发费用100(700−600)万元,因此应当选择方案二。

注意,利息虽然能全额扣除,但是最高不能超过按商业银行同类同期贷款利率计算的金额。

如果企业进行房地产开发主要依靠负债筹资,利息支出较高,可考虑分摊利息并提供金融机构证明,据实扣除并加扣其他开发费用。如果企业进行房地产开发主要依靠权益资本,利息支出较少,则可考虑不计算应分摊的利息,这样可以多扣除房地产开发费用。

6.3.4 适当捐赠筹划法

房地产的赠与是指房地产的原产权所有人和依照法律规定取得土地使用权的土地使

用人，将自己所拥有的房地产无偿捐赠给其他人的民事法律行为。对于这种赠与行为，很多国家都开征了赠与税。我国目前还没有开征这种税收，也不对其征收土地增值税。因为按课征土地增值税的三条标准，赠与人捐赠房产是无偿转让，并没有取得收入，因此，不用缴纳土地增值税。但是，这里仅指以下两种情况。

(1) 房产所有人、土地使用权所有人将房屋产权、土地使用权赠与直系亲属或承担直接赡养义务人的。

(2) 房产所有人、土地使用权所有人通过中国境内非营利性的社会团体、国家机关将房屋产权、土地使用权赠与教育、民政和其他社会福利、公益事业的。

上述社会团体是指中国青少年发展基金会、希望工程基金会、宋庆龄基金会、减灾委员会、中国红十字会、中国残疾人联合会、全国老年基金会、老区促进会以及经民政部门批准成立的其他非营利性的公益组织。

房产所有人、土地使用权所有人将自己的房地产进行赠与时，如果不是上述两种情况，应该视同有偿转让房地产，应当缴纳土地增值税。因此，当事人应当注意自己的捐赠方式，以免捐赠之后，自己反而要承担大笔税款。具体来说，如果当事人在进行捐赠时可以采用以上两种方式，最好采用这两种方式。比如某房地产所有人欲将其拥有的房地产捐赠给贫困山区作校舍，就一定要符合法定的程序，即通过在中国境内非营利性的社会团体、国家机关如希望工程基金会进行捐赠，而不要自行捐赠。但如果当事人确实无法采用以上两种方式，则应充分考虑税收因素对自己及他人的影响。比如某房地产所有人欲将拥有的房地产赠与一位好朋友，则可以考虑让受赠人支付相应税款。

6.4 城镇土地使用税的税收筹划

城镇土地使用税是对在城市和县城、镇占用国家和集体土地的单位和个人，就其使用土地的面积定额征收的一种税。城镇土地使用税的计税依据是纳税人实际占用的土地面积，采用定额税率形式计算应纳税额。

6.4.1 企业选址的税收筹划

我国城镇土地使用税的征税实行幅度税额，只选择在企业分布相对较为集中的城镇地区课税，不包括农村。根据征税范围的不同地区，规定了不同的有幅度的差别税额。

税法规定，土地使用税每平方米年税额如下。

(1) 大城市 1.5～30 元。

(2) 中等城市 1.2～24 元。

(3) 小城市 0.9～18 元。

(4) 县城、建制镇、工矿区 0.6～12 元。

由于城镇土地使用税的税率是地区差别定额税率，不同地区和等级的土地其税率是不同的。纳税人可以利用不同等级土地的接壤处进行税收筹划，并取得节税的好处。

【例 6-8】 某饲料集团公司要扩大生产基地，因其总部设在北京，所以董事会决定将生产基地设在北京郊区，面积为 20 000 平方米，选用的土地为四级土地，每平方米每年须缴纳土地使用税 9 元，因此每年须缴纳土地使用税 18 万元。请问如何进行税收筹划？

【解析】

如果该集团公司将生产基地建在邻近的河北省某县，当地的城镇土地使用税的税率为每平方米每年须缴纳 0.9 元，因此每年须缴纳土地使用税 1.8 万元。

【筹划结论】

通过筹划，企业可节约税金 16.2(18－1.8)万元。

6.4.2 计税依据的税收筹划

城镇土地使用税以纳税人实际占用的土地面积为计税依据，土地面积计量标准为每平方米。即税务机关根据纳税人实际占用的土地面积，按照规定的税额计算应纳税额，向纳税人征收土地使用税。

纳税人实际占用的土地面积按下列办法确定。

(1) 凡由省、自治区、直辖市人民政府确定的单位组织测定土地面积的，以测定的面积为准。

(2) 尚未组织测量，但纳税人持有政府部门核发的土地使用证书的，以证书确认的土地面积为准。

(3) 尚未核发出土地使用证书的，应由纳税人申报土地面积，据以纳税，待核发土地使用证以后再作调整。

在不同的情况下，计税的土地面积并不相同，这就为纳税人筹划提供了可能性。对于前两种情况，纳税人很难进行税收筹划。但是如果纳税人尚未核发土地使用证书时，可以根据纳税人自己申报的土地面积缴纳城镇土地使用税，虽然土地使用证书核发以后还要作调整，但是利用时间差获取纳税的时间价值，对企业也是有利无弊的。

6.4.3 利用税收优惠进行税收筹划

1. 下列土地免缴土地使用税

(1) 国家机关、人民团体、军队自用的土地。这部分土地，是指这些单位本身的办公用地和公务用地。生产经营用地和其他用地不属于免税范围。

(2) 由国家财政部门拨付事业经费的单位自用的土地。这部分土地，是指这些单位本身的业务用地。如学校的教学楼、操场、食堂等占用的土地。

(3) 宗教寺庙、公园、名胜古迹自用的土地。宗教寺庙自用的土地，是指举行宗教仪式等的用地和寺庙内的宗教人员生活用地。公园、名胜古迹自用的土地，是指供公共参观游览的用地及其管理单位的办公用地。以上单位的生产、经营用地和其他用地，不属于免税范围，应按规定缴纳土地使用税，如公园、名胜古迹中附设的营业单位，如影剧院、饮食部、茶社、照相馆等使用的土地。

（4）市政街道、广场、绿化地带等公共用地。

（5）直接用于农、林、牧、渔业的生产用地。这部分土地，是指直接从事于种植养殖、饲养的专业用地，不包括农副产品加工场地和生活办公用地。

（6）经批准开山填海整治的土地和改造的废弃土地，从使用的月份起免缴土地使用税5年至10年。具体免税期限由各省、自治区、直辖市地方税务局自行确定。

（7）对非营利性医疗机构、疾病控制机构和妇幼保健机构等卫生机构自用的土地，免征城镇土地使用税。对营利性医疗机构自用的土地，自2000年起免征城镇土地使用税3年。

（8）企业办的学校、医院、托儿所、幼儿园，其用地能与企业其他用地明确区分的，免征城镇土地使用税。

（9）免税单位无偿使用纳税单位的土地（如公安、海关等单位使用铁路、民航等单位的土地），免征城镇土地使用税。纳税单位无偿使用免税单位的土地，纳税单位应照章缴纳城镇土地使用税。纳税单位与免税单位共同使用、共有使用权土地上的多层建筑，对纳税单位可按其占用的建筑面积占建筑总面积的比例计征城镇土地使用税。

（10）对行使国家行政管理职能的中国人民银行总行（含国家外汇管理局）所属分支机构自用的土地，免征城镇土地使用税。

（11）对企业的铁路专用线、公路等用地，在厂区以外、与社会公用地段未加隔离的，暂免征收城镇土地使用税。

（12）对企业厂区以外的公共绿化用地和向社会开放的公园用地，暂免征收城镇土地使用税。

（13）对盐场的盐滩、盐矿的矿井用地，暂免征收城镇土地使用税。

2. 由省、自治区、直辖市地方税务局确定减免土地使用税的土地

（1）个人所有的居住房屋及院落用地。

（2）房产管理部门在房租调整改革前已租的居民住房用地。

（3）免税单位职工家属的宿舍用地。

（4）民政部门举办的安置残疾人占一定比例的福利工厂用地。

（5）集体和个人办的各类学校、医院、托儿所、幼儿园用地。

（6）对基建项目在建期间使用的土地，原则上应照章征收城镇土地使用税。

但对有些基建项目，特别是国家产业政策扶持发展的大型基建项目占地面积大，建设周期长，在建期间又没有经营收入，为照顾其实际情况，对纳税人纳税确有困难的，可由省、自治区、直辖市地方税务局确定予以免征或减征土地使用税。

（7）各省、自治区、直辖市地方税务局可根据具体情况自行确定对集贸市场用地征收或者免征城镇土地使用税。

（8）原房管部门代管的私房，落实政策后，有些私房产权已归还给房主，但由于各种原因，房屋仍由原住户居住，并且住户仍是按照房管部门在房租调整改革之前确定的租金标准向房主缴纳租金。对这类房屋用地，房主缴纳土地使用税确有困难的，可由各省、自治区、直辖市地方税务局根据实际情况，给予定期减征或免征城镇土地使用税的照顾。

城镇土地使用税的纳税人应充分利用税收优惠进行筹划，比如纳税人可以充分利用废弃土地进行开山填海，以获得免税机会；又比如，企业办的学校、托儿所、幼儿园，其用地能与企业其他用地明确区分的，可以免征土地使用税。纳税人可通过准确区分、分别核算用地进行筹划，从而充分享受土地使用税设定的优惠条款。

6.5 房产税的税收筹划

房产税是以房产为征税对象，依据房产计税余值或房产租金收入为计税依据，向产权所有人或经营人征收的一种税。

1. 税率

现行房产税采用比例税率。税率有两种：一种是按房产余值计征，税率为1.2%；另一种是按房产出租的租金收入计征，税率为12%。从2001年1月1日起，对个人按市场价格出租的居民住房，用于居住的，可暂减按4%的税率征收房产税。

2. 计税依据

房产税的计税依据是房产的计税价值或房产的租金收入。按照房产计税价值征税的，称为从价计征；按照房产租金收入计征的，称为从租计征。

1）从价计征

税法规定，对于自有自营房屋，其房产税依照房产原值一次减除10%～30%后的余值计算缴纳。各地扣除比例由当地省、自治区、直辖市人民政府确定。

所谓房产原值，是指纳税人按照会计制度规定，在账簿"固定资产"科目中记载的房屋原价。房产原值应包括与房屋不可分割的各种附属设备或一般不单独计算价值的配套设施。纳税人对原有房屋进行改建、扩建的，要相应增加房屋的原值。

此外，还应注意以下三个问题。

(1) 对投资联营的房产，在计征房产税时应予以区别对待。对于以房产投资联营，投资者参与投资利润分红，共担风险的，按房产余值作为计税依据计征房产税；对以房产投资，收取固定收入，不承担联营风险的，实际是以联营名义取得房产租金，应根据《中华人民共和国房产税暂行条例》的有关规定由出租方按租金收入计缴房产税。

(2) 对融资租赁房屋的情况，由于租赁费包括购进房屋的价款、手续费、借款利息等，与一般房屋出租的"租金"内涵不同，且租赁期满后，当承租方偿还最后一笔租赁费时，房屋产权要转移到承租方。这实际是一种变相的分期付款购买固定资产的形式，所以在计征房产税时应以房产余值计算征收，至于租赁期内房产税的纳税人，由当地税务机关根据实际情况确定。

(3) 房屋附属设备和配套设施的计税规定如下。

① 凡以房屋为载体，不可随意移动的附属设备和配套设施，如给排水、采暖、消防、中

央空调、电气及智能化楼宇设备等，无论在会计核算中是否单独记账与核算，都应计入房产原值，计征房产税。

② 对于更换房屋附属设备和配套设施的，在将其价值计入房产原值时，可扣减原来相应设备和设施的价值；对附属设备和配套设施中易损坏、需要经常更换的零配件，更新后不再计入房产原值。

2）从租计征

税法规定，房产出租的，以房产租金收入为房产税的计税依据。租金收入，是房屋产权所有人出租房产使用权所得的报酬，包括货币收入和实物收入。如果是以劳务或者其他形式为报酬抵付房租收入的，应根据当地同类房产的租金水平，确定一个标准租金额从租计征。

纳税人对个人出租房屋的租金收入申报不实或申报数与同一地段同类房屋的租金收入相比明显不合理的，税务部门可以按照《中华人民共和国税收征收管理法》的有关规定，采取科学合理的方法核定其应纳税款。具体办法由各省、自治区、直辖市地方税务机关结合当地实际情况制定。

6.5.1 关于房产附属设备的税收筹划

房产税在城市、县城、建制镇和工矿区征收，不包括农村。房产是以房屋形态表现的财产。房屋则是指有屋面和围护结构（有墙或两边有柱），能够遮风避雨，可供人们在其中生产、工作、学习、娱乐、居住或储藏物资的场所。独立于房屋之外的建筑物，如围墙、烟囱、水塔、变电塔、油池油柜、酒窖菜窖、酒精池、糖蜜池、室外游泳池、玻璃暖房、砖瓦石灰窑以及各种油气罐等，则不属于房产。与房屋不可分离的附属设施，属于房产。

【例 6-9】 南方某企业欲兴建一座花园式工厂，除厂房、办公用房外，还包括厂区围墙、水塔、变电塔、停车场、露天凉亭、游泳池、喷泉设施等建筑物，总计造价为 5 亿元。除厂房、办公用房外的建筑设施工程造价 1 亿元。当地政府规定计算房产余值的扣除比例为 30%。该企业应如何进行税收筹划？

【解析】

方案一，将所有建筑物都作为房产计入房产原值。

应纳房产税＝50 000×(1－30%)×1.2%＝420(万元)

方案二，将游泳池、停车场等都建成露天的，并且把这些独立建筑物的造价同厂房、办公用房的造价分开，在会计账簿中单独核算，则这部分建筑物的造价不计入房产原值，不缴纳房产税。

应纳房产税＝(50 000－10 000)×(1－30%)×1.2%＝336(万元)

【筹划结论】

方案二比方案一少缴纳房产税 84(420－336)万元，因此应当选择方案二。

应注意，将停车场、游泳池等都建成露天的，有时未必适合企业的需要。

6.5.2 关于建房选址的税收筹划

农村的房屋,除农副业生产用房外,大部分是农民居住用房。为了有利于农业发展,繁荣农村经济,有利于社会稳定,我国没有对农村的房产征收房产税。利用这点,某些与农业相关性比较大的行业,尤其是一些乡镇企业,就有了税收筹划的空间。

【例 6-10】 在收获季节时,麦秸秆在田间地头随处可见,农民一般加以焚烧,在城郊地区,严重污染了城市环境,在机场附近,还会妨碍航班的正常起降。A 市某建材公司,主要以麦秸秆为生产原料,生产建筑装饰板材。今年准备扩大生产规模,再建一家加工厂。厂房预计造价 2 000 万元,当地的房产税减除比例为 30%。请问新厂如何选址以达到税收筹划的目的。

【解析】

方案一,将厂房建在市郊,则需要缴纳房产税。

应缴纳房产税税额=2 000×(1−30%)×1.2%=16.8(万元)

方案二,将厂址定在生产原料的产地,即城郊农村,则不用缴纳房产税。

【筹划结论】

方案二比方案一节税 16.8 万元。

运用选址进行税收筹划能够为企业带来税收收益,但是选择农村建厂,可能会导致运费增加,因此企业要综合考虑问题进行选择。

6.5.3 房产投资方式选择的税收筹划

对投资联营的房产,在计征房产税时应区别对待。对于以房产投资联营,投资者参与投资利润分红,共担风险的情况,按房产余值作为计税依据计征房产税;对于以房产投资,收取固定收入,不承担联营风险的情况,实际上是以联营名义取得房产的租金,应由出租方按租金收入计缴房产税。

【例 6-11】 甲公司本年 7 月 1 日至本年 12 月 31 日将其自有的房屋用于投资联营,该房产原账面价值是 500 万元,现有两个对外投资方案可供选择。方案一,收取固定收入,不承担联营风险,本年 7 月 1 日至本年 12 月 31 日取得的固定收入合计 30 万元(含增值税)。方案二,投资者参与投资利润分红,共担风险。当地房产税原值扣除比例为 30%。请对上述业务进行税收筹划。

【解析】

方案一,收取固定收入,不承担联营风险。

本年 1—6 月应纳房产税=500×(1−30%)×(6÷12)×1.2%=2.1(万元)

本年 7—12 月应纳房产税=30÷(1+10%)×12%=3.27(万元)

本年全年应纳房产税=2.1+3.27=5.37(万元)

方案二,投资者参与投资利润分红,共担风险。

本年全年应纳房产税=500×(1−30%)×1.2%=4.2(万元)

【筹划结论】

方案二比方案一少缴纳房产税1.17(5.37－4.2)万元,因此应当选择方案二。

注意,投资者不应仅考虑税负因素,而应权衡利弊,综合考虑,作出最优决策。

6.5.4 利用税收优惠进行税收筹划

目前房产税的减免税优惠主要如下。

(1) 国家机关、人民团体、军队自用的房产免征房产税。但上述免税单位的出租房产以及非自身业务使用的生产、营业用房,不属于免税范围。这里的“人民团体”,是指经国务院授权的政府部门批准设立或登记备案并由国家拨付行政事业费的各种社会团体。这里的“自用的房产”,是指这些单位本身的办公用房和公务用房。

(2) 由国家财政部门拨付事业经费的单位,如学校、医疗卫生单位、托儿所、幼儿园、敬老院、文化、体育、艺术这些实行全额或差额预算管理的事业单位所有的,在本身业务范围内使用的房产免征房产税。

为了鼓励事业单位经济自立,由国家财政部门拨付事业经费的单位,其经费来源实行自收自支后,从事业单位实行自收自支的年度起,免征房产税3年。

(3) 宗教寺庙、公园、名胜古迹自用的房产免征房产税。宗教寺庙自用的房产,是指举行宗教仪式等的房屋和宗教人员使用的生活用房屋。公园、名胜古迹自用的房产,是指供公共参观游览的房屋及其管理单位的办公用房屋。宗教寺庙、公园、名胜古迹中附设的营业单位,如影剧院、饮食部、茶社、照相馆等所使用的房产及出租的房产,不属于免税范围,应照章纳税。

(4) 个人所有非营业用的房产免征房产税。个人所有的非营业用房,主要是指居民住房,不分面积多少,一律免征房产税。对个人拥有的营业用房或者出租的房产,不属于免税房产,应照章纳税。

(5) 对行使国家行政管理职能的中国人民银行总行(含国家外汇管理局)所属分支机构自用的房产,免征房产税。

(6) 自2019年1月1日至2021年12月31日,对高校学生公寓免征房产税。

(7) 自2019年1月1日至2021年12月31日,对国家级、省级科技企业孵化器、大学科技园和国家备案众创空间自用以及无偿或通过出租等方式提供给在孵对象使用的房产,免征房产税(也免征城镇土地使用税)。

(8) 自2018年10月1日至2020年12月31日,对按照去产能和调结构政策要求停产停业、关闭的企业,自停产停业次月起,免征房产税(也免征城镇土地使用税)。企业享受免税政策的期限累计不得超过两年。

(9) 经财政部批准免税的其他房产。

此外,下列房产,情况特殊,范围较小,是根据实际情况确定免税的。

(1) 损坏不堪使用的房屋和危险房屋,经有关部门鉴定,在停止使用后,可免征房产税。

(2) 纳税人因房屋大修导致连续停用半年以上的,在房屋大修期间免征房产税。

(3) 在基建工地为基建工地服务的各种工棚、材料棚、休息棚和办公室、食堂、茶炉房、汽车房等临时性房屋,在施工期间,一律免征房产税。

(4) 对高校后勤实体免征房产税。

(5) 对非营利性医疗机构、疾病控制机构和妇幼保健机构等卫生机构自用的房产,免征房产税。

(6) 老年服务机构自用的房产免征房产税。

企业可以充分利用以上优惠规定,进行税收筹划。

6.6 印花税的税收筹划

印花税是对经济活动和经济交往中书立、使用、领受具有法律效力的凭证的单位和个人征收的一种税。

印花税的纳税义务人是在中国境内书立、使用、领受《中华人民共和国印花税暂行条例》所列举的凭证并应依法履行纳税义务的单位和个人。印花税的纳税人按照书立、使用、领受应税凭证的不同,可以分别确定为立合同人、立据人、立账簿人、领受人和使用人五种。

印花税的税率有两种形式,即比例税率和定额税率。

1. 比例税率

在印花税的13个税目中,各类合同以及具有合同性质的凭证、产权转移书据、营业账簿中记载资金的账簿,适用比例税率。

2. 定额税率

适用于无法记载金额或者虽载有金额,但作为计税依据明显不合理的凭证,在印花税的13个税目中只有“权利、许可证照”和“营业账簿”税目中的其他账簿采用定额税率,均为按件贴花,税额5元。

印花税税目税率表见表6-3。

表6-3 印花税税目税率表

税目	范围	税率	纳税人	说明
1. 购销合同	包括供应、预购、采购、购销结合及协作、调剂、补偿、易货等合同	按购销合同的万分之三贴花	立合同人	
2. 加工承揽合同	包括加工、定做、修缮、修理、印刷、广告、测绘、测试等合同	按加工或承揽收入万分之五贴花	立合同人	
3. 建筑工程勘察设计合同	包括勘察、设计合同	按收取费用万分之五贴花	立合同人	

续前

税目	范围	税率	纳税人	说明
4. 建筑安装工程承包合同	包括建筑、安装工程承包合同	按承包金额万分之三贴花	立合同人	
5. 财产租赁合同	包括租赁房屋、船舶、飞机、机动车辆、机械、器具、设备等合同	按租赁金额千分之一贴花。税额不足1元，按1元贴花	立合同人	
6. 货物运输合同	包括民用航空运输、铁路运输、海上运输、内河运输、公路运输和联运合同	按运输收取的费用万分之五贴花	立合同人	单据作为合同使用的，按合同贴花
7. 仓储保管合同	包括仓储、保管合同	按仓储收取的保管费用千分之一贴花	立合同人	仓单或栈单作为合同使用的，按合同贴花
8. 借款合同	银行及其他金融组织和借款人（不包括银行同业拆借）所签订的借款合同	按借款金额万分之零点五贴花	立合同人	单据作为合同使用的，按合同贴花
9. 财产保险合同	包括财产、责任、保证、信用等保险合同	按收取的保险费收入千分之一贴花	立合同人	单据作为合同使用的，按合同贴花
10. 技术合同	包括技术开发、转让、咨询、服务等合同	按所记载金额万分之三贴花	立合同人	
11. 产权转移书据	包括财产所有权和版权、商标专用权、专利权、专有技术使用权等转移书据	按所记载金额万分之五贴花	立据人	
12. 营业账簿	生产、经营用账册	记载资金的账簿，按实收资本和资本公积的合计金额万分之五贴花。其他账簿按件贴花5元，自2018年5月1日起，对按万分之五税率贴花的资金账簿减半征收印花税，对按件贴花5元的其他账簿免征印花税	立账簿人	
13. 权利、许可证照	包括政府部门发放的房屋产权证、工商营业执照、商标注册证、专利证、土地使用证	按件贴花5元	领受人	

6.6.1 计税依据的税收筹划

1. 计税依据的一般规定

印花税的计税依据，是指计算印花税税额的依据，有应税凭证所载金额和应税凭证的件数，即计税金额和应税凭证件数。具体如下。

(1) 购销合同的计税依据为合同记载的购销金额。

(2) 加工承揽合同的计税依据是加工或承揽收入的金额，这里的加工或承揽收入额，是指合同中规定的受托方的加工费收入和提供的辅助材料金额之和。

(3) 建设工程勘察设计合同的计税依据为收取的费用。

(4) 建筑安装工程承包合同的计税依据为承包金额。

(5) 财产租赁合同的计税依据为租赁金额；经计算，税额不足 1 元的，按 1 元贴花。

(6) 货物运输合同的计税依据为取得的运输费金额(即运费收入)，不包括所运货物的金额、装卸费和保险费等。

(7) 仓储保管合同的计税依据为收取的仓储保管费用。

(8) 借款合同的计税依据为借款金额。根据不同的借款形式具体规定如下。

① 凡一项信贷业务既签订借款合同又一次或分次填开借据的，只就借款合同按所载借款金额计税贴花；凡只填开借据并作为合同使用的，应按照借据所载借款金额计税，在借据上贴花。

② 借贷双方签订的流动资金周转性借款合同，一般按年(期)签订，规定最高限额，借款人在规定的期限和最高限额内随借随还。为此，在签订流动资金周转借款合同时，应按合同规定的最高借款限额计税贴花。以后，只要在限额内随借随还，不再签新合同的，就不另贴印花。

③ 借款方以财产作抵押，与贷款方签订的抵押借款合同，属于资金信贷业务，借贷双方应按“借款合同”计税贴花。因借款方无力偿还借款而将抵押财产转移给贷款方，应就双方书立的产权转移书据，按“产权转移书据”计税贴花。

④ 银行及其金融机构经营的融资租赁业务，是一种以融物方式达到融资目的的业务，实际上是分期偿还的固定资金借款。因此，对融资租赁合同，可据合同所载的租金总额暂按“借款合同”计税贴花。

⑤ 在有的信贷业务中，贷方是由若干银行组成的银团，银团各方均承担一定的贷款数额，借款合同由借款方与银团各方共同书立，各执一份合同正本。对这类借款合同，借款方与贷款银团各方应分别在所执合同正本上按各自的借贷金额计税贴花。

⑥ 对基建贷款中，先签订分合同，后签订总合同的贴花问题。有些基本建设贷款，先按年度用款计划分年签订借款分合同，在最后一年按总概算签订借款总合同，总合同的借款金额中包括各分合同的借款金额。对这类基建借款合同，应按分合同分别贴花，最后签订的总合同，只就借款总额扣除分合同借款金额后的余额计税贴花。

(9) 财产保险合同的计税依据为支付(收取)的保险费，不包括所保财产的金额。

(10) 技术合同的计税依据为合同所载的金额。

(11) 产权转移书据的计税依据为所载金额。

(12) 营业账簿税目中记载资金的账簿的计税依据为"实收资本"与"资本公积"两项的合计金额。其他账簿的计税依据为应税凭证件数。

(13) 权利、许可证照的计税依据为应税凭证件数。

2. 计税依据的特殊规定

在计算应纳税额时,应按规定处理以下问题。

(1) 应税凭证以金额、收入、费用作为计税依据的,以全额计,不得作任何扣除。

(2) 同一凭证载有两个或两个以上经济事项而适用不同税目税率,如分别记载金额的,应分别计算应纳税额,相加后按合计税额贴花;如未分别记载金额的,按税率高的计税贴花。

(3) 按金额比例贴花的应税凭证,未标明金额的,应按照凭证所载数量及国家牌价计算金额;没有国家牌价的,按市场价格计算金额,然后按规定税率计算应纳税额。

(4) 应税凭证所载金额为外国货币的,应按照凭证书立当日国家外汇管理局公布的外汇牌价折合成人民币,然后计算应纳税额。

(5) 应纳税额不足 1 角的,免纳印花税;1 角以上的,其税额尾数不满 5 分的不计,满 5 分的按 1 角计算。

(6) 有些合同,在签订时无法确定计税金额,如技术转让合同中的转让收入,是按销售收入的一定比例收取或是按实现利润分成的;财产租赁合同,只是规定了月(天)租金标准而无租赁期限的。对这类合同,可在签订时按定额 5 元贴花,以后结算时再按实际金额计税,补贴印花。

(7) 应税合同在签订时纳税义务即已产生,应计算应纳税额并贴花。所以,不论合同是否兑现或是否按期兑现,均应贴花。

对已履行并贴花的合同,所载金额与合同履行后实际结算金额不一致的,只要双方未修改合同金额,一般不再办理完税手续。

(8) 商品购销活动中,采用以货换货方式进行商品交易签订的合同,是反映既购又销双重经济行为的合同。对此,应按合同所载的购、销合计金额计税贴花。合同未列明金额的,应按合同所载购、销数量依照国家牌价或者市场价格计算应纳税额。

(9) 施工单位将自己承包的建设项目,分包或者转包给其他施工单位所签订的分包或转包合同,应按新的分包或转包合同所载金额计算应纳税额。

(10) 对有经营收入的事业单位,凡属由国家财政拨付事业经费、实行差额预算管理的单位,其记载经营业务的账簿按其他账簿定额贴花,不记载经营业务的账簿不贴花;凡属经费来源实行自收自支的单位,其营业账簿应对记载资金的账簿和其也账簿分别计算应纳税额。

(11) 股份制试点企业向社会公开发行的股票,因购买、继承、赠与所书立的股权转让书据,均依书立时证券市场当日实际成交价格计算的金额,由立据双方当事人分别按 1‰ 的税率缴纳印花税。

(12) 对国内各种形式的货物联运,凡在起运地统一结算全程运费的,应以全程运费作为计税依据,由起运地运费结算双方缴纳印花税;凡分程结算运费的,应以分程的运费作为计税依据,分别由办理运费结算的各方缴纳印花税。

3. 利用分期租赁进行税收筹划

财产租赁合同包括租赁房屋、船舶、飞机、机动车辆、机械、器具、设备等,也包括企业、个人出租门店、柜台等。对于承租人来说,承租不同的财产,其租赁期限也是不同的,而租赁期限的长短对计税依据是有影响的。除此之外,影响租赁期限的因素是多方面的,如财产是否属于稀缺、纳税人对财产的使用偏好等。由于印花税对财产租赁合同是按合同记载的全额计税,所以租赁期限的长短对印花税的计征是有影响的。

【例 6-12】 某承租人从租赁公司租入设备一台,双方签订了租赁合同。按合同约定,该设备的租赁期限为 3 年,每年支付租金 600 000 元。请问如何进行税收筹划?

【解析】

方案一,双方一次签订 3 年期租赁合同,则双方分别

$$缴纳印花税=600\,000\times3\times1‰=1\,800(元)$$

方案二,双方每年都签订租期为 1 年的租赁合同,则双方分别每年

$$缴纳印花税=600\,000\times1‰=600(元)$$

【筹划结论】

对承租人来说方案二比方案一更节税,如果该设备不具备稀缺性,承租人就没有必要一次性签订为期 3 年的合同,可以一年一签。这样虽然同样使用设备 3 年,但是由于印花税税款是分期缴纳的,承租人可以获得迟交税款的时间价值。但是作为出租人是否愿意分期签订合同,则取决于税金和租金在时间价值上的比较,如果租金的时间价值比税金的时间价值大,则出租人更愿意一次性签订数年的合同。

4. 利用分别记载经济事项进行税收筹划

印花税的计税依据是合同上所载的金额,同一份合同中如果涉及税率不同的两个事项,此时要选择在合同中分别记载不同事项的金额,或者分别签订合同,这样不同事项才能按照各自的税率纳税,否则从高适用税率会导致税负的增加。

【例 6-13】 振兴铝合金门窗厂与安居建筑安装企业签订了一份加工承揽合同。合同中规定,振兴铝合金门窗厂受安居建筑安装公司委托,负责加工总价值 50 万元的铝合金门窗,加工所需原材料由铝合金门窗厂提供。振兴铝合金门窗厂收取原材料费 40 万元,加工费 10 万元。请问如何进行税收筹划?

【解析】

方案一,合同对原材料款项和加工费不分别记载,则

$$应纳印花税税额=(400\,000+100\,000)\times0.5‰=250(元)$$

方案二,加工费金额按加工承揽合同适用 0.5‰税率计税,原材料金额按购销合同适用 0.3‰税率计税,则

$$应纳印花税税额=400\,000\times0.3‰+100\,000\times0.5‰=170(元)$$

【筹划结论】

方案二比方案一节税80(250—170)元,因此应当选择方案二。

许多企业财务人员认为印花税是极不起眼的小税种,因而常常忽视了税收筹划。但是,如果企业在生产经营中频繁地订立各种各样的合同,且有些合同金额巨大,则印花税的筹划不仅是必要的,而且是重要的。

6.6.2 利用税收优惠进行税收筹划

下列凭证免纳印花税。

(1) 对已缴纳印花税的凭证的副本或者抄本免税。但以副本或者抄本视同正本使用的,则应另贴印花。

(2) 对财产所有人将财产赠给政府、社会福利单位、学校所立的书据免税。

(3) 对国家指定的收购部门与村民委员会、农民个人书立的农副产品收购合同免税。

(4) 对无息、贴息贷款合同免税。

(5) 对房地产管理部门与个人签订的用于生活居住的租赁合同免税。

(6) 农牧业保险合同免税。

(7) 对公共租赁住房租赁双方,签订租赁协议涉及的印花税免税。

纳税人可利用上述规定进行税收筹划。

6.7 契税的税收筹划

契税是对在中国境内转移土地、房屋权属的承受单位和个人征收的一种税。

契税的纳税义务人是在我国境内转移土地、房屋权属,承受其权属的单位和个人。

契税的征税对象是在我国境内转移土地、房屋权属的行为。具体包括以下七项内容。

(1) 国有土地使用权出让。

(2) 土地使用权的转让。

(3) 房屋买卖。房屋买卖,是指房屋所有者将其房屋出售,由承受者交付货币、实物、无形资产或者其他经济利益的行为。以下几种特殊情况,视同买卖房屋:①以房产抵债或实物交换房屋;②以房产作投资或作股权转让;③买房拆料或翻建新房,应照章征收契税。

(4) 房屋赠与。房屋的赠与,是指房屋产权所有人将房屋无偿转让给他人所有的行为。房屋赠与的前提必须是产权无纠纷,赠与人和受赠人双方自愿。由于房屋是不动产,价值较大,故法律要求赠与房屋应有书面合同(契约),并到房地产管理机关或农村基层政权机关办理登记过户手续,才能生效。

(5) 房屋交换。房屋交换,是指房屋所有者之间互相交换房屋的行为。

(6) 视同土地使用权转让、房屋买卖或者房屋赠与。①以土地、房屋权属作价投资、入股;②以土地、房屋权属抵债;③以获奖方式承受土地、房屋权属;④以预购方式或者预付集资建房款方式承受土地、房屋权属。

(7) 承受国有土地使用权支付的土地出让金。对承受国有土地使用权所应支付的土地出让金,要计征契税。不得因减免土地出让金而减免契税。

契税实行3%~5%的幅度税率。

6.7.1 计税依据的税收筹划

1. 计税依据的法律规定

契税的计税依据为土地、不动产的成交价格。由于土地、房屋权属转移方式不同,定价方法不同,因而具体计税依据视不同情况而决定。

(1) 国有土地使用权出让、土地使用权转让、房屋买卖,以成交价格为计税依据。

(2) 土地使用权赠与、房屋赠与,由征收机关参照土地使用权出售、房屋买卖的市场价格核定。

(3) 土地使用权交换、房屋交换,为所交换的土地使用权、房屋的价格差额。

(4) 以划拨方式取得土地使用权,计税依据为补交的土地使用权出让费用或者土地收益。

(5) 房屋附属设施征收契税的依据:①采取分期付款方式购买房屋附属设施土地使用权、房屋所有权的,应按合同规定的总价款计征契税。②承受的房屋附属设施权属如为单独计价的按照当地确定的适用税率征收契税;如与房屋统一计价的,适用与房屋相同的契税税率。

税法规定,成交价格明显低于市场价格并且无正当理由的,或者所交换土地使用权、房屋的价格的差额明显不合理并且无正当理由的,征收机关可以参照市场价格核定计税依据。

2. 房产不等价交换的税收筹划

土地使用权交换、房屋交换,契税的计税依据为所交换土地使用权、房屋的"价格差额"。交换价格不相等的,由多交付货币的一方缴纳契税;交换价格相等的,免征契税。

当双方为不等价交换时,如果能通过一定的手段来降低双方交换房屋的差价,这时以差价作为计税依据计算出来的契税税额就会降低。若能进一步变为等价交换,则可享受免征契税的优惠。

【例6-14】 甲公司以一栋价值8 000万元的房屋换取乙公司价值7 000万元的仓库。乙公司向甲公司支付差价1 000万元。假设甲公司打算出资1 000万元对换入的仓库进行装修,并且乙公司获悉了甲公司未来的装修打算。以上价格均不含增值税。本地契税适用税率为5%。请问如何进行税收筹划?

【解析】

方案一,甲公司与乙公司进行房屋产权交换,且乙公司向甲公司支付差价1 000万元。

乙公司应纳契税=(8 000－7 000)×5%=50(万元)

方案二，甲公司在与乙公司进行房屋产权交换之前，由乙公司先对自己的仓库按甲公司的要求进行装修，装修费用为1 000万元。装修后仓库的价值变为8 000万元，双方交换属于等价交换，因此免纳契税。

【筹划结论】

方案二比方案一乙公司少缴纳契税50万元，因此应当选择方案二。

3. 减少交易环节进行税收筹划

【例6-15】 甲有价值800万元的房屋，乙有价值800万元的仓库。甲有取得乙仓库的意向，丙公司准备购置房屋一栋，且对甲的房屋有购买意向。甲准备在取得乙的仓库以后将房屋出售。请问如何进行税收筹划？

【解析】

方案一，甲先将房屋出售给丙，甲取得款项以后再购置乙的仓库。

丙公司应纳契税=800×5%=40(万元)

甲公司应纳契税=800×5%=40(万元)

方案二，先由甲和乙进行交换，再由乙将其出售给丙公司，此时丙公司应该缴纳契税。

丙公司应纳契税=800×5%=40(万元)

【筹划结论】

方案二比方案一整体少缴纳契税40万元，因此应当选择方案二。

6.7.2 利用税收优惠进行税收筹划

(1) 国家机关、事业单位、社会团体、军事单位承受土地、房屋用于办公、教学、医疗、科研和军事设施的，免征契税。

(2) 城镇职工按规定第一次购买公有住房，免征契税。

(3) 因不可抗力灭失住房而重新购买住房的，酌情减免。

(4) 土地、房屋被县级以上人民政府征用、占用后，重新承受土地、房屋权属的，由省级人民政府确定是否减免。

(5) 承受荒山、荒沟、荒丘、荒滩土地使用权，并用于农、林、牧、渔业生产的，免征契税。

(6) 经外交部确认，依照我国有关法律规定以及我国缔结或参加的双边和多边条约或协定，应当予以免税的外国驻华使馆、领事馆、联合国驻华机构及其外交代表、领事官员和其他外交人员承受土地、房屋权属。

(7) 对国有控股公司以部分资产投资组建新公司，且该国有控股公司占新公司股份85%以上的，对新公司承受该国有控股公司的土地、房屋权属免征契税。

纳税人应充分利用上述优惠政策进行税收筹划。

6.8 车船税的税收筹划

在中华人民共和国境内，属于《中华人民共和国车船税法》(以下简称《车船税法》)所附车船税税目税额表规定的车辆、船舶(以下简称车船)的所有人或者管理人为车船税的纳税人。

所有人是指在我国境内拥有车船的单位和个人；管理人是指对车船具有管理权或者使用权，不具有所有权的单位。

6.8.1 降低适用税率的税收筹划

车船使用税实行有幅度的定额税率，各省、自治区、直辖市人民政府在规定的税额幅度内，根据当地的实际情况确定适用税额。车船税税目税额表见表6-4。

表6-4 车船税税目税额表

税目		计税单位	年基准税额	备注
乘用车〔按发动机汽缸容量(排气量)分档〕	1.0升(含)以下的	每辆	60元至360元	核定载客人数9人(含)以下
	1.0升以上至1.6升(含)的		300元至540元	
	1.6升以上至2.0升(含)的		360元至660元	
	2.0升以上至2.5升(含)的		660元至1 200元	
	2.5升以上至3.0升(含)的		1 200元至2 400元	
	3.0升以上至4.0升(含)的		2 400元至3 600元	
	4.0升以上的		3 600元至5 400元	
商用车	客车	每辆	480元至1 440元	核定载客人数9人以上，包括电车
	货车	整备质量每吨	16元至120元	包括半挂牵引车、三轮汽车和低速载货汽车等
挂车		整备质量每吨	按照货车税额的50%计算	
其他车辆	专用作业车	整备质量每吨	16元至120元	不包括拖拉机
	轮式专用机械车		16元至120元	
摩托车		每辆	36元至180元	

续表

税目		计税单位	年基准税额	备注
船舶	机动船舶	净吨位每吨	3元至6元	拖船、非机动驳船分别按照机动船舶税额的50%计算
	游艇	艇身长度每米	600元至2 000元	

【例6-16】 甲公司本年需要购置20辆乘用汽车，现有两种汽车可供选择：一是排气量为2.5升的；二是排气量为2.6升的。该地区乘用汽车的车船税税额：排气量2.0～2.5升(含)的，每辆800元；排气量2.5～3.0升(含)的，每辆2 000元。请问如何进行税收筹划？

【解析】

方案一，购买20辆排气量为2.5升的乘用汽车。

应纳车船税＝20×800＝16 000(元)

方案二，购买20辆排气量为2.6升的乘用汽车。

应纳车船税＝20×2 000＝40 000(元)

【筹划结论】

方案一比方案二少缴纳车船税24 000(40 000－16 000)元，因此应当选择方案一。

6.8.2 临界点的税收筹划

车船税采用定额幅度税率，即对征税的车船规定单位上下限税额标准。税额确定总的原则：排气量低的车辆的税负轻于排气量高的车辆；小吨位船舶的税负轻于大船舶。由于车辆与船舶的行使情况不同，车船税的税额也有所不同(见表6-4)。

其中，机动船舶具体适用税额如下：

(1) 净吨位小于或者等于200吨的，每吨3元；

(2) 净吨位201吨至2 000吨的，每吨4元：

(3) 净吨位2 001吨至10 000吨的，每吨5元；

(4) 净吨位10 001吨及以上的，每吨6元。

拖船按照发动机功率每1千瓦折合净吨位0.67吨计算征收车船税。

【例6-17】 长江某船运公司1月拟购进机动船舶一艘，假设船厂可提供2 000净吨位和2 020净吨位的船舶。如果单从节税的角度，船运公司购买哪种船更合适？

【解析】

方案一，购进2 000净吨位船舶应税车船税＝2 000×4＝8 000(元)。

方案二，购进2 020净吨位船舶应税车船税＝2 020×5＝10 100(元)。

【筹划结论】

在本例中可以发现，船舶净吨位增加了20吨，但是税额增加了2 100(10 100－8 000)元。如果不考虑其他因素，第二种方案显然是不可取的。

6.8.3 利用税收优惠进行税收筹划

1.《车船税法》规定的法定免税车船

(1) 捕捞、养殖渔船指在渔业船舶登记管理部门登记为捕捞船或者养殖船的船舶。

(2) 军队、武装警察部队专用的车船指按照规定在军队、武装警察部队车船登记管理部门登记,并领取军队、武警牌照的车船。

(3) 警用车船指公安机关、国家安全机关、监狱、劳动教养管理机关和人民法院、人民检察院领取警用牌照的车辆和执行警务的专用船舶。

(4) 依照法律规定应当予以免税的外国驻华使领馆、国际组织驻华代表机构及其有关人员的车船。

2. 实施条例规定的减免税项目

(1) 节约能源、使用新能源的车船可以免征或者减半征收车船税。

(2) 按照规定缴纳船舶吨税的机动船舶,自《车船税法》实施之日起 5 年内免征车船税。

(3) 依法不需要在车船登记管理部门登记的机场、港口、铁路站场内部行驶或者作业的车船,自车船税法实施之日起 5 年内免征车船税。

3. 授权省、自治区、直辖市人民政府规定的减免税项目

(1) 省、自治区、直辖市人民政府根据当地实际情况,可以对公共交通车船,农村居民拥有并主要在农村地区使用的摩托车、三轮汽车和低速载货汽车定期减征或者免征车船税。

(2) 对受地震、洪涝等严重自然灾害影响纳税困难以及其他特殊原因确需减免税的车船,可以在一定期限内减征或者免征车船税。

另外,对纯电动乘用车、燃料电池乘用车、非机动车船(不包括非机动驳船)、临时入境的外国车船和香港特别行政区、澳门特别行政区、台湾地区的车船,不征收车船税。

纳税人如果能够准确核算、明确划分清楚属于以上免税车辆,则可以享受免税待遇;否则应照章纳税。同样,免税单位与纳税单位合并办公所用车辆能划分清楚者,分别征税或免税,不能划分的,应一律照章缴纳车船税。

6.9 车辆购置税的税收筹划

车辆购置税是对在中国境内购置应税车辆的单位和个人征收的一种税。

这里的购置包括购买、进口、自产、受赠、获奖或以其他方式取得并自用应税车辆的行为。

车辆购置税的征税范围包括购置各类汽车、摩托车、电车、挂车、农用运输车。

车辆购置税实行从价定率的办法计算应纳税额，按照应税车辆的计税价格、依照10%的税率、一次征收。

6.9.1 计税依据的税收筹划

纳税人在购置车辆时，其计税依据是购买应税车辆而支付给销售者的全部价款和价外费用，但是不包括增值税税款。价外费用包括价外向购买方收取的手续费、补贴、基金、集资费、返还利润、奖励费、违约金、滞纳金、延期付款利息、代收款项、代垫款项、包装费、储存费、优质费、运输装卸费以及其他各种性质的价外收费。因此，纳税人应尽量不将价外费用并入计税价格。按税法规定如下。

(1) 代收款项应区别对待征税。凡使用代收单位的票据收取的款项，应视为代收单位的价外费用，应并入计算征收车辆购置税；凡使用委托方的票据收取，受托方只履行代收义务或收取手续费的款项，不应并入计征车辆购置税，按其他税收政策规定征税。

(2) 购买者随车购买的工具件或零件应作为购车款的一部分，并入计税价格征收车辆购置税；但如果不同时间或销售方不同，则不应并入计征车辆购置税。

(3) 支付的车辆装饰费，应作为价外费用，并入计征车辆购置税；但如果不同时间或收款单位不同，则不应并入计征车辆购置税。

价外费用的种类繁多，如果处理得当，可将属于价外费用的款项不计入计税价格。如果纳税人将临时牌照费、购买工具的费用、代收保险金和车辆装饰费等费用分开由有关单位(企业)另行开具票据，可使其不计车辆购置税。

【例 6-18】 甲某在一家汽车经销商(增值税一般纳税人)处购买了一辆本田轿车，车辆价格为 230 000 元(含增值税)，另外支付临时牌照费 200 元，他还花费 3 000 元购买了工具用具，代收保险费 350 元，汽车美容费用 15 000 元，5 项价款由汽车销售商开具了机动车销售统一发票。请问如何进行税收筹划？

【解析】

方案一，各代收款项由汽车销售公司(代收单位)开具发票。应纳车辆购置税计算如下。

计税价格＝(230 000＋200＋3 000＋350＋15 000)÷(1＋13%)＝219 955.75(元)

应纳车辆购置税税额＝219 955.75×10%＝21 995.58(元)

方案二，各项费用另行开具了票据，其应纳车辆购置税的计算如下。

计税价格＝230 000÷(1＋13%)＝203 539.82(元)

应纳车辆购置税税额＝203 539.82×10%＝20 353.98(元)

【筹划结论】

通过筹划，可节约车辆购置税 1 641.6(21 995.58－20 353.98)元。

6.9.2 利用税收优惠进行税收筹划

我国车辆购置税减免税范围的具体规定如下。

(1) 外国驻华使馆、领事馆和国际组织驻华机构及其外交人员自用车辆免税。

(2) 中国人民解放军和中国人民武装警察部队列入军队武器装备订货计划的车辆免税。

(3) 设有固定装置的非运输车辆免税。

(4) 防汛部门和森林消防等部门购置的由指定厂家生产的指定型号的用于指挥、检查、调度、防汛、联络的专用车辆免税。

(5) 回国服务的留学人员用现汇购买1辆个人自用国产小汽车免税。

(6) 长期来华定居专家购买1辆自用小汽车免税。

(7) 自2004年10月1日起,对三轮农用运输车免征车辆购置税。

(8) 自2016年1月1日起至2020年12月31日止,对城市公交企业购置的公共汽电车辆免征车辆购置税。

(9) 自2018年1月1日至2020年12月31日,对购置的新能源汽车免征车辆购置税。

(10) 自2018年7月1日至2021年6月30日,对购置挂车减半征收车辆购置税。

(11) 国务院规定予以免税或减税的其他情形,按照规定免税或减税。

纳税人可充分利用以上规定,进行税收筹划。

本章小结

本章主要介绍了关税、资源税、土地增值税、城镇土地使用税、房产税、印花税、契税、车船税、车辆购置税的税收筹划。综合各税种税收筹划特点,筹划方法主要集中在:①选择合适的核算方法,也就是在分开核算与合并核算上进行选择;②利用临界点进行税收筹划;③利用税收优惠进行纳税筹划。

思考题

1. 关税、资源税、土地增值税、房产税、印花税税收筹划各自有哪些主要方法?
2. 城镇土地使用税、契税如何进行税收筹划?
3. 车船税与车辆购置税如何进行税收筹划?

案例分析题

1. 甲公司是一家德国汽车制造企业,其在中国设立汽车销售乙公司。乙公司可选择直接从甲公司进口整装小汽车在中国销售,也可选择从甲公司进口汽车散装零部件,在中国组装后再销售。假设乙公司8月进口200辆小汽车,每辆小汽车的关税完税价格为

40 万元，适用进口环节的关税税率为 15%，消费税税率为 9%。乙公司也可以每辆小汽车的全套散装零部件 30 万元的关税完税价格从甲公司进口 200 辆小汽车的散装零部件，散装零部件进口环节的关税税率为 6%。该企业应如何进行税收筹划？

2. 甲国要向乙国销售大型设备，甲国与乙国未签订设备整机进口关税优惠协议，而乙国与丙国签订了有关互惠条约，甲国应如何进行税收筹划？

3. 甲公司为一家石油开采公司，其在开采原油的过程中同时开采天然气，本月共开采销售原油 500 万元，开采销售天然气 200 万元。原油适用税率为其销售额的 8%，天然气适用税率为其销售额的 6%。该公司应如何进行税收筹划？

4. 甲开发有限公司是一家以自采原矿钨为原料加工成精矿钨产品对外销售的大型矿产企业，在原矿钨开采过程中伴生有锂、镍、铜等矿产品；8 月，该公司销售额共计 9 000 万元，其中包含钨矿精矿销售额 6 000 万元、铜销售额 2 000 万元、镍销售额 1 000 万元。当地钨矿资源税税率为 12%。请为该公司筹划资源税节税方案。

5. 某房地产开发企业建成一批普通标准商品房待售，计划销售价格总额为 50 000 万元（不含增值税），按税法规定计算的可扣除项目金额为 20 000 万元。请问如何进行税收筹划？

6. 甲企业转让其位于市区的一幢已使用过的办公楼，该办公楼为 2014 年 9 月购入，购置原价 6 000 万元。签订的产权转移书据上注明含增值税转让收入 10 000 万元，其中包括 2014 年 12 月购入价值 1 000 万元设备，经房地产评估机构评估，该办公楼的重置成本价为 9 000 万元，成新度折扣率为 6 成，办公设备已提折旧 300 万元。该企业采用简易计税方法计算销售不动产增值税。产权转移印花税 0.5‰，城市维护建设税 7%，教育费附加和地方教育附加分别为 3%和 2%。甲企业要如何签订合同实现税收筹划？

7. 某房地产开发企业开发某住宅，共支付地价款 3 000 万元，房地产开发成本为 5 000 万元，财务费用中按转让房地产项目计算分摊利息的利息支出为 800 万元，不超过商业银行同类同期贷款利率。假设该项目所在省政府规定计征土地增值税时，房地产开发费用扣除比例按国家规定允许的最高比例执行。请问如何进行税收筹划？

8. 某饮料生产公司主要以水果蔬菜为原料生产果汁，公司准备扩大生产基地，因其总部设在深圳，所以董事会决定将生产基地设在深圳郊区，面积为 20 000 平方米，选用的土地为四级土地，每平方米每年须缴纳土地使用税 9 元。请问如何进行税收筹划？

9. 某企业欲兴建一座花园式工厂，除厂房、办公用房外，还包括厂区围墙、水塔、变电塔、停车场、露天凉亭、游泳池、喷泉设施等建筑物，总计造价为 8 亿元，除厂房、办公用房外的建筑设施工程造价 2 亿元。当地政府规定计算房产余值的扣除比例为 30%。请问该企业如何进行税收筹划？

10. A 市某建材公司，主要以稻秆为生产原料，生产建筑装饰板材。今年准备扩大生产规模，再建一家加工厂。厂房预计造价 2 000 万元，当地的房产税减除比例为 30%，请问新厂如何选址以达到税收筹划的目的。

11. 甲公司本年 1 月 1 日至 12 月 31 日将其自有的房屋用于投资联营，该房产原账面价值是 5 000 万元，现有两个对外投资方案可供选择。方案一，收取固定收入，不承担联营风险，全年取得的固定收入合计 120 万元（含增值税）。方案二，投资者参与投资利润分红，共担风险。当地房产税原值扣除比例为30%。请对上述业务进行税收筹划。

12. 某承租人从租赁公司租入设备一台，双方签订了租赁合同。按合同约定，该设备的租赁期限为10年，每年支付租金1 000 000元。请问如何进行税收筹划？

13. 甲厂与乙厂签订了一份加工承揽合同。合同中规定，甲厂受乙厂委托，负责加工总价值500万元的货物，加工所需原材料由甲厂提供。甲厂收取原材料费340万元，加工费160万元。请问如何进行税收筹划？

14. 甲公司以一栋价值8 000万元的房屋换取乙公司价值7 000万元的办公楼。乙公司向甲公司支付差价1 000万元。假设甲公司打算出资1 000万元对换入的办公楼进行装修，并且乙公司获悉了甲公司未来的装修打算。以上价格均不含增值税。本地契税适用税率为5%。请问如何进行税收筹划？

15. 甲有价值2 000万元的房屋，乙有价值2 000万元的仓库。甲有取得乙仓库的意向，丙公司准备购置房屋一栋，且对甲的房屋有购买意向。甲准备在取得乙的仓库以后将房屋出售。请问如何进行税收筹划？

16. 甲公司本年需要购置50辆乘用汽车，现有两种汽车可供选择：一是排气量为2.5升的乘用汽车；二是排气量为2.6升的乘用汽车。该地区乘用汽车的车船税税额：排气量2.0～2.5升(含)的，每辆800元；排气量2.5～3.0升(含)的，每辆2 000元。请问如何进行税收筹划？

17. 某船运公司1月拟购进机动船舶5艘，假设船厂可提供2 000净吨位和2 020净吨位的船舶。如果单从节税的角度，船运公司购买哪种船更合适？

18. 甲某在一家汽车经销商(增值税一般纳税人)购买了一辆轿车，车辆价格为290 000元(含增值税)，另外支付临时牌照费200元，他还购买了工具用具3 000元，代收保险费350元，汽车美容费用15 000元，5项价款由汽车销售商开具了机动车销售统一发票。请问如何进行税收筹划？

第7章 企业投资的税收筹划

投资决策的税收筹划是一项系统工程，它牵涉企业自身情况的分析、优惠政策的分析、投资产业、投资形式、投资地点、财务核算形式的确定、税收负担的测算、纳税方案的拟订和最佳方案的选择等，涉及政策面广、实务性强，企业获益也比较显著。因此，投资决策的税收筹划也越来越被企业所重视。

从投资对象的不同和投资者对被投资企业的生产经营是否实际参与控制与管理的不同，投资可分为直接投资与间接投资。直接投资一般是指对经营资产的投资，即通过购买经营资本物，兴办企业，掌握被投资企业的实际控制权，从而获取经营利润。间接投资是指对股票或债券等金融资产的投资。这里投资者关注的重点是投资收益的大小和投资风险的高低，至于被投资企业的经营管理权，则不被十分关注。

7.1 直接投资与间接投资选择的税收筹划

一般来讲，进行直接投资应考虑的税收因素比间接投资的要多。直接投资者通常要对企业的生产经营活动进行直接管理和控制，间接投资一般仅涉及所收取股息或利息的所得税及股票、债券资本增益而产生的资本利得税等。

对直接投资的综合评估主要考虑投资回收期、投资的现金流出和现金流入的净现值、项目的内部报酬率等财务指标。在对直接投资进行税收筹划时，需要考虑的税收因素主要是投资者的税后纯收益的比较。

【例 7-1】 华远公司是一家高新技术企业，适用 15%的企业所得税税率。华远公司现有闲置资金 1 000 万元，有两个投资方案可供选择：一是与其他企业共同投资创建另一个高新技术企业 A 公司，华远公司拥有其 20%的股权，预计 A 公司每年实现利润总额 250 万元，且无纳税调整项目，税后利润提取法定盈余公积后全部分配；二是华远公司用 1 000 万元购买国库券，年利率为 5.1%。请问华远公司如何选择更加节税。

【解析】

国家重点扶持的高新技术企业的企业所得税税率为 15%。国债利息收入和符合条件的居民企业之间的股息、红利等权益性投资收益为免税收入。

方案一，投资创建一个高新技术企业 A 公司。

A 公司可获取税后利润＝250×(1－15%)＝212.5(万元)

A 公司提取法定盈余公积＝212.5×10%＝21.25(万元)

A 公司向投资者分配的利润合计＝212.5－21.25＝191.25(万元)

华远公司分回利润＝191.25×20％＝38.25(万元)

华远公司获得的实际投资收益为38.25万元。

方案二，购买国库券。华远公司投资国库券获得的利息免缴企业所得税。

华远公司获取的实际投资收益＝1 000×5.2％＝52(万元)

【筹划结论】

此题中，方案二比方案一多获取投资收益13.75(52－38.25)万元。因此，应当选择方案二。当企业有闲置资产需要对外投资时，可以选择购买股票、债券等方式进行投资。在综合风险与收益的前提下，相对于其他投资，企业投资于国债这种免税项目不失为一个较好的投资选择。

但是，如果A公司随着经营的不断完善，投资回报率上升，可能购买国债获得的收益反而要小于进行直接投资获得的收益，因此，选择时不能仅考虑税负，还应考虑到投资收益、企业发展前景等多种因素。

7.2 投资地点的税收筹划

投资者在选择投资地点时，除了要考虑基础设施、原材料供应、金融环境、技术和劳动力供应等常规因素外，不同地点的税制差别也应作为考虑的重点。无论是国内投资还是跨国投资，均应充分利用不同地区间的税制差别或区域性税收倾斜政策，选择整体税收负担相对较低的地点进行投资，以获取最大的节税利益。

为促进经济发展，我国对一些特定地区采用了地区税收优惠政策。

1. 经济特区和上海浦东新区新设高新技术企业过渡性税收优惠

(1) 对经济特区(指深圳、珠海、汕头、厦门和海南经济特区)和上海浦东新区内在2008年1月1日(含)之后完成登记注册的国家需要重点扶持的高新技术企业(以下简称新设高新技术企业)，在经济特区和上海浦东新区内取得的所得，自取得第一笔生产经营收入所属纳税年度起，第1年至第2年免征企业所得税，第3年至第5年按照25％的法定税率减半征收企业所得税。

(2) 经济特区和上海浦东新区内新设高新技术企业同时在经济特区和上海浦东新区以外的地区从事生产经营的，应当单独计算其在经济特区和上海浦东新区内取得的所得，并合理分摊企业的期间费用；没有单独计算的，不得享受企业所得税优惠。

(3) 经济特区和上海浦东新区内新设高新技术企业在按照规定享受过渡性税收优惠期间，由于复审或抽查不合格而不再具有高新技术企业资格的，从其不再具有高新技术企业资格年度起，停止享受过渡性税收优惠；以后再次被认定为高新技术企业的，不得继续享受或者重新享受过渡性税收优惠。

2. 西部大开发的税收优惠

(1) 对西部地区内资鼓励类产业、外商投资鼓励类产业及优势产业的项目在投资总额内进口的自用设备，在政策规定范围内免征关税。

(2) 自2011年1月1日起至2020年12月31日，对设在西部地区以《西部地区鼓励类产业目录》中规定的产业项目为主营业务，并且其当年度主营业务收入占企业收入总额70%以上的企业，经企业申请，主管税务机关审核确认后，可减按15%税率缴纳企业所得税。

本政策的适用范围包括重庆市、四川省、贵州省、云南省、西藏自治区、陕西省、甘肃省、宁夏回族自治区、青海省、新疆维吾尔自治区、新疆生产建设兵团、内蒙古自治区和广西壮族自治区(上述地区统称“西部地区”)。湖南省湘西土家族苗族自治州、湖北省恩施土家族苗族自治州、吉林省延边朝鲜族自治州，可以比照西部地区的税收优惠政策执行。

(3) 根据《财政部 海关总署 国家税务总局关于赣州市执行西部大开发税收政策问题的通知》(财税〔2013〕4号)的规定，对赣州市内资鼓励类产业、外商投资鼓励类产业及优势产业的项目在投资总额内进口的自用设备，在政策规定范围内免征关税。自2012年1月1日起至2020年12月31日，对设在赣州市的鼓励类产业的内资企业和外商投资企业减按15%的税率征收企业所得税。

(4) 根据《新疆维吾尔自治区促进股权投资类企业发展暂行办法》(新政办发〔2010〕187号以下简称《暂行办法》)的规定，合伙制股权投资类企业的投资收益，依法可采取“先分后税”的方式，由合伙人分别依法缴纳个人所得税或企业所得税。合伙制股权投资类企业的合伙人应缴纳的个人所得税，由合伙制股权投资类企业代扣代缴。合伙制股权投资类企业的合伙人为自然人的，合伙人的投资收益按照“利息、股息、红利所得”或者“财产转让所得”项目征收个人所得税，税率为20%。合伙人是法人或其他组织的，其投资收益按有关规定缴纳企业所得税。

(5) 根据《关于鼓励股权投资类企业迁入我区的通知》(新金函〔2010〕87号)的规定，股权投资类企业迁入我区，是指我区以外的企业，为参与国家西部大开发和新疆跨越式发展，享受国家规定的鼓励政策，将企业迁入新疆，并将法定工商注册地变更至《暂行办法》第四条规定的喀什经济开发区、霍尔果斯经济开发区、乌鲁木齐经济技术开发区、乌鲁木齐高新技术开发区或者石河子经济技术开发区。迁入我区的公司制或者合伙制股权投资类企业，符合《暂行办法》规定的备案条件的，2010年至2020年，按照《暂行办法》第二十一条的规定，纳入自治区支持中小企业社会化服务体系，依法享受国家西部大开发各项优惠政策和《暂行办法》规定的各项鼓励政策。迁入我区的公司制股权投资类企业，公司的股权70%以上由自然人持有且自然人承诺选择我区作为其个人所得税缴纳地的，按照中发〔2010〕9号文件和自治区人民政府的有关规定，2010年至2020年，享受企业所得税“两免三减半”优惠政策。享受企业所得税“两免三减半”政策的公司向股东分红时，自然人股东缴纳个人所得税后，不再给予《暂行办法》第二十一条第(二)项规定的财政奖励。迁入我区的公司制股权投资类企业申请变更为合伙企业的，按照《自治区工商行政管理局关于有限责任公司变更为合伙企业的指导意见》(新工商企登〔2010〕172号)办理。迁入的公司符合企业所得税“两免三减半”政策条件的，迁入时可以直接变更登记为合伙企业。不符合企业所得税“两免三减半”政策条件的，先办理公司迁入手续，再按国家有关规定办理有限责任公司变更为合伙企业。

(6) 为推进新疆跨越式发展和长治久安，根据中共中央、国务院关于支持新疆经济社会发展的指示精神，新疆困难地区有关企业所得税优惠政策如下。

① 2010 年 1 月 1 日至 2020 年 12 月 31 日，对在新疆困难地区新办的属于《新疆困难地区重点鼓励发展产业企业所得税优惠目录》(简称《目录》)范围内的企业，自取得第一笔生产经营收入所属纳税年度起，第一年至第二年免征企业所得税，第三年至第五年减半征收企业所得税。

② 新疆困难地区包括南疆三地州、其他国家扶贫开发重点县和边境县市。

③ 属于《目录》范围内的企业，是指以《目录》中规定的产业项目为主营业务，其主营业务收入占企业收入总额 70%以上的企业。

④ 第一笔生产经营收入，是指新疆困难地区重点鼓励发展产业项目已建成并投入运营后所取得的第一笔收入。

⑤ 按照上述规定享受企业所得税定期减免税政策的企业，在减半期内，按照企业所得税 25%的法定税率计算的应纳税额减半征税。

⑥ 2010 年 1 月 1 日至 2020 年 12 月 31 日，对在新疆喀什、霍尔果斯两个特殊经济开发区内新办的属于《目录》范围内的企业，自取得第一笔生产经营收入所属纳税年度起，五年内免征企业所得税。第一笔生产经营收入，是指产业项目已建成并投入运营后所取得的第一笔收入。

【例 7-2】 甲公司生产的产品有两道工序，第一道工序完成后单位生产成本为 600 元，第二道工序完成后，完工产品的单位生产成本为 800 元，该产品平均销售单价为 1 200 元，2020 年预计该产品可销售 100 万件。甲公司适用的企业所得税税率为 25%。其他有关数据预测如下：管理费用、营业费用、财务费用合计为 10 000 万元，税金及附加为 900 万元，假设无纳税调整事项。

甲公司 2020 年度应纳所得税额计算如下。

主营业务收入＝1 200×100＝120 000(万元)

主营业务成本＝800×100＝80 000(万元)

应纳税所得额＝120 000－80 000－900－10 000＝29 100(万元)

应纳所得税额＝29 100×25%＝7 275(万元)

【解析】

如果甲公司在高新技术产业开发区设立一全资子公司乙公司，且乙公司被认定为高新技术企业，则乙公司适用 15%的所得税税率，而且自企业生产、经营之日起，免缴所得税 2 年，第 3 年至第 5 年按照 25%的法定税率减半征收企业所得税。甲公司可将上述产品在第一道工序完成后的半成品按成本 600 元加价 20%后，以 720 元的售价销售给乙公司，由乙公司完成第二道工序。假设甲公司期间费用和主营业务税金及附加的 12%转移给乙公司，另外，由于乙公司是新建公司，另增加管理成本 800 万元。

则由甲、乙公司组成的企业集团应纳所得税额计算如下。

甲公司主营业务收入＝720×100＝72 000(万元)

甲公司主营业务成本＝600×100＝60 000(万元)

甲公司应纳税所得额＝72 000－60 000－10 000×88%－900×88%
＝2 408(万元)

甲公司应纳所得税额 = 2 408 × 25% = 602(万元)

乙公司主营业务收入 = 1 200 × 100 = 120 000(万元)

乙公司主营业务成本 = 800 × 100 = 80 000(万元)

乙公司应纳税所得额 = 120 000 − 80 000 − 10 000 × 12% − 900 × 12% − 800
= 37 892(万元)

乙公司应纳所得税额 = 37 892 × 12.5% = 4 736.5(万元)

【筹划结论】

由于在乙公司设立的前两年免缴企业所得税,企业集团应纳所得税总额即甲公司应纳税额602万元,较未设立子公司可节税6 673(7 275−602)万元。即使在乙公司设立的第3年以后,采用这一方案,仍可节税1 936.5(7 275−602−4 736.5)万元。

选择投资区域,必须先了解地区优惠政策。

7.3 投资产业选择的税收筹划

国家为了增强自己的经济实力和获得比较优势,在产业的发展上都有所侧重。为了优化产业结构,不同国家对不同产业往往给予不同的优惠政策,企业或者个人进行投资,首先需要选择的就是投资的产业。目前,国家通过减免所得税的方式来扶持的产业主要包括以下几个方面。

1. 高新技术产业

根据现行企业所得税政策,国家需要重点扶持的高新技术企业,减按15%的税率征收企业所得税。国家需要重点扶持的高新技术企业,是指拥有核心自主知识产权,并同时符合下列条件的企业:产品(服务)属于《国家重点支持的高新技术领域》规定的范围;研究开发费用占销售收入的比例不低于规定比例;高新技术产品(服务)收入占企业总收入的比例不低于规定比例;科技人员占企业职工总数的比例不低于规定比例;高新技术企业认定管理办法规定的其他条件。

2. 农业

根据现行企业所得税政策,企业从事下列项目的所得,免征企业所得税:蔬菜、谷物、薯类、油料、豆类、棉花、麻类、糖料、水果、坚果的种植;农作物新品种的选育;中药材的种植;林木的培育和种植;牲畜、家禽的饲养;林产品的采集;灌溉、农产品初加工、兽医、农技推广、农机作业和维修等农、林、牧、渔服务业项目;远洋捕捞。企业从事下列项目的所得,减半征收企业所得税:花卉、茶以及其他饮料作物和香料作物的种植;海水养殖、内陆养殖。企业从事国家限制和禁止发展的项目,不得享受上述规定的企业所得税优惠。

3. 公共基础建设产业

根据现行企业所得税政策,企业从事国家重点扶持的公共基础设施项目投资经营的所得可以免征、减征企业所得税。国家重点扶持的公共基础设施项目，是指《公共基础设施项目企业所得税优惠目录》规定的港口码头、机场、铁路、公路、城市公共交通、电力、水利等项目。企业从事上述规定的国家重点扶持的公共基础设施项目的投资经营的所得，自项目取得第一笔生产经营收入所属纳税年度起，第一年至第三年免征企业所得税，第四年至第六年减半征收企业所得税。企业承包经营、承包建设和内部自建自用本条规定的项目，不得享受上述规定的企业所得税优惠。

4. 鼓励软件产业和集成电路产业发展的优惠政策

(1) 软件生产企业和集成电路生产企业。集成电路线宽小于 0.8 微米(含)的集成电路生产企业，经认定后，在 2017 年 12 月 31 日前自获利年度起计算优惠期，第一年至第二年免征企业所得税，第三年至第五年按照 25%的法定税率减半征收企业所得税，并享受至期满为止。

(2) 集成电路线宽小于 0.25 微米或投资额超过 80 亿元的集成电路生产企业，经认定后，减按 15%的税率征收企业所得税，其中经营期在 15 年以上的，在 2017 年 12 月 31 日前自获利年度起计算优惠期，第一年至第五年免征企业所得税，第六年至第十年按照 25%的法定税率减半征收企业所得税，并享受至期满为止。

(3) 2018 年 1 月 1 日后投资新设的集成电路线宽小于 130 纳米，且经营期在 10 年以上的集成电路生产企业或项目，第一年至第二年免征企业所得税，第三年至第五年按照 25%的法定税率减半征收企业所得税，并享受至期满为止。

(4) 2018 年 1 月 1 日后投资新设的集成电路线宽小于 65 纳米或投资额超过 150 亿元，且经营期在 15 年以上的集成电路生产企业或项目，第一年至第五年免征企业所得税，第六年至第十年按照 25%的法定税率减半征收企业所得税，并享受至期满为止。

(5) 符合条件的集成电路封装、测试企业在 2017 年(含 2017 年)前实现获利的，自获利年度起，第一年至第二年免征企业所得税，第三年至第五年按照 25%的法定税率减半征收企业所得税，并享受至期满为止；2017 年前未实现获利的，自 2017 年起计算优惠期，享受至期满为止。

(6) 符合条件的集成电路关键专用材料生产企业或集成电路专用设备生产企业在 2017 年(含 2017 年)前实现获利的，自获利年度起，第一年至第二年免征企业所得税，第三年至第五年按照 25%的法定税率减半征收企业所得税，并享受至期满为止；2017 年前未实现获利的，自 2017 年起计算优惠期，享受至期满为止。

(7) 依法成立且符合条件的集成电路设计企业和软件企业，在 2018 年 12 月 31 日前自获利年度起计算优惠期，第一年至第二年免征企业所得税，第三年至第五年按照 25%的法定税率减半征收企业所得税，并享受至期满为止。

(8) 国家规划布局内的重点软件企业和集成电路设计企业，当年未享受免税优惠的，可减按 10%的税率征收企业所得税。

(9) 符合条件的软件企业按照《财政部 国家税务总局关于软件产品增值税政策的通知》(财税〔2011〕100 号)规定取得的即征即退增值税款，由企业专项用于软件产品研发和扩大再生产并单独进行核算，可以作为不征税收入，在计算应纳税所得额时从收入总额中减除。

(10) 上述所称的“符合条件”具体如下。

集成电路生产企业,是指以单片集成电路、多芯片集成电路、混合集成电路制造为主营业务并同时符合下列条件的企业:依法在中国境内(不包括港、澳、台地区)注册并在发展改革、工业和信息化部门备案的居民企业;汇算清缴年度具有劳动合同关系且具有大学专科以上学历职工人数占企业月平均职工总人数的比例不低于40%,其中,研究开发人员占企业月平均职工总数的比例不低于20%;拥有核心关键技术,并以此为基础开展经营活动,且汇算清缴年度研究开发费用总额占企业销售(营业)收入(主营业务收入与其他业务收入之和,下同)总额的比例不低于5%,其中,企业在中国境内发生的研究开发费用金额占研究开发费用总额的比例不低于60%;汇算清缴年度集成电路制造销售(营业)收入占企业收入总额的比例不低于60%;具有保证产品生产的手段和能力,并获得有关资质认证(包括ISO质量体系认证);汇算清缴年度未发生重大安全、重大质量事故或严重环境违法行为。

集成电路封装、测试企业需要满足的条件与集成电路生产企业相比,主要区别在于:2014年1月1日后依法在中国境内成立的法人企业;研究开发费用总额占企业销售(营业)收入总额的比例不低于3.5%,在中国境内发生的研发费用比例相同,均为60%;集成电路封装、测试销售(营业)收入占企业收入总额的比例不低于60%。

与集成电路封装、测试企业相比,集成电路关键专用材料生产企业或集成电路专用设备生产企业需要满足的不同条件分别是:当年度的研究开发费用总额占企业销售(营业)收入总额的比例不低于5%;集成电路关键专用材料或专用设备销售收入占企业销售(营业)收入总额的比例不低于30%。

集成电路设计企业是指以集成电路设计为主营业务并同时符合下列条件的企业:在中国境内(不包括港、澳、台地区)依法注册的居民企业;汇算清缴年度具有劳动合同关系且具有大学专科以上学历的职工人数占企业月平均职工总人数的比例不低于40%,其中研究开发人员占企业月平均职工总数的比例不低于20%;拥有核心关键技术,并以此为基础开展经营活动,且汇算清缴年度研究开发费用总额占企业销售(营业)收入总额的比例不低于6%,其中,企业在中国境内发生的研究开发费用金额占研究开发费用总额的比例不低于60%;汇算清缴年度集成电路设计销售(营业)收入占企业收入总额的比例不低于60%,其中集成电路自主设计销售(营业)收入占企业收入总额的比例不低于50%;主营业务拥有自主知识产权;具有与集成电路设计相适应的软硬件设施等开发环境(如EDA工具、服务器或工作站等);汇算清缴年度未发生重大安全、重大质量事故或严重环境违法行为。

软件企业是指以软件产品开发销售(营业)为主营业务并同时符合下列条件的企业:在中国境内(不包括港、澳、台地区)依法注册的居民企业;汇算清缴年度具有劳动合同关系且具有大学专科以上学历的职工人数占企业月平均职工总人数的比例不低于40%,其中研究开发人员占企业月平均职工总数的比例不低于20%;拥有核心关键技术,并以此为基础开展经营活动,且汇算清缴年度研究开发费用总额占企业销售(营业)收入总额的比例不低于6%,其中,企业在中国境内发生的研究开发费用金额占研究开发费用总额的比例不低于60%；汇算清缴年度软件产品开发销售(营业)收入占企业收入总额的比例不低于50%[嵌入式软件产品和信息系统集成产品开发销售(营业)收入占企业收入总额的比例不低于40 %],其中,软件产品自主开发销售(营业)收入占企业收入总额的比例不低于40%[嵌入式软件产品和信息系统集成产品开发销售(营业)收入占企企业收入总额的比例不低于30%]；主营业务拥有自主知识产权；具有与软件开发相适应的软硬件设施等开发环境(如合法的开发工具等)；汇算清缴年度未发生重大安全、重大质量事故或严重环境违法行为。

国家规划布局内重点软件企业是除符合上述对软件企业的规定外,还应至少符合下列条件中的一项的企业：①汇算清缴年度软件产品开发销售(营业)收入不低于2亿元,应纳税所得额不低于1 000万元,研究开发人员占企业月平均职工总数的比例不低于25%；②在国家规定的重点软件领域内,汇算清缴年度软件产品开发销售(营业)收入不低于5 000万元,应纳税所得额不低于250万元,研究开发人员占企业月平均职工总数的比例不低于25%,企业在中国境内发生的研究开发费用金额占研究开发费用总额的比例不低于70%；③汇算清缴年度软件出口收入总额不低于800万美元,软件出口收入总额占本企业年度收入总额的比例不低于50%,研究开发人员占企业月平均职工总数的比例不低于25%。

5. 动漫产业

经认定的动漫企业自主开发、生产动漫产品,可申请享受国家现行鼓励软件产业发展的所得税优惠政策。

6. 促进节能服务产业发展的优惠

(1) 对符合条件的节能服务公司实施合同能源管理项目,符合《企业所得税法》有关规定的,自项目取得第一笔生产经营收入所属纳税年度起,第一年至第三年免征企业所得税,第四年至第六年按照25%的法定税率减半征收企业所得税。

(2) 对符合条件的节能服务公司,以及与其签订节能效益分享型合同的用能企业,实施合同能源管理项目有关资产的企业所得税税务处理按以下规定执行。

① 用能企业按照能源管理合同实际支付给节能服务公司的合理支出,均可以在计算当期应纳税所得额时扣除,不再区分服务费用和资产价款进行税务处理。

② 能源管理合同期满后,节能服务公司转让给用能企业的因实施合同能源管理项目形成的资产,按折旧或摊销期满的资产进行税务处理,用能企业从节能服务公司接受有关资产的计税基础也应按折旧或摊销期满的资产进行税务处理。

③ 能源管理合同期满后,节能服务公司与用能企业办理有关资产的权属转移时,用能企业已支付的资产价款,不再另行计入节能服务公司的收入。

(3) 所称"符合条件"是指同时满足以下条件。

① 具有独立法人资格,注册资金不低于100万元,且能够单独提供用能状况诊断、节能项目设计、融资、改造(包括施工、设备安装、调试、验收等)、运行管理、人员培训等服务的专业化节能服务公司。

② 节能服务公司实施合同能源管理项目相关技术应符合国家质量监督检验检疫总局和国家标准化管理委员会发布的《合同能源管理技术通则》(GB/T 24915—2010)规定的技术要求。

③ 节能服务公司与用能企业签订"节能效益分享型"合同，其合同格式和内容，符合《合同法》和国家标准化管理委员会发布的《合同能源管理技术通则》(GB/T 24915—2010)等规定。

④ 节能服务公司实施合同能源管理的项目符合财政部 国家税务总局 国家发展改革委公布的《环境保护、节能节水项目企业所得税优惠目录（试行）》(财税〔2009〕166 号)"节能减排技术改造"类中第一项至第八项规定的项目和条件。

⑤ 节能服务公司投资额不低于实施合同能源管理项目投资总额的 70%。

⑥ 节能服务公司拥有匹配的专职技术人员和合同能源管理人才，具有保障项目顺利实施和稳定运行的能力。

(4) 节能服务公司与用能企业之间的业务往来，应当按照独立企业之间的业务往来收取或者支付价款、费用。不按照独立企业之间的业务往来收取或者支付价款、费用，而减少其应纳税所得额的，税务机关有权进行合理调整。

(5) 用能企业对从节能服务公司取得的与实施合同能源管理项目有关的资产，应与企业其他资产分开核算，并建立辅助账或明细账。

(6) 节能服务公司同时从事适用不同税收政策待遇项目的，其享受税收优惠项目应当单独计算收入、扣除，并合理分摊企业的期间费用；没有单独计算的不得享受税收优惠政策。

(7) 合同能源管理项目企业所得税优惠政策有关征收管理规定。

① 对实施节能效益分享型合同能源管理项目（以下简称项目）的节能服务企业，凡实行查账征收所得税的居民企业并符合有关规定的，该项目可享受《财政部 国家税务总局关于促进节能服务产业发展增值税、营业税和企业所得税政策问题的通知》(财税〔2010〕110 号)规定的企业所得税"三免三减半"优惠政策。如节能服务企业的分享型合同约定的效益分享期短于 6 年的，按实际分享期享受优惠。

② 节能服务企业享受"三免三减半"项目的优惠期限，应连续计算。对在优惠期限内转让所享受优惠的项目给其他符合条件的节能服务企业，受让企业承续经营该项目的，可自项目受让之日起，在剩余期限内享受规定的优惠；优惠期限届满后转让的，受让企业不得就该项目重复享受优惠。

③ 节能服务企业投资项目所发生的支出，应按税法规定作资本化或费用化处理。形成的固定资产或无形资产，应按合同约定的效益分享期计提折旧或摊销。

节能服务企业应分别核算各项目的成本费用支出额。对在合同约定的效益分享期内发生的期间费用划分不清的，应合理进行分摊，期间费用的分摊应按照项目投资额和销售（营业）收入额两个因素计算分摊比例，两个因素的权重各为 50%。

④ 节能服务企业、节能效益分享型能源管理合同和合同能源管理项目应符合财税〔2010〕110 号文件第二条第（三）项所规定的条件。

⑤ 享受企业所得税优惠政策的项目应属于财税〔2009〕166 号规定的节能减排技术

改造项目，包括余热余压利用、绿色照明等节能效益分享型合同能源管理项目。

⑥ 合同能源管理项目优惠实行事前备案管理。节能服务企业享受合同能源管理项目企业所得税优惠的，应向主管税务机关备案。涉及多个项目优惠的，应按各项目分别进行备案。节能服务企业应在项目取得第一笔收入的次年 4 个月内，完成项目享受优惠备案。

⑦ 企业享受优惠条件发生变化的，应当自发生变化之日起 15 日内向主管税务机关书面报告。如不再符合享受优惠条件的，应停止享受优惠，并依法缴纳企业所得税。对节能服务企业采取虚假手段获取税收优惠的、享受优惠条件发生变化而未及时向主管税务机关报告的以及未按本规定报送备案资料而自行减免税的，主管税务机关应按照《税收征管法》等有关规定进行处理。税务部门应设立节能服务企业项目管理台账和统计制度，并会同节能主管部门建立监管机制。

⑧ 合同能源管理项目确认由国家发展改革委、财政部公布的第三方节能审核机构负责，并出具合同能源管理项目情况确认表，或者由政府节能主管部门出具合同能源管理项目确认意见。第三方机构在合同能源管理项目确认过程中应严格按照国家有关要求认真审核把关，确保审核结果客观、真实。对在审核过程中把关不严、弄虚作假的第三方机构，一经查实，将取消其审核资质，并按相关法律规定追究责任。

【例 7-3】 某农场从事种植业，2019 年该农场全部土地用来种植红薯和甘蔗，当年能实现所得额 600 万元。农场拟扩大种植规模，但在种植油料作物（大豆）还是种植花卉上难以决断。假定种植大豆或种植花卉均能实现所得额 200 万元。农场该如何选择更节税？

【解析】

依照《企业所得税法》规定，农场种植红薯和甘蔗的所得 600 万元免征企业所得税。该农场如果选择种植大豆，可免征企业所得税。如果种植花卉，则减半征收企业所得税。

【筹划结论】

农场通过投资于免税的大豆种植项目，当年可享受免税优惠。

注意，如果农场实行多种税率作物同时经营，对实现的不同种植作物的所得必须要分别独立核算，不能把征税作物、减税作物和免税作物的所得混在一起，否则就要从高适用税率征税。

7.4 投资方向的税收筹划

税收作为最重要的经济杠杆，体现着国家的经济政策和税收政策。我国现行税制对投资方向不同的纳税人制定了不同的税收政策。因此，在设立公司时，或在投资新领域时，要充分利用好这些优惠政策，进行税收筹划。

我国现有的企业投资方向方面的税收优惠政策如下。

1. 从事符合条件的环境保护、节能节水项目的所得

符合条件的环境保护、节能节水项目，包括公共污水处理、公共垃圾处理、沼气综合开

发利用、节能技术改造、海水淡化等,具体条件和范围由国务院财政、税务主管部门同有关部门共同制定并报国务院批准后公布施行。

企业从事符合条件的环境保护、节能节水项目的所得,从项目取得第一笔生产经营收入所属纳税年度起,第一年至第三年免征企业所得税,第四年至第六年减半征收企业所得税。

上述享受减免税优惠的项目,在减免税期未满时转让的,受让方自受让之日起,可以在剩余期限内享受规定的减免税优惠;减免税期满后转让的,受让方不得就该项目重复享受减免税优惠。

2. 四个领域重点行业加速折旧

(1) 对轻工、纺织、机械、汽车四个领域重点行业(以下简称四个领域重点行业),企业2015年1月1日后新购进的固定资产(包括自行建造,下同),允许缩短折旧年限或采取加速折旧方法。

四个领域重点行业企业是指以上述行业业务为主营业务,其固定资产投入使用当年的主营业务收入占企业收入总额50%(不含)以上的企业。

(2) 对四个领域重点行业小型微利企业2015年1月1日后新购进的研发和生产经营共用的仪器、设备,单位价值不超过100万元(含)的,允许在计算应纳税所得额时一次性全额扣除;单位价值超过100万元的,允许缩短折旧年限或采取加速折旧方法。

(3) 企业按上述第(1)条、第(2)条规定缩短折旧年限的,对其购置的新固定资产,最低折旧年限不得低于《企业所得税法实施条例》第六十条规定的折旧年限的60%;对其购置的已使用过的固定资产,最低折旧年限不得低于实施条例规定的最低折旧年限减去已使用年限后剩余年限的60%。最低折旧年限一经确定,不得改变。

3. QFII和RQFII取得的中国境内的股票等权益性投资资产转让所得

经国务院批准,从2014年11月17日起,对合格境外机构投资者(简称QFII)、人民币合格境外机构投资者(简称RQFII)取得的来源于中国境内的股票等权益性投资资产转让所得,暂免征收企业所得税。在2014年11月17日之前QFII和RQFII取得的上述所得应依法征收企业所得税。

该通知适用于在中国境内未设立机构、场所,或者在中国境内虽设立机构、场所,但取得的上述所得与其所设机构、场所没有实际联系的QFII、RQFII。

4. 经营性文化事业单位转制为企业税收优惠政策

根据《财政部 税务总局 中央宣传部关于继续实施文化体制改革中经营性文化事业单位转制为企业若干税收政策的通知》(财税〔2019〕16号),经营性文化事业单位转制为企业,可以享受以下税收优惠政策。

(1) 经营性文化事业单位转制为企业,自转制注册之日起五年内免征企业所得税。2018年12月31日之前已完成转制的企业,自2019年1月1日起可继续免征五年企业所得税。

(2) 由财政部门拨付事业经费的文化单位转制为企业，自转制注册之日起五年内对其自用房产免征房产税。2018 年 12 月 31 日之前已完成转制的企业，自 2019 年 1 月 1 日起对其自用房产可继续免征五年房产税。

(3) 党报、党刊将其发行、印刷业务及相应的经营性资产剥离组建的文化企业，自注册之日起所取得的党报、党刊发行收入和印刷收入免征增值税。

(4) 对经营性文化事业单位转制中资产评估增值、资产转让或划转涉及的企业所得税、增值税、城市维护建设税、契税、印花税等，符合现行规定的享受相应税收优惠政策。

前述“转制注册之日”，是指经营性文化事业单位转制为企业并进行企业法人登记之日。如果经营性文化事业单位转制前已进行企业法人登记，则按注销事业单位法人登记之日，或核销事业编制的批复之日(转制前未进行事业单位法人登记的)确定转制完成并享受该通知所规定的税收优惠政策。

前述“2018 年 12 月 31 日之前已完成转制”，是指经营性文化事业单位在 2018 年 12 月 31 日及以前已转制为企业、进行企业法人登记，并注销事业单位法人登记或批复核销事业编制(转制前未进行事业单位法人登记的)。

5. 创业投资企业的优惠政策

创业投资企业采取股权投资方式投资于未上市的中小高新技术企业 2 年以上的，可以按照其投资额的 70%在股权持有满 2 年的当年抵扣该创业投资企业的应纳税所得额；当年不足抵扣的，可以在以后纳税年度结转抵扣。

6. 资源综合利用企业减计收入

企业综合利用资源，生产符合国家产业政策规定的产品所取得的收入，可以在计算应纳税所得额时减计收入。这里所谓的“减计收入”，是指企业以《资源综合利用企业所得税优惠目录》规定的资源作为主要原材料，生产非国家限制和禁止并符合国家及行业相关标准的产品取得的收入，减按 90%计入收入总额。

7. 农村金融减计收入

自 2017 年 1 月 1 日至 2019 年 12 月 31 日，对金融机构农户小额贷款的利息收入，在计算应纳税所得额时，按 90%计入收入总额。

自 2017 年 1 月 1 日至 2019 年 12 月 31 日，对保险公司为种植业、养殖业提供保险业务取得的保费收入，在计算应纳税所得额时，按 90%计入收入总额。

8. 企业使用环境保护、节能节水，安全生产等专用设备的优惠政策

企业购置并实际使用《环境保护专用设备企业所得税优惠目录》《节能节水专用设备企业所得税优惠目录》《安全生产专用设备企业所得税优惠目录》规定的环境保护、节能节水、安全生产等专用设备，其设备投资额的 10%可以从企业当年的应纳税额中抵免；当年不足抵免的，可以在以后 5 个纳税年度结转抵免。

必须注意的是，享受该项企业所得税优惠的环境保护、节能节水、安全生产等专用设

备，应当是企业实际购置并自身实际投入使用的设备；企业购置上述设备在5年内转让、出租的，应当停止执行上述规定的企业所得税优惠政策，并补缴已经抵免的企业所得税税款。税法规定对环境保护、节能节水、安全生产等专用设备实行投资抵免，支持对社会层面的投资，而不是简单地支持从企业层面进行诸如增加效能、增加产量的技术改造，扩大了这些类别专用设备的外延，更具广泛性和针对性。

9. 鼓励证券投资基金发展的优惠政策

（1）对证券投资基金从证券市场中取得的收入，包括买卖股票、债券的差价收入，股权的股息、红利收入，债券的利息收入及其他收入，暂不征收企业所得税。

（2）对投资者从证券投资基金分配中取得的收入，暂不征收企业所得税。

（3）对证券投资基金管理人运用基金买卖股票、债券的差价收入，暂不征收企业所得税。

10. 保险保障基金有关企业所得税优惠规定

依据《财政部 税务总局关于保险保障基金有关税收政策问题的通知》（财税〔2018〕41号），自2018年1月1日起至2020年12月31日，中国保险保障基金有限责任公司（简称保险保障基金公司）根据《保险保障基金管理办法》取得的下列收入，免征企业所得税。

（1）境内保险公司依法缴纳的保险保障基金。

（2）依法从撤销或破产保险公司清算财产中获得的受偿收入和向有关责任方追偿的所得，以及依法从保险公司风险处置中获得的财产转让所得。

（3）接受捐赠收入。

（4）银行存款利息收入。

（5）购买政府债券以及中央银行、中央企业和中央级金融机构发行的债券的利息收入。

（6）国务院批准的其他资金运用取得的收入。

11. 期货投资者保障基金有关企业所得税优惠规定

《财政部 国家税务总局关于期货投资者保障基金有关税收政策继续执行的通知》（财税〔2013〕80号）规定如下。

（1）对中国期货保证金监控中心有限责任公司（以下简称期货保障基金公司）根据《期货投资者保障基金管理暂行办法》（证监会令第38号，简称《暂行办法》）取得的下列收入，不计入其应征企业所得税收入：

① 期货交易所按风险准备金账户总额的15%和交易手续费的3%上缴的期货保障基金收入；

② 期货公司按代理交易额的千万分之五至千万分之十上缴的期货保障基金收入；

③ 依法向有关责任方追偿的所得；

④ 期货公司破产清算所得；

⑤ 捐赠所得。

(2) 对期货保障基金公司取得的银行存款利息收入,购买国债、中央银行和中央级金融机构发行的债券的利息收入,以及证监会和财政部批准的其他资金运用取得的收入,暂免征收企业所得税。

12. 特殊性加速折旧

《财政部 国家税务总局关于完善固定资产加速折旧企业所得税政策的通知》(财税〔2014〕75 号)的相关规定如下。

(1) 对生物药品制造业,专用设备制造业,铁路、船舶、航空航天和其他运输设备制造业,计算机、通信和其他电子设备制造业,仪器仪表制造业,信息传输、软件和信息技术服务业 6 个行业的企业 2014 年 1 月 1 日后新购进的固定资产,可缩短折旧年限或采取加速折旧的方法。

对上述 6 个行业的小型微利企业 2014 年 1 月 1 日后新购进的研发和生产经营共用的仪器、设备,单位价值不超过 100 万元的,允许一次性计入当期成本费用在计算应纳税所得额时扣除,不再分年度计算折旧;单位价值超过 100 万元的,可缩短折旧年限或采取加速折旧的方法。

(2) 对所有行业企业 2014 年 1 月 1 日后新购进的专门用于研发的仪器、设备,单位价值不超过 100 万元的,允许一次性计入当期成本费用在计算应纳税所得额时扣除,不再分年度计算折旧;单位价值超过 100 万元的,可缩短折旧年限或采取加速折旧的方法。

(3) 对所有行业企业持有的单位价值不超过 5 000 元的固定资产,允许一次性计入当期成本费用在计算应纳税所得额时扣除,不再分年度计算折旧。

(4) 企业按该通知第(1)条、第(2)条规定缩短折旧年限的,最低折旧年限不得低于《企业所得税法实施条例》第六十条规定折旧年限的 60%;采取加速折旧方法的,可采取双倍余额递减法或者年数总和法。该通知第(1)至第(3)条规定之外的企业固定资产加速折旧所得税处理问题,继续按照《企业所得税法》及其实施条例和现行税收政策规定执行。

了解了有关行业的一些税收优惠政策以后,作为投资者,一定要在保证自己利益的前提下顺应政府政策导向,这也是税收筹划所必须考虑的内容之一。

本章小结

投资决策是企业财务管理活动的重要内容,合理地进行投资活动的税收筹划,是减轻企业税负、提高投资收益率的重要保证,不同的投资种类,有不同的税收筹划方法。

投资的税收筹划主要涉及直接投资与间接投资的选择、投资方向、投资地点及投资行业的选择,企业应充分利用国家税收优惠政策,以获取最大的税收利益。

思考题

1. 在投资方向决策中，应从哪些方面分析不同项目的税收负担？

2. 企业在选择投资地点时，应考虑哪些税收因素？

案例分析题

1. 甲公司是一家高新技术企业，适用15%的企业所得税税率。甲公司现有闲置资金2 000万元，有两个投资方案可供选择：一是与其他企业共同投资创建另一个高新技术企业A公司，甲公司拥有其20%的股权，预计A公司每年实现利润总额300万元，且无纳税调整项目，税后利润提取法定盈余公积后全部分配；二是甲公司用2 000万元购买国库券，年利率为5.1%。请问甲公司如何选择更加节税。

2. 某农场从事种植业，2019年该农场全部土地用来种植土豆和辣椒，当年能实现所得额800万元。农场拟扩大种植规模，但在种植油料作物（大豆）还是种植花卉上难以决断。假定种植大豆或种植各种花卉均能实现所得额300万元。农场该如何选择更节税？

第 8 章 企业筹资的税收筹划

企业的性质、经营地点、经营方式以及经营的产品和项目确定之后，企业生产经营活动方向就明确了，接下来就是正常的生产经营过程，但这要以一定的资本投入为前提。资本投入既包括资金的投入，也包括实物、土地使用权等其他财产权利的投入。在这里，资金的投入占举足轻重的地位，如果不能筹集到一定数量的资金，生产经营活动就无法继续开展，更不用说达到预期的经济效益了。在筹资决策过程中，如何使税收成本降到最低水平，就是筹资决策的税收筹划所要考虑的问题。

筹资决策的税收筹划也是一项系统工程，它牵涉企业自身情况的分析、筹资渠道的确定、筹资利息的计算等，财务核算形式的确定、税收负担的测算、纳税方案的拟订和最佳方案的选择等，涉及政策面广、实务性强，企业获益也比较显著。因此，筹资决策的税收筹划也越来越被企业所重视。

8.1 筹资渠道成本分析

随着我国市场经济体制的不断完善，我国的金融市场也日益发达，企业的筹资渠道也越来越多。就目前的情况看，我国企业通常采用的筹资渠道有以下四个。

(1) 争取投资。包括争取直接投资，如有限责任公司增加出资人投资等；还有争取间接投资，如发行股票或增发股票、利用税后盈余再投资等。

(2) 借贷。包括向金融部门长期借款和短期借款，向其他企业借款，向社会公众或企业内部员工借款，如发行债券等。

(3) 租赁。包括经营性租赁和融资性租赁等。

(4) 利用商业信用以及本企业的优势地位占用他人的资金作短期的周转等。

不同的筹资渠道，其税收成本也不同，下面就对债务性和投资性筹资渠道的税收成本进行分析。

8.1.1 债务性筹资的成本分析

企业通过债务筹资会有税收上的好处。要了解债务融资在税收上的好处，首先要了解财务杠杆。

假设企业负债经营，债务利息不变，这时，当利润增大，则每一天利润所负担的利息就会相对减少，从而使投资者收益有更大幅度的提高，这种债务对投资者收益的影响称作财务杠杆。财务杠杆作用产生的好处一般包括节税和激励企业加强管理两个方面，税收筹划就是充分利用财务杠杆的节税作用。

我国税法规定，非金融企业向金融企业借款发生的利息支出、金融企业的各项存款利息支出和同业拆借利息支出、企业经批准发行债券的利息支出，可以按实际发生数扣除；非金融企业向非金融企业借款的利息支出，不超过按照金融企业同期同类贷款利率计算的数额的部分，允许从税前所得中扣除。

上述规定，赋予纳税人根据自身情况节减税收的充分权利和法律依据。

假设企业经批准以发行债券的形式筹资，I 为债券年利息，B 为债券筹资额，K 为债券年利息率，T 为所得税税率，F 为筹资费率，则公司债券的实际成本 K_b 的计算公式为

$$K_b=\frac{I(1-T)}{B(1-F)}=K\frac{1-T}{1-F}$$

其中

$$K=\frac{I}{B}$$

由此可以看出，在其他条件既定的情况下，如果筹集同样额度的资金，由于债务性筹资可以在计提所得税以前列支一部分筹资利息，所以 K_b 要小于 K_s，这就是债务资本产生的节税效果给权益资本所有者提供的税收利益，使得利用财务杠杆作用的企业较没有利用财务杠杆作用的企业更能实现权益增值，从而给企业的股东权益带来积极的影响。

8.1.2 投资性筹资的成本分析

在投资性筹资活动中，上市的股份有限公司的筹资情况比较典型地反映了企业筹资及筹资成本和涉税事项，因此，下面将以上市的股份有限公司为例来说明此问题。

假设某公司要通过发行普通股票的方式筹资，若普通股每股筹资额等于其价值，设 V 为普通股筹资额（即其价值），F 为筹资费率，D 为每年发放的股利（假定固定不变），则普通股的筹资成本 K_s 的计算公式为

$$K_s=\frac{D}{V(1-F)}$$

由于向投资者分配股利是在所得税后进行的，所以，投资性筹资与企业的税收无关。

尽管利用发行股票的形式不能获得税收上的好处，并且筹资成本很大，但是通过发行股票筹得的资金不需要偿还，可以被企业长期占用，因此，越来越多的企业选择了这种筹资渠道。

8.2 企业债务规模的税收筹划

企业从事生产经营活动所需要的资金有负债和股本两种来源。负债融资的财务杠杆效应主要体现在节税和提高权益资本收益率（税前和税后）等方面。其中节税功能反映为

负债利息计入财务费用抵扣应税所得额,从而减少应纳所得税额。在息税前收益(或收益率)不低于负债成本总额(或负债成本率)的前提下,负债比率超高,额度越大,其节税效果越明显。下面用一个案例来说明。

【例 8-1】 某公司计划筹资 100 万元用于一项新产品的生产,制订了 A、B、C 三个方案。假设公司的资本结构(债务资本与权益资本比例)、权益资本投资利润率如表 8-1 所示,三个方案的债务利率都为 10%,企业所得税税率都为 25%。该公司应如何进行纳税筹划?

表 8-1 不同负债规模下的投资利润率

项　目	A	B	C
资本结构(债务资本∶权益资本)	0∶100	20∶80	60∶40
息税前利润/万元	30	30	30
利率/%	10	10	10
税前利润/万元	30	28	24
应纳税额(税率为 25%)/万元	7.5	7	6
税后利润/万元	22.5	21	18
税前投资利润率(权益资本)/%	30	35	60
税后投资利润率(权益资本)/%	22.5	26.3	45

【解析】 由表 8-1 可以看出,随着债务资本比重加大,企业纳税是递减趋势,从 7.5 万元减为 7 万元,再减为 6 万元,从而表明债务筹资具有节税功能。

同时还发现,当投资利润率大于负债利率时,债务资本在投资中所占的比例越高,对企业权益资本越有利。以 B 方案为例,全部资金的息税前投资利润率为 30%,即 100 万元投资的息税前利润率为 30%。债权人提供的资本为总资本的 20%,债权人从其 20%的债务资本中分到了 10%的利润,而剩下的 20%的利润都将归属权益资本,提高了权益资本的投资收益率。这就是企业负债融资得到的好处,即除了必要的筹资以外,还得到一笔额外的利润收入,可以用图 8-1 来说明这种情况。

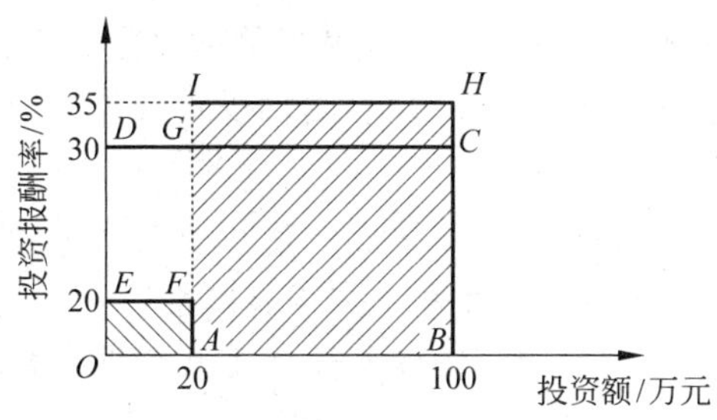

图 8-1 方案 B 的投资利润分析

图 8-1 中,面积 $OBCD$ 是 100 万元总投资按 30%的投资报酬率所得的总利润。面积 $OAFE$ 是债权人按 10%利率所得的利息。而面积 $EFGD$ 就是企业权益资本从债务资本得到的额外好处,也就是占有这部分资本所得到的 20%的利润率。

为了便于分析,把 $EFGD$ 加在企业权益资本上,成为面积 $CHIG$,即面积 $EFGD$=面

积 $CHIG$。

因为,面积 $EFGD=20\times20\%$,$AB=80$。

所以,$80\times HC=20\times20\%$,$HC=5\%$。

通过计算可知道,方案 B 的企业权益资本的实际投资利润率 iB 为

$$iB=BC+HC=30\%+5\%=35\%$$

同理,可以得到方案 A 和方案 B 的权益资本所得到的实际投资利润率 iA 和 iC 为

$$iA=30\%$$

$$iC=30\%+\frac{60\times20\%}{40}=60\%$$

【筹划结论】

由此可见,当投资利润率大于负债利润率时,债务资本在投资中所占的比例越高,对企业权益资本越有利。于是,在其他条件都一样的情况下,进行税收筹划时,一般选择方案 C。

值得注意的是,虽然当投资利润率大于负债利润率时,债务资本在投资中所占的比例越高,对企业权益资本越有利;但是企业负债增加时,风险增加,债务成本也会随之上升。有两方面的因素形成债务成本,一方面是由于企业债务过重,经营效益又不好,当处于财务拮据状态时,将产生财务拮据成本;另一方面是为了使经理替股东谋利,达到企业价值最大化需要花费代理费用,即与企业负债有关并发生在股东和债权人之间的代理费用。为了遵循保护性条款,使企业经营灵活性减少,效率降低以及监督费用的增加所构成的代理成本。财务拮据成本和代理成本的增大,都会抵消因负债税收屏蔽作用而增加的企业价值。

因此,在筹资的税收筹划过程中,税收成本的降低与控制企业的财务风险和经营风险必须紧密结合在一起,寻求企业的最优负债量,最大限度地降低税收成本。

8.3 银行借款的税收筹划

在我国,银行借款是负债筹资的主要方式。由于存在财务杠杆效应,只要企业息税前投资收益率高于负债成本率,增加负债额度,提高负债比重就会使权益资本收益率提高。所以,适度增加银行借款比重,减轻企业税负,增加投资者收益,被认为是银行借款税收筹划的主要内容。

【例 8-2】 某企业计划投资 3 000 万元兴建厂房进行出租,预计每年息税前收益 400 万元,厂房使用寿命为 20 年。现有两个方案:方案一,增加留存收益 3 000 万元;方案二,从银行借款 3 000 万元,年利率为 8%。该企业投资前拥有净资产 20 000 万元,净资产利润率为 15%。该企业应如何进行纳税筹划?

【解析】

方案一,该厂房建成后每年增加的收益应纳所得税额为

$$400\times25\%=100(万元)$$

净收益为

$$400-100=300(万元)$$

企业净资产利润率为

$$\frac{20\,000\times15\%+300}{23\,000}\times100\%=14.35\%$$

方案二，企业每年增加的收益为

$$400-2\,000\times8\%=240(\text{万元})$$

每年增加的收益应纳所得税额为

$$240\times25\%=60(\text{万元})$$

净收益为

$$240-60=180(\text{万元})$$

企业净资产利润率为

$$\frac{20\,000\times15\%+180}{20\,000}\times100\%=15.9\%$$

【筹划结论】

可见，采用借款兴建厂房的方式，优于通过增加留存收益兴建厂房的方式。显然，对该厂来说，以贷款方式进行投资有许多好处。该厂可以提前10年进行它所需要的投资活动；贷款使企业承担的资金风险减小；企业税收负担减轻了。

金融机构计算利息的方法及比率比较稳定，浮动幅度比较小，而且由于金融机构自身的性质，金融机构与企业之间实行某种形式的默契和互利，要比企业之间实行互利困难一些，特别是在节税这一问题上。

若金融机构与企业之间达成某种协议，由金融机构提高利率，使企业计入成本的利息增大，还可大大降低企业承担的税收负担。同时金融机构以某种形式将获得的高额利息返还给企业或以更方便的形式为企业提供贷款等，也可以达到节税的目的。

从纳税角度分析，自我积累筹资方式所承受的税收负担重于金融机构贷款所承受的税收负担，贷款筹资所承受的税收负担重于企业、经济组织之间拆借所承担的税收负担，而相互融资承担的税收负担又大于社会筹资承担的负担。这是因为从资金的实际拥有或对资金风险负责的角度看，自我积累最大，社会集资最小。从节税角度看，以社会集资方式产生的效果最好，因为社会集资容易使应纳税利润规模降低。

8.4　企业筹资资本结构的税收筹划

在财务杠杆发挥正效应的前提下，企业负债比率越高，取得的税收利益越大，但并非负债比率越高越好。事实上，负债比率达到一定数额时，企业财务风险增大，筹资成本也会相应增高，甚至会产生财务杠杆的负效应。所以企业筹资决策的税收筹划应以合理的资本结构为前提。

根据现行企业所得税政策，企业从其关联方接受的债权性投资与权益性投资的比例超过规定标准而发生的利息支出，不得在计算应纳税所得额时扣除。

债权性投资，是指企业直接或者间接从关联方获得的，需要偿还本金和支付利息或者需要以其他具有支付利息性质的方式予以补偿的融资。

权益性投资，是指企业接受的不需要偿还本金和支付利息，投资人对企业净资产拥有所有权的投资。

根据规定，在计算应纳税所得额时，企业实际支付给关联方的利息支出，不超过以下规定比例和《企业所得税法》及其实施条例有关规定计算的部分，准予扣除，超过的部分不得在发生当期和以后年度扣除。企业实际支付给关联方的利息支出，其接受关联方债权性投资与其权益性投资比例：①金融企业 5∶1；②其他企业 2∶1。

企业如果能够按照《企业所得税法》及其实施条例的有关规定提供相关资料，并证明相关交易活动符合独立交易原则的；或者该企业的实际税负不高于境内关联方的，其实际支付给境内关联方的利息支出，在计算应纳税所得额时准予扣除。

企业同时从事金融业务和非金融业务，其实际支付给关联方的利息支出，应按照合理方法分开计算；没有按照合理方法分开计算的，一律按其他企业的比例计算准予税前扣除的利息支出。企业自关联方取得的不符合规定的利息收入应按照有关规定缴纳企业所得税。

按照上述标准，如果企业债权性投资已经超过上述标准，企业可以考虑通过非关联企业进行债权性投资来进行纳税筹划。同时，企业也可以通过证明相关交易活动符合独立交易原则或者证明该企业的实际税负不高于境内关联方，这样也可以不受上述标准的约束。

【例 8-3】 甲公司对乙公司权益性投资总额为 1 000 万元，乙公司 2020 年度计划从甲公司融资 3 000 万元，融资利率为 7%。已知金融机构同期同类贷款的利率也为 7%，甲公司适用 15%的税率，乙公司适用 25%的税率。该企业应当如何进行纳税筹划？

【解析】

由于甲公司对乙公司债权性投资与权益性投资的比例已经达到 3(3 000÷1 000)，超过了 2 倍的上限，超过部分的利息不能扣除。乙公司 2020 年度不能扣除的利息：1 000×7%＝70(万元)。因此，乙公司 2020 年度需要多缴纳企业所得税：70×25%＝17.5(万元)。如果该企业通过一个非关联企业进行融资(关联企业通过一定的调整可以转变为非关联企业)，那么上述 70 万元的利息都可以扣除。该企业可以减轻税收负担 17.5 万元。

如果通过非关联企业融资不具有可行性，甲公司对乙公司的 3 000 万元融资可以分为两个部分，其中 340 万元为权益性投资，2 660 万元为债权性投资，这样，甲公司对乙公司债权性投资与权益性投资的比例为 1.99[2 660÷(1 000＋340)]，未超过税法规定的比例，乙公司向甲公司支付的利息可以全部在税前扣除。

【筹划结论】

企业如果能够按照其接受关联方债权性投资与权益性投资比例不超过金融企业 5∶1，其他企业 2∶1，则该企业可节省税负。

8.5 租赁筹资的税收筹划

租赁是一种契约行为，它是拥有资产的企业作为出租人，租用资产的企业作为承租人，出租人与承租人签订合同，确定在指定期间内承租人可以使用出租人的资产，使用期间，承租人需支付合同所确定的租金。当企业筹措贷款出现困难，而企业重视该部分资产的使用权多于所有权时，可以考虑从外部租赁资产。专门从事租赁业务的企业的出现可使企业避免贷款的限制或其他问题，而仍旧能够获得资产的使用权。

在租赁经营方式下，出租人当然是以赚取租金为目的。而对承租人来说，租赁筹资的主要优点如下。

（1）筹措资金有了新的渠道。

（2）相对节约投资成本。我国现行政策规定，租赁设备的租赁期限应参照固定资产折旧年限确定，租赁所需租赁费用，首先应用该项设备提取的折旧基金等企业自有资金支付。企业由于生产需要，临时租赁的少量机器设备所付租赁费可以从成本中列支。

（3）手续简单，速度较快。

（4）可减轻一次性巨额投资的压力。

（5）加快技术改造的步伐。

（6）根据实际情况可以灵活运用。

【例 8-4】 某一集团公司有若干个下属子公司，其中预计子公司甲在 2020 年盈利 1 000 万元，而子公司乙预计 2020 年将亏损 800 万元。集团公司经过税收筹划作了经营性调整，将甲公司的一个有年盈利 800 万元能力的生产流水线（正好是一个独立的车间）出租给乙公司，并向乙公司收取 200 万元的租赁费。假设甲、乙公司的所得税税率均为 25%。该公司应如何进行纳税筹划？

【解析】

（1）在税收筹划前：

$$甲公司应缴所得税=1\,000\times 25\%=250（万元）$$

乙公司亏损 800 万元，不缴所得税。

（2）在税收筹划后：

$$甲公司应缴所得税=(1\,000-800+200)\times 25\%=100（万元）$$

乙公司亏损 200 万元，不缴所得税。

【筹划结论】

通过税收筹划，该集团在这笔租赁业务上减轻税收负担 150(250−100)万元。

但是，租赁产生的节税效应并非只能在同一利益集团内部才能得以实现，即使在专门租赁公司提供租赁设备的情况下，承租人仍旧可以获得税收上的好处，毕竟，租赁可以使承租者马上进行正常的生产经营活动，并很快获得收益。

对承租单位来说，租金支付过程是比较平稳的，具有很大的均衡性。企业自己购买机器设备时，一般需要一次付清全部价款，即使是采用分期付款方式，其资金的支付时间仍然比较集中。而支付租金的方式可在签订合同时由双方共同商定，这样，承租企业就可从减少税负角度出发，通过租金的平稳支付，来减少企业的利润水平，使利润在各年度均摊，以达到减税的目的。由于承租方支付的租金可以抵税，出租方获得的租金缴纳的增值税比自己使用出租设备生产产品销售时缴纳的增值税要低等原因，企业如果筹划得当，也可以节税。

8.6 融资租赁税收筹划分析

随着租赁业的发展，现代租赁已出现了多种形式。租赁可分为融资租赁与经营租赁两大类。融资租赁是指具有融资性质和所有权转移特点的设备租赁业务，即出租人根据承租人所要求的规格、型号、性能等条件购入设备租赁给承租人，合同期内设备所有权属于出租人，承租人只拥有使用权，合同期满付清租金后，承租人有权按残值购入设备，以拥有设备的所有权。其租金包括租赁设备的价款、价款利息和手续费。租赁期内，承租人除分期向出租人支付租金外，还应给租赁设备保险。融资租赁具有可选择租赁设备、租赁时间长和中途不得毁约等特点。经营租赁则是一种以提供租赁物短期使用权为特点的租赁形式，通常用于一些需要专门技术进行维修保养和技术更新较快的设备。它具有出租物由出租人根据市场需要选购、实行高度专业化和租赁期较短的特点。

经营租赁和融资租赁在税务处理上是有差异的。经营租赁只有支付的租赁费用可以直接在税前扣除，但企业不得对租入的设备计提折旧，租入设备的损耗不能抵税；融资租赁发生的租赁费不得直接扣除，承租方支付的手续费，以及安装使用后支付的利息等可在支付时直接扣除。由于企业可以对融资租入的设备计提折旧，这些折旧可以在税前扣除，企业应将这两种获得设备的方式所要承担的税收进行比较，考虑资金的时间价值，选择对企业最有利的方式。

【例 8-5】 甲公司准备购买 500 万元大型设备，该设备投产后企业每年可增加利润 400 万元（不包括固定资产折旧费用），假设按平均年限法计提折旧，折旧年限为 5 年，不考虑残值。该公司有两种方案可供选择：方案一，从银行借款 500 万元，偿还期为 5 年，年利率为 8%，每年年末付息；方案二，融资租赁该固定资产，最低租赁付款额为 600 万元，最低租赁付款额现值为 500 万元，每年年末支付租金 120 万元。该公司应如何进行税收筹划？

【解析】

方案一，设备使用 5 年期间每一年的税后利润都一样，计算如下。

年新增利润＝400 万元

年折旧＝500÷5＝100（万元）

年利息费用＝500×8%＝40（万元）

年净利润＝400－100－40＝260（万元）

年企业所得税＝260×25%＝65（万元）

年税后利润＝400－100－40－65＝195（万元）

方案二，融资租赁各年利息费用：

第 1 年的利息费用＝500×8%＝40（万元）

第 2 年的利息费用＝（500＋40－120）×8%＝33.6（万元）

第 3 年的利息费用＝（500＋40－120＋33.6－120）×8%＝26.7（万元）

第 4 年的利息费用＝（500＋40－120＋33.6－120＋26.7－120）×8%＝19.2（万元）

第 5 年的利息费用＝(500＋40－120＋33.6－120＋26.7－120＋19.2－120)×8%
＝11.2(万元)

融资租赁各年净利润：

第 1 年的净利润＝400－100－40＝260(万元)
第 2 年的净利润＝400－100－33.6＝266.4(万元)
第 3 年的净利润＝400－100－26.7＝273.3(万元)
第 4 年的净利润＝400－100－19.2＝280.8(万元)
第 5 年的净利润＝400－100－11.2＝288.8(万元)

融资租赁各年所得税：

第 1 年所得税＝260×25%＝65(万元)
第 2 年所得税＝266.4×25%＝66.6(万元)
第 3 年所得税＝273.3×25%＝68.3(万元)
第 4 年所得税＝280.8×25%＝70.2(万元)
第 5 年所得税＝288.8×25%＝72.2(万元)

融资租赁各年税后利润：

第 1 年税后利润＝260－65＝195(万元)
第 2 年税后利润＝266.4－66.6＝199.8(万元)
第 3 年税后利润＝273.3－68.3＝205(万元)
第 4 年税后利润＝280.8－70.2＝210.6(万元)
第 5 年税后利润＝288.8－72.2＝216.6(万元)

【筹划结论】

由于方案二每年的税后利润均较方案一持平或更高，因此应选择方案二，即选择融资租赁的方式购入机器设备。

本章小结

筹资决策的税收筹划牵涉企业筹资渠道的确定，不同的筹资渠道，其税收成本不同，我国企业通常采用的筹资渠道有争取投资、借贷、租赁和短期占用他人资金等。本章主要介绍企业债务规模的税收筹划、银行借款的税收筹划、企业筹资资本结构的税收筹划、租赁筹资和融资租赁的税收筹划。

思考题

1. 企业主要的筹资方式有哪些？
2. 从税收筹划的角度，谈谈企业的负债规模如何确定？

案例分析题

1. 某企业计划投资6 000万元兴建厂房进行出租，预计每年息税前收益800万元，厂房使用寿命为20年。现有两个方案：方案一，通过自有资金投资6 000万元；方案二，从银行借款6 000万元，年利率为8%。该企业投资前拥有净资产40 000万元，净资产利润率为15%。

2. 甲公司对乙公司权益性投资总额为2 000万元，乙公司2020年度计划从甲公司融资6 000万元，融资利率为7%。已知金融机构同期同类贷款的利率也为7%，甲公司适用15%的税率，乙公司适用25%的税率。该企业应当如何进行纳税筹划？

3. 某一集团公司有若干个下属子公司，其中预计子公司甲在2020年盈利2 000万元，而子公司乙预计2020年将亏损1 200万元。集团公司经过税收筹划，作了调整，将甲公司的一个有年盈利900万元能力的生产流水线（正好是一个独立的车间）出租给乙公司，并向乙公司收取300万元的租赁费。请问该公司应如何进行税收筹划？

4.甲公司准备购买600万元大型设备，该设备投产后企业每年可增加利润500万元（不包括固定资产折旧费用），假设按平均年限法计提折旧，折旧年限为5年，不考虑残值。该公司有两种方案可供选择：方案一，从银行借款600万元，偿还期为5年，年利率为8%，每年年末付息；方案二，融资租赁该固定资产，最低租赁付款额为720万元，最低租赁付款额现值为600万元，每年年末支付租金120万元。请问该公司应如何进行税收筹划？

第9章 企业重组的税收筹划

9.1 企业债务重组的税收筹划

债务重组是指在债务人发生财务困难的情况下，债权人按照其与债务人达成的协议或者法院的裁定作出让步的事项。

企业债务重组一般可采取以下方式：以低于债务账面价值的现金清偿债务；以非现金资产清偿债务；债务转为资本；修改其他债务条件，如延长债务偿还期限、延长债务偿还期限并加收利息、延长债务偿还期限并减少债务本金或债务利息等。有时需要采取以上两种或者两种以上方式的组合进行债务重组。债务重组会对重组企业双方应纳税额产生影响，对此进行税收筹划可增加企业的税收利益。

9.1.1 债务重组的税务处理规定

《财政部 国家税务总局关于企业重组业务企业所得税处理若干问题的通知》(财税〔2009〕59号)中规定了企业债务重组的税务处理区分不同条件，分别适用一般性税务处理规定和特殊性税务处理规定。

1. 一般性税务处理规定

企业债务重组，相关交易应按以下规定处理。

(1) 以非货币资产清偿债务，应当分解为转让相关非货币性资产、按非货币性资产公允价值清偿债务两项业务，确认相关资产的所得或损失。

(2) 发生债权转股权的，应当分解为债务清偿和股权投资两项业务，确认有关债务清偿所得或损失。

(3) 债务人应当按照支付的债务清偿额低于债务计税基础的差额，确认债务重组所得；债权人应当按照收到的债务清偿额低于债权计税基础的差额，确认债务重组损失。

(4) 债务人的相关所得税纳税事项原则上保持不变。

2. 特殊性税务处理规定

(1) 适用特殊性税务处理的条件：

① 具有合理的商业目的，且不以减少、免除或者推迟缴纳税款为主要目的；

② 被收购、合并或分立部分的资产或股权比例符合下文中相关条款规定的比例；

③ 企业重组后的连续 12 个月内不改变重组资产原来的实质性经营活动；

④ 重组交易对价中涉及股权支付金额符合下文中相关条款规定的比例；

⑤ 企业重组中取得股权支付的原主要股东，在重组后连续 12 个月内，不得转让所取得的股权。

(2) 企业重组符合上述特殊性税务处理条件的，交易各方对其交易中的股权支付部分，可以按以下规定进行特殊性税务处理：

企业债务重组确认的应纳税所得额占该企业当年应纳税所得额 50%以上，可以在 5 个纳税年度的期间内，均匀计入各年度的应纳税所得额。

企业发生债权转股权业务，对债务清偿和股权投资两项业务暂不确认有关债务清偿所得或损失，股权投资的计税基础以原债权的计税基础确定。企业的其他相关所得税事项保持不变。

9.1.2 债务重组的税收筹划

企业在条件允许的情况下应尽可能采取债权转股权的方式进行债务重组。因为这种方式可以直接减少企业的应纳税额，能使企业获得税收利益。

但应注意的是，企业进行债务重组时，税负只是决策分析中的一个考虑因素，在实际操作中，应综合分析各因素。

【例 9-1】 甲公司欠乙公司 9 000 万元债务，甲公司和乙公司准备签署一项债务重组协议：甲公司用购买价格 7 000 万元、账面净值为 6 000 万元、公允价值为 9 000 万元的不动产抵偿乙公司的债务。假设以上价格均为不含税价。在该交易中，甲公司和乙公司应当分别缴纳多少税款？应当如何进行纳税筹划？

【解析】

方案一，一般情况下的企业债务重组税务处理如下。

(1) 在该交易中，甲公司需缴纳以下税款。

① 需要缴纳增值税：

$$增值税=(9\,000-7\,000)\times5\%=100(万元)$$

② 需要缴纳土地增值税(暂按 3%核定)：

$$土地增值税=9\,000\times3\%=270(万元)$$

③ 需要缴纳企业所得税：

$$企业所得税=(9\,000-6\,000-270)\times25\%=682.5(万元)$$

(2) 乙公司需要缴纳契税：

$$契税=9\,000\times3\%=270(万元)$$

两个公司合计纳税：

$$100+270+682.5+270=1\,322.5(万元)$$

方案二，乙公司采取债权转股权的免税债务重组，并且乙公司遵守特殊债务重组的其他条件，则甲公司和乙公司都不需要缴纳任何税款，即使将来乙公司再将该股权转让给甲公司或其他企业，也只需要缴纳企业所得税，不需要缴纳增值税、土地增值税和契税。

【筹划结论】

在企业条件允许的情况下，应该尽可能采取债权转股权的方式进行债务重组，因为这种方式可以减少企业的纳税额，能使企业获得相对较大的税收利益。

9.2 企业分立的税收筹划

分立是指一家企业（称为被分立企业）将部分或全部资产分离转让给现存或新设的企业（称为分立企业），被分立企业股东换取分立企业的股权或非股权支付，实现企业的依法分立。

分立按被分立公司是否存续，可分为存续分立与新设分立。存续分立是指被分立企业存续，而其一部分分出设立为一个或数个新的企业。新设分立是指被分立企业解散，分立出的各方分别设立为新的企业。

企业分立是企业产权重组的一种重要类型。企业分立的动因很多，提高管理效率、提高资源利用效率、突出企业的主营业务等，都是企业分立的动因，获取税收方面的利益也是企业分立的一个动因。

9.2.1 企业分立的所得税税收筹划

《财政部 国家税务总局关于企业重组业务企业所得税处理若干问题的通知》（财税〔2009〕59 号）中规定了企业分立的税务处理区分不同条件，分别适用一般性税务处理规定和特殊性税务处理规定。

1. 一般性税务处理规定

企业分立，当事各方应按下列规定处理。

(1) 被分立企业对分立出去的资产应按公允价值确认资产转让所得或损失。

(2) 分立企业应按公允价值确认接受资产的计税基础。

(3) 被分立企业继续存在时，其股东取得的对价应视同被分立企业分配进行处理。

(4) 被分立企业不再继续存在时，被分立企业及其股东都应按清算进行所得税处理。

(5) 企业分立相关企业的亏损不得相互结转弥补。

2. 特殊性税务处理规定

企业分立，被分立企业所有股东按原持股比例取得分立企业的股权，分立企业和被分立企业均不改变原来的实质经营活动，且被分立企业股东在该企业分立发生时取得的股权支付金额不低于其交易支付总额的 85%，可以选择按以下规定处理。

(1) 分立企业接受被分立企业资产和负债的计税基础，以被分立企业的原有计税基础确定。

(2) 被分立企业已分立出去的资产相应的所得税事项由分立企业承继。

(3) 被分立企业未超过法定弥补期限的亏损额可按分立资产占全部资产的比例进行分配，由分立企业继续弥补。

(4) 被分立企业的股东取得分立企业的股权（以下简称“新股”），如需部分或全部放弃原持有的被分立企业的股权（以下简称“旧股”），“新股”的计税基础应以放弃“旧股”的计税基础确定。如不需放弃“旧股”，则其取得“新股”的计税基础可从以下两种方法中选择确定：直接将“新股”的计税基础确定为零；或者以被分立企业分立出去的净资产占被分立企业全部净资产的比例先调减原持有的“旧股”的计税基础，再将调减的计税基础平均分配到“新股”上。

通过分立，降低企业适用税率以达到税收筹划的目的。

9.2.2 企业分立的增值税税收筹划

有些企业既经营免税或者适用税率较低货物，又经营一般税率货物，这类企业在税收核算上税务机关要求分别核算不同税率货物销售额，不分别核算的，不得免税、减税。一些企业往往由于种种原因不能满足这些核算要求而丧失了税收上的一些利益。如果将这些特定税率货物的生产部门分立为独立的企业，也许会获得流转税免税或税收负担降低的好处。

从进项税额抵扣角度考虑，对于多税率货物兼营又无法分别核算的企业，免税项目的进项税额越大，其全部可抵扣的进项税额越小。“财税〔2016〕36 号”附件 1 规定，适用一般计税方法的纳税人，兼营简易计税方法计税项目、免征增值税项目而无法划分不得抵扣的进项税额，按照下列公式计算不得抵扣的进项税额：

不得抵扣的进项税额
＝当期无法划分的全部进项税额×(当期简易计税方法计税项目销售额
＋免征增值税项目销售额)÷当期全部销售额

因此，企业可以将生产免税或低税率货物部门分立出来，设为一个独立核算的子公司，以减轻税负。

【例 9-2】 乐华制药厂主要生产抗菌类药物，也生产避孕药品。今年该厂抗菌类药物的销售收入为 400 万元，避孕药品的销售收入为 100 万元。全年购进货物的增值税进项税额为 40 万元。该厂是否应把避孕药品车间分离出来，单独设立一个制药厂呢？

【解析】

方案一，该企业因为财务管理和生产工艺原因，未能准确划分应税和免税项目的进项税额。则

$$\text{不得抵扣的进项税额}=40\times\frac{100}{400+100}=8(\text{万元})$$

$$\text{应纳增值税税额}=(400+100)\times 13\%-40+8=33(\text{万元})$$

方案二，完善管理，将免税产品的购进材料分别核算，如果避孕药品的进项税额为 10 万元，那么乐华制药厂可抵扣的增值税进项税额为 30 万元，则

$$\text{应纳增值税税额}=400\times 13\%-30=22(\text{万元})$$

方案三，企业常规药品和免税药品分开经营，即将免税药品分立出去，设立子公司，则应纳增值税税额同方案二，但还要增加子公司的设立成本和经营管理成本。

【筹划结论】

方案二最优，既享受了减免税优惠，减轻了增值税税负，又不需要增加经营和管理成本，可以使企业收益最大化。

需要注意的是，为降低税负而进行企业分立，成立新的企业，会增加相应的成本费用，如企业注册费用、管理费用等。因此，企业分立应综合各种因素进行分析和决策。

9.3 企业合并的税收筹划

企业合并是指两个或两个以上的企业，依据法律规定或合同的约定，合并为一个企业的法律行为。

企业合并分为广义合并与狭义合并。广义合并是指两个或两个以上企业，成为一个依据有关法律需要编制合并会计报表的企业集团，包括吸收合并、新设合并、收购(控股合并)等；狭义合并是指两个或两个以上企业，依据有关法律合并为一个企业，包括吸收合并与新设合并。

我国《公司法》所规定的合并即指狭义的合并。《公司法》规定，公司合并可以采用吸收合并与新设合并两种形式。吸收合并是指接纳一个或一个以上的企业加入本公司，加入方解散并取消法人资格，接纳方存续，也就是所谓企业兼并；新设合并是指公司与一个或一个以上的企业合并成立一个新企业，原合并各方解散，取消法人资格。

企业合并中发生的税负不仅涉及所得税，而且涉及流转税及其他税种。企业合并的纳税筹划要坚持两个原则：一是合法性原则，即必须以国家法律为准绳，在政策允许的范围内从事纳税筹划活动；二是总体利益最大化原则，即设计筹划方案时必须从整体利益出发，追求整体效益最大化，综合各个税种的税负影响，通过测算分析选择能使总体税负最低的最佳纳税方案。

9.3.1 企业合并的所得税税收筹划

根据《财政部 国家税务总局关于企业重组业务企业所得税处理若干问题的通知》(财税〔2009〕59 号)的规定，企业合并的税务处理分为一般性税务处理和特殊性税务处理。

1. 一般性税务处理

企业合并的当事各方应按下列规定处理。

(1) 合并企业应按公允价值确定接受被合并企业各项资产和负债的计税基础。

(2) 被合并企业及其股东都应按清算进行所得税处理。

(3) 被合并企业的亏损不得在合并企业结转弥补。

2. 特殊性税务处理

1）企业重组同时符合下列条件的，适用特殊性税务处理规定

（1）具有合理的商业目的，且不以减少、免除或者推迟缴纳税款为主要目的。

（2）被收购、合并或分立部分的资产或股权比例符合下文中相关条款规定的比例。

（3）企业重组后的连续12个月内不改变重组资产原来的实质性经营活动。

（4）重组交易对价中涉及股权支付金额符合下文中相关条款规定的比例。

（5）企业重组中取得股权支付的原主要股东，在重组后连续12个月内，不得转让所取得的股权。

2）特殊性税务处理规定

企业合并，企业股东在该企业合并发生时取得的股权支付金额不低于其交易支付总额的85%，以及同一控制下且不需要支付对价的，可以选择按以下规定处理。

（1）合并企业接受被合并企业资产和负债的计税基础，以被合并企业的原有计税基础确定。

（2）被合并企业合并前的相关所得税事项由合并企业承继。

（3）可由合并企业弥补的被合并企业亏损的限额＝被合并企业净资产公允价值×截至合并业务发生当年年末国家发行的最长期限的国债利率。

（4）被合并企业股东取得合并企业股权的计税基础，以其原持有的被合并企业股权的计税基础确定。

企业合并时，有很多因素需要考虑，其中税收也是一个重要因素。企业在兼并亏损企业或者与亏损企业合并时，应当尽量满足特殊企业重组的条件，尽量使企业股东在该企业合并发生时取得的股权支付金额不低于其交易支付总额的85%，这样，在被合并企业存在尚未弥补完的亏损的情况下，可进行特殊税务处理，即可由合并企业弥补被合并企业未弥补的亏损，从而达到少缴或者晚缴企业所得税的目的。

【例9-3】 某股份有限公司A，9月欲合并某亏损企业B。B企业合并时账面净资产为600万元（假设计税基础也为600万元），去年亏损为100万元（以前年度无亏损），评估确认的公允价值为660万元。A公司合并后股票市价5.1元/股，A公司共有已发行的股票2 000万股（面值为1元/股）。经双方协商，A可以用以下两种方式合并B企业。

方案一，A公司以130万股和10万元人民币合并B企业（A公司股票市价为5元/股）。

方案二，A公司以100万股和160万元人民币合并B企业（A公司股票市价为5元/股）。

假设合并后被合并企业的股东在合并企业中所占的股份以后年度不发生变化，合并企业每年未弥补亏损前的应纳税所得额为1 000万元，增值后的资产的平均折旧年限为5年，行业平均利润率为10%。所得税税率为25%，最长期限国债利率为10%，假定公司第二年的评估确认价值还是660万元。请选择最合适的筹划方案。

【解析】

方案一，A公司以130万股和10万元人民币合并B企业（A公司股票市价为5元/股）。

$$股权支付比例=650\div(650+10)=98.5\%>85\%$$

所以A公司无须就转让所得缴纳所得税。

B企业股东应就非股权所得部分上缴所得税，则

$$(660-600)\times\frac{10}{660}\times25\%=0.23(\text{万元})$$

合并后，B企业不存在，这部分所得税实际上由合并企业A公司承担。A公司接受B企业资产时，须以B企业原账面净值为基础作为资产的计税成本。A公司在连续5年内每年可弥补B企业的亏损额，可由合并企业弥补的被合并企业亏损的限额=被合并企业净资产公允价值×截至合并业务发生当年年末国家发行的最长期限的国债利率。

合并后第一年可弥补B企业的亏损限额：

$$660\times10\%=66(\text{万元})$$

第一年的税后利润：

$$1\,000-[(1\,000-66)\times25\%]=766.5(\text{万元})$$

第一年可供分配的股利：

$$766.5\times(1-10\%-15\%)=574.875(\text{万元})$$

注：其中的10%为法定盈余公积，15%为任意盈余公积。

支付给B企业股东的股利折现值：

$$\frac{130}{2\,000}\times574.875\times0.909\,1=33.970\,2(\text{万元})$$

注：0.909 1为10%利润率的1年期复利现值系数。

A公司以后年度支付给B企业股东的股利按利润率10%计算，则

$$\text{折现值}=\frac{130}{2\,000}\times1\,000\times(1-25\%)\times(1-25\%)\div10\%\times0.909\,1=332.389\,7(\text{万元})$$

综上，方案一，A公司合并B企业所需现金流出折现值：

$$10+0.23+33.970\,2+332.389\,7=376.589\,9(\text{万元})$$

方案二，A公司以100万股和160万元人民币合并B企业(A公司股票市价为5元/股)。

$$\text{股权支付比例}=500\div(500+160)=75.76\%<85\%$$

所以，被合并企业B应就转让所得缴纳所得税：

$$\text{B应缴纳的所得税}=(100\times5+160-600)\times25\%=15(\text{万元})$$

B企业的亏损不能由A公司弥补。

因为A公司可按增值后的资产价值作为计税基础，增值部分在折旧年限内每年可减少所得税：

$$(660-600)\div5\times25\%=3(\text{万元})$$

A公司第一年的税后利润：

$$1\,000\times(1-25\%)+3-15=738(\text{万元})$$

A公司第一年支付B企业股东股利折现值：

$$\frac{100}{2\,000}\times738\times(1-25\%)\times0.909\,1=25.159\,3(\text{万元})$$

A公司第二年至第五年可供分配的股利：

$$[1\,000\times(1-25\%)+3]\times(1-25\%)=564.75(\text{万元})$$

第二年至第五年支付给B企业股东股利折现值：

$$564.75\times\frac{100}{2\ 000}\times3.169\ 9\times0.909\ 1=81.373\ 6(\text{万元})$$

注：3. 169 9 为 10%利润率的 4 年期年金现值系数。

A 公司以后年度每年可供分配的股利：

$$1\ 000\times(1-25\%)\times(1-25\%)=562.5(\text{万元})$$

支付 B 企业股东股利折现值：

$$\frac{100}{2\ 000}\times562.5\div10\%\times0.620\ 9=174.628\ 1(\text{万元})$$

注：0.620 9 为 10%利润率的 5 年期复利现值系数。

综上，方案二中 A 公司合并 B 企业所需现金流出折现值：

$$160+15+25.159\ 3+81.373\ 6+174.628\ 1=456.161(\text{万元})$$

【筹划结论】

比较两种方案，方案一现金流出较小，所以，A 公司应当选用方案一。

注意，并非在任何情况下，采取股权支付额不低于所支付的交易总额 85%的合并方式都一定最优，企业在进行选择时还要综合考虑可弥补亏损数额的大小、行业利润率的高低以及货币的时间价值等因素。

【例 9-4】 甲公司合并乙公司，乙公司在被合并时的净资产公允价值为 2 500 万元，尚未弥补的亏损为 500 万元，该亏损的税前弥补期限尚有 4 年。甲公司和乙公司双方股东达成协议，甲公司可以用以下两种方式合并乙公司。

方案一，甲公司股东于当年 1 月 1 日以价值 2 000 万元的股份和 500 万元的现金合并乙公司。

方案二，甲公司股东于当年 1 月 1 日以价值 2 200 万元的股份和 300 万元的现金合并乙公司。

假设合并后的甲公司在当年、第二年、第三年及第四年未弥补亏损前的应税所得额均分别为 300 万元，这四年国家发行的最长期限的国债利率均为 4%。

请选择最合适的筹划方案。

【解析】

方案一，甲公司以价值 2 000 万元的股份和 500 万元的现金合并乙公司。

$$\text{股权支付比例}=2\ 000\div(2\ 000+500)=80\%<85\%$$

合并企业甲公司不能弥补被合并企业乙公司的亏损，因此甲公司四年应纳企业所得税合计：

$$300\times4\times25\%=300(\text{万元})$$

方案二，甲公司以价值 2 200 万元的股份和 300 万元的现金合并乙公司。

$$\text{股权支付比例}=2\ 200\div(2\ 200+300)=88\%>85\%$$

合并企业甲公司可在税法规定的限额内弥补被合并企业乙公司的亏损。

$$\text{甲公司当年可弥补的亏损限额}=2\ 500\times4\%=100(\text{万元})$$

$$\text{甲公司当年应纳企业所得税}=(300-100)\times25\%=50(\text{万元})$$

$$\text{甲公司合并后第二年可弥补的亏损限额}=2\ 500\times4\%=100(\text{万元})$$

甲公司合并后第二年应纳企业所得税=(300-100)×25%=50(万元)

甲公司合并后第三年可弥补的亏损限额=2 500×4%=100(万元)

甲公司合并后第三年应纳企业所得税=(300-100)×25%=50(万元)

甲公司合并后第四年可弥补的亏损限额=2 500×4%=100(万元)

甲公司合并后第四年应纳企业所得税=(300-100)×25%=50(万元)

甲公司四年应纳企业所得税合计=50+50+50+50=200(万元)

【筹划结论】

方案二比方案一少缴纳企业所得税合计100(300-200)万元,因此应当选择方案二。

9.3.2 企业合并的流转税税收筹划

通过企业合并,可以减少企业的流通环节,减少增值税、消费税等流转税。

(1) 如果被合并企业尚有大量期初存货未在本期抵扣完毕,则合并企业在合并当年的应纳增值税税额就可以因此减少。虽然从长期来看企业总体税负未变,但如果能使企业纳税时间推迟,就意味着企业获得了迟缴税金的货币时间价值,从而取得了节税利益。

(2) 根据增值税法的规定,设有两个以上机构并实行统一核算的纳税人,将货物从一个机构移送至其他机构用于销售,视同销售货物,但相关机构设在同一县(市)的除外。如果合并企业和被合并企业在同一县(市),合并前双方因货物交易需要缴纳增值税的业务,在合并后则被视为双方移送货物用于销售,无须缴纳增值税。

(3) 合并会使合并前企业间的购销环节转变为合并后企业内部的原材料移送环节。合并前,这种原材料的转让关系为购销关系,应该按照正常的购销价格缴纳消费税。而在合并后,合并企业之间的原材料供应关系转变为企业内部的原材料移送关系,则无须缴纳消费税。直接减轻了企业的税收负担。

9.4 企业清算的税收筹划

企业清算是指企业宣告终止经营后,除合并或分立事由外,取消其法人资格的法律行为。

1. 企业清算的两种情况

(1) 按《公司法》《企业破产法》等规定需要进行清算的企业,包括企业解散、企业破产、其他原因清算。其他原因清算是指:企业因自然灾害、战争等不可抗力遭受损失,无法经营下去,应进行清算;企业因违法经营、造成环境污染或危害社会公众利益,被停业、撤销,应当进行清算。

(2) 企业重组中需要按清算处理的企业。按照《财政部 国家税务总局关于企业重组业务企业所得税处理若干问题的通知》(财税〔2009〕59号)的规定,企业由法人转变为个人独资企业、合伙企业等非法人组织,或将登记注册地转移至中华人民共和国境外(包括港澳台地区)，应进行企业所得税清算；不适用特殊性税务处理的企业合并或分立中，被合并或被分立的企业及其股东都应按清算进行所得税处理。

2. 企业清算的税务处理规定

企业清算的所得税处理，是指企业在不再持续经营，发生结束自身业务、处置资产、偿还债务以及向所有者分配剩余财产等经济行为时，对清算所得、清算所得税、股息分配等事项的处理。

企业清算的所得税处理包括以下内容：①全部资产均应按可变现价值或交易价格，确认资产转让所得或损失；②确认债权清理、债务清偿的所得或损失；③改变持续经营核算原则，对预提或待摊性质的费用进行处理；④依法弥补亏损，确定清算所得；⑤计算并缴纳清算所得税；⑥确定可向股东分配的剩余财产、应付股息等。

税法规定，企业将剩余财产分配给股东前要就清算所得缴纳企业所得税。清算所得是指清算时企业的全部资产可变现价值或交易价格，减除资产的计税基础、清算费用、相关税费，加上债务清偿损益等后的余额。

企业全部资产的可变现价值或交易价格减除清算费用，职工的工资、社会保险费用和法定补偿金，结清清算所得税、以前年度欠税等税款，清偿企业债务，按规定可以计算得出向所有者分配的剩余资产。被清算企业的股东分得的剩余资产的金额，其中相当于被清算企业累计未分配利润和累计盈余公积中按该股东所占股份比例计算的部分，应确认为股息所得；剩余资产减除股息所得后的余额，超过或低于股东投资成本的部分，应确认为股东的投资转让所得或损失。被清算企业的股东从被清算企业分得的资产应按可变现价值或实际交易价格确定计税基础。

根据我国现行税法的规定，纳税人清算时，应当以清算期间作为一个纳税年度。因此，可以通过延迟或提前企业清算开始日期，合理调整清算所得和正常经营所得，减轻企业整体税负。

【例 9-5】 某公司董事会于某年 5 月 20 日向股东提交解散申请书，股东大会于 5 月 25 日通过，并作出决议，5 月 31 日解散，于 6 月 1 日开始正常清算。但公司在开始清算后发现，1—5 月底止预计公司可赢利 8 万元(适用税率 25%)。于是，在尚未公告的前提下，股东会再次通过决议把解散日期改为 6 月 15 日，于 6 月 16 日开始清算。公司在 6 月 1—14 日共发生清算费用 14 万元。该公司应如何进行税收筹划?

【解析】

按照规定，清算期间应单独作为一个纳税年度，即这 14 万元费用本属于清算期间费用，但因清算日期的改变，该公司 1—5 月由原赢利 8 万元变为亏损 6 万元。清算日期变更后，假设该公司清算所得为 9 万元。

方案一，清算开始日为 6 月 1 日时，1—5 月应纳所得税税额为

$$80\,000\times 25\% = 20\,000(\text{元})$$

清算所得为亏损 5 万元(9—14)万元，不纳税，合计税额为 20 000 元。

方案二，清算开始日为 6 月 16 日时，1—5 月亏损 6 万元，该年度不纳税，清算所得为 9 万元，须抵减上期亏损后，再纳税。清算所得税税额为

$$(90\,000-60\,000)\times 25\%=7\,500(\text{元})$$

【筹划结论】

方案二比方案一减轻税负 12 500(20 000－7 500)元。

企业清算时,应将整个清算期作为一个独立的纳税年度计算清算所得。因此,可以通过延迟或提前企业清算开始日期,合理调整清算所得和正常经营所得,减轻企业整体税负。

本章小结

企业在出现债务重组、分立、合并、清算等事项时,可以通过税收筹划增加企业的税收利益。

(1) 对企业的债务重组进行筹划时,主要采取选择最佳的债务重组方式的筹划方法,降低企业的税收负担。

(2) 企业分立中的税收利益体现在:①满足减免税产品的特定核算要求,而获得税收利益;②分立降低企业适用税率以达到税收筹划的目的。

(3) 企业合并时,要考虑税收的因素。企业在兼并亏损企业或者与亏损企业合并时,应当尽量满足特殊企业重组的条件,尽量使企业股东在该企业合并发生时取得的股权支付金额不低于其交易支付总额的85%,这样,在被合并企业存在尚未弥补完的亏损的情况下,可进行特殊税务处理,即可由合并企业弥补被合并企业未弥补的亏损,从而达到少缴或者晚缴企业所得税的目的。

(4) 对于企业清算事项,当预计清算费用大于清算收入的金额较大时,可以通过改变清算日期的方法将费用转入清算前的会计期间,减少清算前会计期间的应纳税所得额,减轻税负。

思考题

1. 债务重组是否影响企业的应纳税额? 应如何进行税收筹划?
2. 企业合并时的税收筹划包括哪些内容? 应如何进行税收筹划?
3. 在我国现行税制下,企业分立的税收利益具体表现在哪些方面?
4. 什么情况下应该对企业清算进行税收筹划? 怎样筹划?

案例分析题

1. 甲公司欠乙公司7 000万元债务,甲公司和乙公司准备签署一项债务重组协议:甲公司用购买价格6 000万元、账面净值为5 000万元、公允价值为7 000万元的不动产抵偿乙公司的债务。假设以上价格均为不含税价。在该交易中,甲公司和乙公司应当分别缴纳多少税款?应如何进行纳税筹划?

2. 爱华制药厂主要生产抗菌类药物,也生产避孕药品。今年该厂抗菌类药物的销售收入为800万元,避孕药品的销售收入为500万元。全年购进货物的增值税进项税额为200万元。该厂是否应把避孕药品车间分离出来,单独设立一个制药厂呢?

3. 某股份有限公司A,8月兼并某亏损企业B。B企业合并时账面净资产为600万元(假设计税基础也为600万元),去年亏损为100万元(以前年度无亏损),评估确认的公允价值为660万元。A公司合并后股票市价5.1元/股,A公司共有已发行的股票2 000万股(面值为1元/股)。经双方协商,A可以用以下两种方式合并B企业。

方案一,A公司以130万股和10万元人民币合并B企业(A公司股票市价为5元/股)。

方案二,A公司以100万股和160万元人民币合并B企业(A公司股票市价为5元/股)。

假设合并后被合并企业的股东在合并企业中所占的股份以后年度不发生变化,A企业每年未弥补亏损前的应纳税所得额为1 000万元,增值后的资产的平均折旧年限为5年,行业平均利润率为10%。所得税税率为25%,最长期限国债利率为10%,假定公司第二年的评估确认价值还是660万元。请选择最合适的筹划方案。

4. 甲公司合并乙公司,乙公司在被合并时的净资产公允价值为1 500万元,尚未弥补的亏损为100万元,该亏损的税前弥补期限尚有3年。甲公司和乙公司双方股东达成协议,甲公司可以用以下两种方式合并乙公司。

方案一,甲公司股东于当年1月1日以价值1 000万元的股份和500万元的现金合并乙公司。

方案二,甲公司股东于当年1月1日以价值1 200万元的股份和300万元的现金合并乙公司。

假设合并后的甲公司在当年、第二年和第三年未弥补亏损前的应税所得额均分别为200万元,这三年国家发行的最长期限的国债利率均为4%。

请选择最合适的筹划方案。

5. 某公司董事会于某年9月20日向股东提交解散申请书,股东大会于9月25日通过,并作出决议,9月30日解散,于10月1日开始正常清算。但公司在开始清算后发现,1—9月底止预计公司可赢利9万元(适用税率25%)。于是,在尚未公告的前提下,股东会再次通过决议把解散日期改为10月15日,于10月16日开始清算。公司在10月1—14日共发生清算费用12万元。该公司应如何进行纳税筹划?

第10章 国际税收筹划

10.1 国际税收筹划概述

10.1.1 国际税收筹划的概念

国际税收筹划是指在不违反相关国家的有关法律(主要是税法和税收协定)以及国际公认准则(惯例)的前提下,跨国纳税义务人为实现企业全球财务目标,而进行旨在使其税收总负担最小化的一种税收筹划或规划。这些税收包括跨国纳税人经营活动所在国的当地税收,以及其本国的所得税。

收益最大化是每一个从事国际投资的跨国纳税企业共同追逐的目标,而尽量减少各种税款的缴纳,则已成为实现这一目标的一个重要方面。国家间税制差别及税收征管的协调困难为跨国纳税企业的税收筹划提供了条件,也使国际税收筹划行为较国内税收筹划行为更普遍,更复杂。

需要特别注意的是,为了保护自身的税收利益,包括中国在内的许多国家在税法中和国际税收协定中制定并不断更新反国际避税条款,一些国家还专门有反国际避税立法,企业进行国际税收筹划必须对这些法律、法规予以特别关注,确保税收筹划的合法性、不违法性。

10.1.2 国际税收筹划产生的条件

国际税收筹划的外部条件,主要是各国税法的差异,以及有关法律和规章制度中的缺陷和漏洞。也就是说,当各国税法的规定存在差别或不够严密时,纳税人就可能主要通过利用这些税法差别和不足之处来降低跨国税收负担。

1. 各国税制体系的差别

各国由于经济发展程度和法律制度的差别,其税收体系中的税种构成明显不同。虽然多数国家特别是发达国家基本上都实现了以所得税为主体税种的税制格局,但如果略加详细比较就会发现,各国所得税各税种结构有很大的不同。有的国家公司所得税、个人所得税、资本利得税同时开征,且征收管理规范而严格;而有的国家则基本上不征资本利得税,即便开征,开征范围也比较狭窄,宽免项目多。在个人所得税申报征收过程中,有的国家实行综合课征制;而有的国家则采用分类课征制。而且即使是相同名称的税种,如个人所得税或公司所得税,其具体内涵和外延也都存在不同。税制体系的差异必然造成各国纳税负担的差异是国际税收筹划的基础条件。

2. 各国税收管辖权的差别

跨国纳税人必须同时与两个或两个以上国家在其各自的权利管辖范围内发生税收征纳关系,因此,税收管辖权是国际税收筹划中一个根本性的问题。税收管辖权是一个国家在税收管理方面形成的在一定范围内的征税权力,属于国家主权在税收领域的体现。

国际税收的存在是因为各国坚持不同的税收管辖权,故税收管辖权的差异就成为国际税收筹划的重要条件。税收管辖权是指一国在征税方面行使具有法律效力的管理权力,它按属人、属地原则及属人兼属地原则可分为居民管辖权、公民管辖权(亦称国籍管辖权)和地域管辖权三种,如表10-1所示。

表10-1 世界上的税收管辖权分类

行使原则	管辖权种类	定 义
属人原则	居民管辖权	是一国政府对本国居民来自世界范围的全部所得和财产行使征税权。居民管辖权行使的关键是确定纳税人(包括自然人和法人)的居民身份。居民管辖权被大多数国家所采用
	公民管辖权	是一国政府对具有本国国籍者在世界范围内取得的所得和拥有的财产行使征税权。公民是指取得一国法律资格,具有一国国籍的人,不仅包括个人,也包括团体、企业或公司
属地原则	地域管辖权	又称收入来源地管辖权,它根据纳税人的所得和财产价值是否来源于本国境内行使征税权,而不论纳税人是否为本国的公民或居民

世界各个国家和地区实行的税收管辖权不尽相同,有的同时实行地域、居民管辖权(如中国、日本、德国);有的同时实行地域、公民管辖权(如罗马尼亚、菲律宾);有的单一实行地域管辖权(如中国香港、巴拿马、阿根廷);有的同时实行地域、居民和公民管辖权(如美国、墨西哥)。

即使实行同一种税收管辖权的国家(地区),也在这种管辖权的约束范围上有许多差异。例如,在判定一笔所得是否来源于本国(地区)境内的问题上,各国(地区)采用的标准就不统一,有的以劳务提供地为准,有的以合同签订地为准,还有的以权利的使用地为准。跨国纳税义务人可以利用这些标准的差异,使自己的收入变为来源于其他国家(地区)境内的收入,从而避开本国(地区)地域管辖权的管辖。同样,在法人居民身份确认上,各国采用的标准也不同:美国等国家(地区)采用登记注册标准,英国等国家(地区)采用实际管理控制中心所在地标准,而中国、日本等国家采用总机构所在地标准。跨国纳税义务人完全可以利用这些标准的差异,将自己的居民身份确定在最有利的国家(地区)。

【例10-1】 甲跨国公司同时在A、B两国开展业务,A、B两国都行使居民管辖权,但是A、B两国对判定公司法人的居民身份有不同的标准。A国采用登记注册标准,B国采用总机构所在地标准。

【解析】

如果甲跨国公司在A国登记注册，同时将总机构设在B国，在A、B两国没有签订国际税收协定的情况下，甲跨国公司同时是A、B两国的居民，甲跨国公司来自世界范围的全部所得既要向A国缴税又要向B国缴税，即国际双重缴税；相反，如果甲跨国公司在B国登记注册，同时将总机构设在A国，理论上，甲跨国公司不具备任何一国居民公司的身份地位，而不需要承担A、B两国中任何一国的无限纳税义务，规避了税收负担。

3. 各国税基范围宽窄不同

国际税收筹划主要涉及直接税，即所得税和资本利得税是其筹划的着力点。间接税在消费地征税的原则比较统一，销售收入的确认也缺乏弹性，故它不是筹划的重点税类。所得税的税基是应纳税所得额，即收入减除成本、费用，各国法律对税前可减除的成本、费用的范围和标准有很大不同。在有些国家法律规定中可以扣除的项目，另一些国家却不允许扣除，使得各国所得税税基宽窄不同。而在税率一定的条件下，税基的大小又决定着税负的高低。因此，它也是跨国纳税人进行国际税收筹划时要考虑的主要因素。

各国对年度亏损的不同处理直接影响到应税收益和税基的计算。在许多国家，经营亏损可以在一定期限内，用以后年度的应纳税所得额(其主要部分是公司利润)在税前进行抵补。我国规定，当年亏损在5年内可以从以后年度抵补，简称“移后抵补”。此外，少数国家还可以在一定期限内“移前抵补”，如美国、加拿大等国家。

4. 税收负担和税率差异

世界各国的税收负担和税率有着巨大的差异，而这一差异是国际税收筹划的基础之一。从宏观看，国际上公认衡量一国税收负担高低的标准是：税收总额(表示为T)占国内生产总值(表示为GDP)的比值。以T/GDP为衡量指标，世界各国税收负担总水平大体可划分为以下三类。

(1) 高税负国。大多数经济发达国家属于此类，T/GDP比值一般在35%以上。

(2) 中等税负国。大多数国家属于此类，T/GDP比值一般在20%～30%，如印度、肯尼亚、南非、突尼斯、斯里兰卡、埃及、巴西、哥伦比亚等。

(3) 低税负国。T/GDP比值不超过20%，大多在15%上下，有的还不及10%。低税的国家可分为三个部分：第一部分属于实行低税模式的“国际避税地”；第二部分属经济不发达的国家，这些国家税源小，财政收支紧张，如玻利维亚等国家；第三部分是靠非税收收入为主的资源国，特别是石油输出国，非税收收入比重大，税收收入占财政收入的比重低，如属欧佩克成员国的阿联酋、科威特、巴林、约旦、阿曼等。

在税率上，同样征收同一税种的国家，如同样征收所得税的国家，税率有很大的差异，高税负国的税率为30%～60%，低税负国的税率一般都低于30%。在“国际避税地”国家或地区，政府甚至不征所得税或税率很低。当一个国家的税率较其他国家的税率低时，居住在高税率国家的跨国纳税人就会设法将其收入转移到这个国家，以获得低税待遇，减轻原所在国的高额税负。

5. 税收优惠措施的差别

各国出于各种经济或政治目的往往会在税收上实行一些优惠政策。尤其是发展中国家，资金的短缺严重制约其发展，为了吸引更多的国际投资，它们对外国投资者独资或合资开办的企业提供大量税收优惠，在纳税方面给予外商超国民待遇。虽然 WTO 的重要原则是国民待遇，各种企业平等纳税，但因各国情况差别太大，税收优惠一时还难以消除。税收优惠的存在，使实际税率大大低于名义税率，形成了不少使纳税人减轻和消除税负的良机。

6. 避免国际双重征税方法的差别

避免国际双重征税的基本方法主要有免税法、扣除法和抵免法三种。各国为了避免国际双重征税现象，有的采用免税法，有的采用抵免法；有些国家的抵免法采用分国抵免限额，有些国家则采用综合抵免限额。各国不同的避免双重征税的方法也给国际税收筹划者提供了机会。

1）免税法

免税法是指实行居民管辖权的国家，对本国居民来源于国外的所得免税，只对其来源于国内的所得征税。免税法的指导原则是：承认非居住国地域管辖权优先执行的地位，对本国居民来源于国外并已在国外纳税的那部分所得，在一定条件下，放弃行使居民管辖权，以避免国际双重征税。免税法又分为全额免税法和累进免税法两种。

全额免税法是指居住国政府在确定其居民应纳税额时，对来源于国外的所得完全不予考虑，既不征税也不与本国所得税的税率相联系。其计算公式可表示为

$$在本国应纳税额=国内所得\times本国税率$$

累进免税法是指居住国政府在确定其居民应纳税时，对国外所得虽然给予免税，但在本国居民国内所得适用的累进税率方面要综合考虑。即居住国一方面对居民的境外所得予以免税；另一方面，在确定居民纳税人国内来源所得的适用税率时，将其境外所得一并加以考虑，按国内、国外所得总额在税率表中查找对应税率计征税款。其计算公式可表示为

$$在本国应纳税额=国内外所得总额\times本国税率\times\frac{国内所得}{国内外所得总额}$$

【例 10-2】 乙跨国公司是 C 国的居民公司，同时在 C、D 两国开展业务，C 国行使居民管辖权，D 国行使地域管辖权。假设乙跨国公司在某年度之内的营业所得总计为 40 000 元，其中来自 D 国 8 000 元，来自 C 国 32 000 元，在 D 国已纳所得税额为 2 400 元。C 国实行超额累进税率，所得在 10 000 元以下税率为 20%，所得超过 10 000～32 000 元，税率为 30%，所得超过 32 000 元，税率为 40%。

一方面，在 C、D 两国没有签订国际税收协定的情况下，乙跨国公司在 D 国的所得一方面要向 D 国纳税；另一方面，作为其在来自世界范围的全部所得的一部分要向 C 国纳税，即对 C、D 两国双重纳税。

乙跨国公司在 C 国应纳税：

$$10\,000\times20\%+(32\,000-10\,000)\times30\%+(40\,000-32\,000)\times40\%$$
$$=2\,000+6\,600+3\,200$$
$$=11\,800(\text{元})$$

乙跨国公司全球范围内所得总税负＝11 800＋2 400＝14 200(元)

【解析】

(1) 如果其他条件不变,C国适用全额免税法来避免对乙跨国公司的国际双重征税。则乙跨国公司在C国应纳税:

$$10\,000\times20\%+(32\,000-10\,000)\times30\%=2\,000+6\,600=8\,600(\text{元})$$

乙跨国公司全球范围内所得总税负＝8 600＋2 400＝11 000(元)

(2) 如果其他条件不变,C国使用累进免税法来避免对乙跨国公司的国际双重征税。则乙跨国公司在C国应纳税:

$$[10\,000\times20\%+(32\,000-10\,000)\times30\%+(40\,000-32\,000)\times40\%]\times\frac{32\,000}{40\,000}$$
$$=9\,440(\text{元})$$

乙跨国公司全球范围内所得总税负＝9 440＋2 400＝11 840(元)

由于在执行免税法的过程中,当居住国的税率高于收入来源国时,其实际免除的税额会大于国外已纳税额,从而使居住国少征部分税款,因此,采用此法的国家并不多。

2) 扣除法

扣除法是指实行居民管辖权的国家,对本国居民已经缴纳的外国所得税额,允许其从来自世界范围内的应税总所得中作为费用扣除。扣除法的指导原则是:对本国居民有限度地放弃居民管辖权。其计算公式可表示为

在本国应纳税额＝(国内外所得总额－国外已纳所得税额)×本国税率

【例10-3】 如果在例10-2中,其他条件不变,C国使用扣除法来避免对乙跨国公司的国际双重征税。

【解析】

乙跨国公司全球范围内应税所得＝32 000＋8 000－2 400＝37 600(元)

则乙跨国公司在C国应纳税:

$$10\,000\times20\%+(32\,000-10\,000)\times30\%+(37\,600-32\,000)\times40\%$$
$$=2\,000+6\,600+2\,240=10\,840(\text{元})$$

乙跨国公司全球范围内所得总税负＝10 840＋2 400＝13 240(元)

由于扣除法对本国居民的国外已纳税额只是给予一部分照顾,并没有真正避免纳税人国际双重纳税的负担,因此目前采用此法的国家不多。

3) 抵免法

抵免法是目前国际上普遍采用的避免纳税人国际双重缴税负担的方法。抵免法是指实行居民管辖权的国家,对其居民来自世界各国的所得征税时,允许居民把已经缴纳的外国税额从其应向本国缴纳的税额中扣除。抵免法的指导原则是:在兼顾收入来源国、居住国和纳税人三方利益的同时,对本国居民有限度地放弃居民管辖权。其计算公式可表示为

在本国应纳税额＝国内外所得总额×本国税率－国外已纳所得税额

在理论上，抵免法可以分为全额抵免和普通抵免两大类。全额抵免是指对纳税人在国外实际缴纳的税款，不加任何限制条件地全部从本国应纳税额中扣除。普通抵免又称限额抵免，即居住国对可以从本国税款中扣除的外国税款规定了限额，以外国所得乘以本国税率计算出的税额为限。这一限额称为抵免限额，为外国税款的最高扣除额。抵免限额的计算公式可表示为

$$抵免限额=国内外所得总额\times本国税率\times\frac{来自非居住国应税所得}{国内外应税所得总额}$$

在税收抵免计算中，确定允许抵免的已缴外国税额时，要通过抵免限额与已缴外国税额相比较而确定，即“两者取其小”。当抵免限额大于已缴外国税额时，表明跨国纳税人已缴外国政府的税额不足抵免限额，出现了抵免余额，需要向其所在国政府补缴其不足限额部分的税款；当抵免限额小于已缴外国税额时，即跨国纳税人已缴外国政府的税额超过了抵免限额而出现了超限额时，这个限额部分是不予抵免的。除了一般的抵免限额外，许多国家还实行分国限额法、综合限额法、专项限额法、非专项限额法等具体抵免限额措施。

由于抵免法同时兼顾了居住国的居民管辖权、非居住国的地域管辖权和纳税人的税收负担三方面的利益关系，所以被世界绝大多数国家所采用，作为使跨国纳税人避免国际双重缴税的最普遍方法。在各国的实践中，由于普遍抵免真正体现抵免法兼顾收入来源国、居住国和纳税人三方利益的原则，而全额抵免在收入来源国税率高于居住国税率时，则会造成居住国利益的损失，实行抵免法的国家实际上都采用有限额的抵免，即普通抵免法。

【例 10-4】 丙公司是 E 国的居民公司，某年在 E 国获取所得 500 万元，E 国的所得税税率为 40%；丙公司在 F 国设有分公司，同年获取所得 150 万元，E 国的所得税税率为 60%，已向 F 国政府缴纳所得税 90 万元。

【解析】

(1) 全额抵免。

丙公司应缴 E 国所得税额＝(500＋150)×40%－90＝170(万元)

这种计算结果，比丙公司在没有其分公司的 150 万元所得的情况下所计算的应缴所得税税款[500×40%＝200(万元)]还少 30 万元。

(2) 限额抵免。

$$抵免限额=(500+150)\times40\%\times\frac{150}{150+500}=60(万元)$$

丙公司应缴 E 国所得税额＝(500＋150)×40%－60＝200(万元)

这种方法避免了 E 国税收利益的损失。

通过规定抵免限额，实施限额抵免保障本国的税收利益，就成为各国在采用抵免法时的一致选择。

7. 征收管理水平和效果的差别

各国在税收征收管理方面都有相应的法律规定，但在管理水平和执法效果上却存在

较大差异。一般来讲，市场经济成熟的发达国家征管水平较高，征管漏洞少；而处在市场经济初期的发展中国家，征管效果较差，存在税款大量的漏失。这些都给国际税收筹划提供了客观条件。

10.2 国际税收筹划的基本方法

10.2.1 人的流动税收筹划法

人的流动税收筹划法是指一个国家税收管辖权下的纳税人迁移出该国，成为另一个国家税收管辖权下的纳税人，或没有成为任何一个国家的税收管辖权下的纳税人，以规避或减轻其总体纳税义务的国际税收筹划方法。对于这种纯粹为了税收筹划而进行国家间真正迁移的现象，国际上称之为“税收流亡”。其具体方法主要有以下三种。

1. 纳税人住所的真正迁移——成为低税国居民

高税国的纳税人所承担的纳税义务通常要比低税国的纳税人所承担的纳税义务重。纳税人住所的真正迁移可以使一个高税国的纳税人成为一个低税国的纳税人。此类国际税收筹划又分为以下几种。

(1) 永久迁移法。永久迁移法是指纳税人把其住所永久性地迁往低税国。一个住所在高税国的企业纳税人，需要缴纳的各种税款，相对来说要比在低税国缴纳的税款多。这时作为一个跨国企业纳税人，可以通过把住所迁往低税国，用成为低税国法人居民的方式来降低税务负担。例如，一个总部设在高税国的跨国公司，把其总部迁到一个投资环境良好的低税国，就是典型的永久迁移法税收筹划。

(2) 短期迁移法。短期迁移法是指纳税人把其住所非永久性地迁往低税国的国际税收筹划方法。

(3) 部分迁移法。部分迁移法是指纳税人把法律规定构成住所的部分迁往低税国。各国对构成住所的条件都要在法律上加以规定，但每个国家的规定都有所不同。“部分”迁移是指纳税人利用法律的漏洞，只把法律规定构成住所的部分迁往低税国，在高税国还保留着其他一些构成其住所的东西。

2. 纳税人住所的真正迁移——成为高税国非居民

纳税人除了可以用迁出高税国，成为低税国居民的方法来进行国际税收筹划外，还可以用成为高税国非居民的方法来进行筹划。非居民身份有时对跨国企业纳税人非常有利，因为它意味着跨国企业纳税人对高税国只负有非居民纳税义务。

3. 纳税人住所的真正迁移——合并(分立)迁移

由于世界各国的税法和税收协定对不同组织形式、不同规模、不同资本结构等的企业税收待遇是不同的，有时差别甚至很大，因此很容易被跨国企业法人利用来进行国际税收筹划。

(1) 合并迁移法。合并迁移法又称“化零为整”法，是指企业在合并或联合后迁往其他国家的国际税收筹划方法。例如，一些国家为吸引大型跨国公司，制定了对大公司有利的税收政策，一些公司在迁往那里时，往往建立联合关系或组成公司集团。

(2) 分立迁移法。分立迁移法又称“化整为零”法，是指企业进行重组后分设成几个公司迁往其他国家的国际税收筹划方法。例如，一些国家对小企业有诸多税收优惠，包括较轻的税率、较宽松的税前扣除等，那么，跨国公司就可以把一个企业分立成满足该国小企业条件的几个企业后迁往该国。

10.2.2 人的非流动税收筹划法

人的非流动税收筹划法是指一个国家税收管辖权下的纳税人并没有迁移出该国，但已不再是该国税收管辖权下的纳税人或改变纳税人的性质，以规避或减轻其总体纳税义务的国际税收筹划方法。

一般来说，纳税人要规避其纳税义务，就要设法迁移。但利用有关国家税法和税收协定的漏洞和缺陷，纳税人有时不迁移也可以规避或减轻其纳税义务。

1. 纳税人住所的虚假迁移

虚假迁移是指纳税人法律上已迁出了高税国，但事实上并没有在其他任何国家取得住所。如果一个高税国的企业纳税人有足够证据证明它不是这个国家的居民，而是另一个国家的居民，那么尽管实际上它是这个国家的居民，它的纳税义务还是可以减轻，甚至消除。利用这种手法达到减轻税负的目的有时并不难，因为各个国家关于住所或居所的法律规定并不一样，法律解释也不相同，尽管一些国家的税法或税收协定也会对这种方法制定严格的反避税措施，但仍使得企业纳税人利用住所或居所的虚假迁移进行国际税收筹划成为可能。

【例 10-5】 法国斯弗尔钢铁股份有限公司以下列手段和方式避免在英国具有居所和成为英国纳税义务人。

(1) 该公司中的英国股东不允许参加管理活动，英国股东的股份与影响和控制公司管理权力的股份分开。他们只享受收取股息、参与分红等权力。

(2) 选择非英国居民做管理工作，如经理、董事会成员等。

(3) 不在英国召开董事会或股东大会，所有与公司有关的会议、材料、报告等均在英国领土外进行，档案也不放在英国国内。

(4) 以英国电报、电信等有关方式发布指标、命令。

(5) 为应付紧急情况附带发生的交易行为等特殊需要，该公司在英国境内设立一个单独的服务性公司，并按照核定的利润率缴纳公司税，以免引起英国政府的极端仇恨。

【筹划结论】

事实表明，法国斯弗尔钢铁股份有限公司的这些做法十分有效。据报道，1973—1985 年，该公司回避了英国应纳税款 8 137 万美元。

2. 纳税人不迁移住所

不迁移住所是指跨国纳税人并没有迁出高税国，也能够减轻税收负担。一个企业纳税人要真正把住所从高税国迁往低税国，其付出的代价将是很大的，不过，高税国的纳税人不迁出高税国，有时也能够规避或减轻纳税义务。其方法主要有以下两种。

1）成为低税国非居民

成为低税国非居民是指纳税人不迁出高税国，而通过成为低税国非居民进行国际税收筹划的方法。如果一个高税国的跨国企业法人成为一个低税国的非居民，而这个低税国与这个高税国又签订有对低税国非居民有利的税收协定，那么这个跨国企业法人就可以享受这个低税国的许多税收好处，从而达到减轻税收负担的目的。例如，一个高税国的企业纳税人利用其居住国与某个低税国缔结的、对成为低税国非居民有利的税收协定（诸如对该国居民已经缴纳低税国所得税的所得免税等），有意以该低税国的非居民身份取得一部分收入，这样，其中一部分所得就可以规避高税国的税收。

2）建立信托关系

在国际经济生活中，建立信托关系是跨国纳税人实现税收筹划目的的重要步骤。由于信托被作为一个单独的纳税实体对待，所以建立信托就可以使委托人合法地与其财产所有权分离。在一般情况下，委托人对信托财产及所得不再负有纳税义务，利用信托的基本原理正是源于这种所有权与使用权的合法分离。目前，建立信托已成为减轻纳税人税收负担的国际税收筹划的重要手段。具体来说有以下两种方法。

（1）设立财产的信托法律关系。跨国纳税人通过信托公司，可以不用真正迁出高税国，只是委托别人在某个国际避税地管理其所得和资产，使个人所得税、遗产税和赠与税最小化。一个高税国的跨国纳税人，可以在某个免征所得税和遗产税的国际避税地建立一个个人持股信托公司。然后，这个跨国纳税人就可把在高税国的财产委托给这家公司经营，并可逐步将在高税国的财产及其经营所得转移到避税地。该纳税人可以是这笔信托财产的一个受益人，这样就可以逃避全部或一部分所得税和遗产税。

（2）订立各种其他形式的信托合同。跨国纳税人可以通过合同与银行建立起类似信托的关系。银行作为受托人，可以代委托人收取利息。如果银行所在地是个国际避税地，而且它和利息支付国还有减征预提所得税的双边税收协定，但是跨国纳税人所在国和利息支付国之间却没有这种税收协定，那么，跨国纳税人就可以利用这种信托关系来减轻税收负担。

3. 纳税人的变相流动的特殊方式

纳税人的变相流动的特殊方式通常是指纳税人如何套用税收协定的情况。套用税收协定是指缔约国的非居民，即无资格享受协定待遇的第三国居民，利用各种手段从另外两国签订的税收协定中取得好处的行为。

1）国际税收协定

国际税收筹划与国际税收协定有着密切的关系，国际税收协定是解决国际双重征税的最有效的方式，是由有关国家通过谈判、协商、达成一致而签订的。

国际税收协定是指两个或两个以上的主权国家或地区,为了协调相互之间的税收分配关系,本着对等的原则,在有关税收事务方面通过谈判所签订的一种书面协议。自从1983年中国与日本签署中国第一个税收协定以来,我国税收协定已经走过了近四十年历程,对我国改革开放、吸引外资和促进"一带一路"发展发挥了重要作用。截至2019年,我国已经与25个国际组织和区域税收组织建立了合作关系,与110个国家和地区签署了双边税收协定或安排。国际税收协定有两个主要作用:一个是避免国家间双重征税;另一个是防止国际逃税。

国际税收协定为解决国际双重征税的问题,往往规定以下内容。

(1) 划分各项所得,明确所得概念。一般来说,大部分国际双重征税问题来源于所得的征税,由于所得的种类繁杂,对每一种所得征税的方法也不相同。国际税收协定就要按照国际惯例,逐项划分并明确各项所得包括的内容和范围,避免在执行协定时发生争议。

(2) 明确征税范围,协调税收管辖权。首先,国际税收协定中明确各缔约国行使税收管辖权的合理范围,即规定对所涉及的纳税人应由哪一国行使居民(公民)管辖权,应由哪一国仅能行使地域管辖权,哪些税种的征收才符合协定的要求,以避免由于范围不清而造成执行协定时的争议。其次,国际税收协定中明确地域管辖权行使的地理范围和税收范围。尽管世界上大多数国家同时行使地域、居民(公民)管辖权,但各国普遍承认地域管辖权可以优先征税,所以有必要明确地域管辖权行使的地理范围和征税范围。

(3) 避免国际双重征税的具体方法。国际税收协定中要明确避免国际双重征税的具体方法:对已由非居住国优先征收的税款,居住国应采取避免双重征税的方法,以保证跨国纳税人不承担过重的税负。在发达国家与发展中国家签订的税收协定中,往往还要有专门的关于税收饶让的条款。

税收饶让是指居住国政府在对本国居民纳税人计税时,对有关非居住国给予纳税人减免税的优惠措施进行配合,即对非居住国减免的那部分税收视同纳税人已实际缴纳的外国税收予以抵免。税收饶让不是一种独立的避免国际双重征税的方法,它只是抵免法的附加。税收饶让的存在使跨国纳税人能真正享受到非居住国,特别是广大发展中国家提供的税收优惠。

在发达国家同发展中国家所签订的税收协定中,据统计有130多个协定都对配合税收饶让采取积极的赞同态度。这些签订国有英国、日本、德国、法国、丹麦和瑞典等国家。中国在绝大多数对外签订的综合性国际税收协定中都规定了对方国家对我国提供的减免税优惠承担税收饶让的义务(虽然在范围和适用税率的规定上有所不同)。当然,也存在对税收饶让采取消极态度的发达国家,美国是典型的这类国家之一。1984年,在中国政府同美国政府谈判签订双边税收协定提出税收饶让要求时,没有被美国政府接受,至今美国政府也没有向中国承诺承担税收饶让义务。

2) 套用税收协定的客观条件

在双边税收协定中,缔约国通常相互为缔约他方的居民提供一些税收上的优惠,以解决双重征税问题,其目的在于鼓励缔约国居民间的经济往来。国家间国际税收体系的差异性为纳税者利用协定进行税收筹划提供了条件。尤其是一些国家为了获得吸引外资的优势而采取的优化税收环境的措施,更是明显地加剧了这些差异性。如果一国投资者向另一国进行投资，但是该投资国与东道国并没有签订税收协定，对于该投资者来说，就会想方设法通过与东道国有税收协定的第三国改变其投资结构形式，得以享受东道国与第三国间的优惠政策，以获得投资收益最大化。各国政府间的税收竞争和双边税收协议的差异都为套用国际税收协议提供客观条件。

3）套用国际税收协定的表现形式

套用国际税收协定主要有以下三种表现形式。

（1）设置直接导管公司。直接导管公司（direct conduit company）是指为获取某一特定税收待遇的好处，而在某一缔约国中建立的一种具有居民身份的中介体公司。例如，A、B两国缔结有双边税收协定，B国对A国居民及A国公司来源于B国的所得给予税收优惠。第三国与B国之间没有税收协定或者有税收协定而优惠条件甚少，但它与A国却签有税收协定，可以享受A国给予的来自A国所得的税收优惠。在这种情况下，第三国公司为了得到B国的税收优惠，便在A国设立一家子公司（即导管公司），子公司基于A、B两国税收协定而享受了B国给予的税收优惠。子公司再把所得转移回母公司，母公司同样享受与A国的税收优惠。这样，第三国的母公司就通过在A国设立一家导管公司而减轻了其在B国所得的税收负担。

（2）设置脚踏石导管公司。脚踏石导管公司（stepping stone conduit company）的基本运作原理与直接导管公司相似，所不同的是它通过更加迂回、曲折地设立导管公司来获取原本无法获得的税收利益。在现实中，跨国经营者并不总能顺利地找到第三国来实施它的协定利用方案，而往往需要通过在两个以上的国家设立导管公司来间接地实现其避税目的。例如，A国与C国之间没有税收协定或者税收协定只给予有限的税收优惠，但A国与D国之间缔结有税收协定，给予A国居民来自D国的所得以税收优惠，或者A国国内法给予税收优惠。D国的税收制度对所有公司或者某一类型的公司是优惠的。在B国，向外国公司支付的费用可以作为成本扣除，而来自C国的所得可以享受B国与C国之间税收协定给予的优惠。在这种情况下，A国居民就可以在D国设立一个公司，该公司通过向其在B国的子公司提供服务来取得大部分利润。B国的公司在C国实现其利润并可享受B国与C国之间的税收协定给予的优惠。这样，来自C国的利润就可以在几乎没有任何成本的情况下转移到D国。由于这笔利润在D国免税或税负很低，这样，来自C国的所得最终可以在几乎没有任何成本的情况下返还到A国。

（3）双边关系。直接利用双边关系（bilateral relation）进行避税共有两种做法。

① 同一国控股公司（the same country holding company），即利用两国之间签订的税收协定中给予某些特殊优惠进行避税。例如，甲乙两国间的税收协定只对某些特定少数参股的股东给予税收协定的优惠待遇。而同时，根据乙国的国内法，如果股息的收取者是同一国的另一公司，那么该股息就可以享受较低的税负。在这种情况下，甲国的A公司在其投资所在国乙国设立了由其100%控股的B公司，同时又在乙国设立C公司进行最终的真正投资，并且由B公司拥有C公司很少量的股份。那么，根据甲、乙两国的协定以及乙国国内法，甲国A公司就可以获得其原本无法得到的税收减免。

② 五分结构（the quintet structure），这种结构仅在德国使用。由于一些国家对外签订的税收协定中有明确规定，缔约国一方居民向缔约国另一方居民公司支付股息、利

息或特许权使用费享受协定优惠的必要条件是：该公司由同一外国投资者控制的股权不得超过一定比例(如全部股权的25%以上)。针对这种要求，外国投资者可以精心组建外国低股权的控股公司，以谋求税收利益。这种结构根源于德国独特的缔约习惯，在德国对外签订的税收协定中，如果股息收取者是外国公司并且它持有至少25%的某德国公司的股份，那么协定常常会拒绝给予该外国公司从德国公司获取的股息以税收优惠待遇。但是，如果处于某国的A公司想要持有德国C公司100%股权，却又希望得到税收优惠，那么A公司便会在它所在国设立B1、B2、B3、B4、B5五个子公司，令每个子公司持有德国C公司低于25%的股份。该外国A公司就可以通过这些子公司获得税收协定给予的优惠。

10.2.3 物的流动税收筹划法

在国际税收筹划中，资金、货物或劳务的重要性毫不亚于人的流动，在有些方面反而略胜一筹。人的流动似乎有点过于显眼而被税务当局盯得很紧，在种种严格规定的束缚下往往很难实施。相比之下，资金、货物和劳务流动产生的效益有时比人员流动产生的效益还要好。正因为如此，跨国纳税人对资金、货物和劳务流动税收筹划法给予越来越密切的关注和研究。

物的流动税收筹划是指一个国家税收管辖权下的纳税客体转移出该国，成为另一个国家税收管辖权下的纳税客体，或没有成为任何一个国家税收管辖权下的纳税客体，以规避或减轻其总体纳税义务的国际税收筹划方法。具体方法主要有以下四种。

1. 避免成为常设机构避税筹划法

绝大多数国家利用“常设机构”的概念，作为对非居住个人或非居住地公司征税的依据。在经合组织(OECD)和联合国分别起草的《经合组织范本》和《联合国范本》中为常设机构规定了以下判别标准。

(1) 它是企业进行全部或部分营业的固定场所。

(2) 当对非居民在一国内利用代理人从事活动，而该代理人(不论是否具有独立地位)有代表该非居民经常签订合同、接受订单的权利，就可以由此认定该非居民在该国有常设机构。在根据第(1)条难以确定时，此条作为前者的补充和法律参考。

各国之间签订的税收协定许多是按以上标准来定义常设机构的。这样，跨国纳税人就可以根据所从事的一项或多项免税活动利用服务公司来规避税负。例如，我国分别与美国、加拿大、比利时、丹麦、泰国、新加坡等国签订的《关于对所得避免双重征税和防止偷漏税的协定》中明确规定，对下列内容不能视为常设机构。

(1) 以专为储存、陈列或交付本企业货物或者商品为目的而使用的设施。

(2) 以专为储存、陈列或交付为目的而保存本企业货物或商品的仓库。

(3) 以专为另一企业加工为目的而保存本企业货物或商品的仓库。

(4) 以专为本企业采购货物或商品或搜集情报为目的所设置的固定营业场所。

(5) 以专为本企业进行其他准备性或辅助性活动为目的所设置的固定营业场所。

(6) 专为第(1)和第(5)所述活动的结合所设的固定营业场所，如果由于这种结合使该固定营业场所全部活动属于准备性质或辅助性质。

这些协定还明确提出：缔约国一方企业仅通过经纪人，一般佣金代理人或者任何其他独立代理人，在缔约国另一方进行营业，如果这些人照常进行业务，不应认为该缔约国一方企业在缔约国另一方设有常设机构。同时，缔约国一方居民公司控制或被控制于缔约国另一方居民公司，或者在该缔约国另一方进行营业的公司，也不能据此认为任何一方公司构成另一公司的常设机构。

跨国纳税人可以利用这些规定，依靠从事一项或多项免税活动来进行税收筹划。

如当我国某毛皮加工公司想了解英国关于裘皮服装行业对毛皮的需求情况并寻求合作伙伴时，就可以在英国设立一家专门为该公司收集英国裘皮服装信息的机构，根据中、英双边税收协定，毛皮加工公司可利用该机构来承担与相关企业订货合同的、除代表本公司签字外的全部谈判协商任务，从而成功地回避英国税收管辖权，以达到减轻税负的目的。

许多国家对非居民公司的留存时间作了规定，在留存时间内对非居民公司的所得免税。一些企业依靠技术水平的提高和生产周期的缩短，可以在政府规定的免税期间完成其经营活动，避免作为常设机构在非居住国纳税。

【例 10-6】 日本 20 世纪 70 年代兴建了许多海上流动工厂车间，这些工厂车间全部设置在船上，可以流动作业。20 世纪 80 年代，这些流动工厂先后在亚洲和非洲等地流动作业，海上工厂每到一地，就地收购原材料，就地加工，就地出售，整个生产周期仅为一两个月。加工出售完毕后，海上工厂驶离该国，没有任何税收负担。仅税款一项，海上工厂就获得了巨大的收益。

1981 年，日本一公司到中国收购花生，该公司派出的一个海上流动车间在中国港口停留 27 天，把收购的花生加工成花生酱，把花生皮压碎制成板，又卖给中国当地企业，结果中国从日本获得的出售花生的收入有 64% 又返还给日本，而且日本公司获得的花生皮制板的收入不需负担任何中国税收。造成这一现象的原因就是中国和其他国家都对非居民公司的留存时间作了规定，日本公司就是利用这一规定进行了税收筹划。

2. 利用常设机构进行收入与费用转移

在无法避免常设机构的情况下，巧妙地安排总机构与常设机构、常设机构与常设机构之间的交易，也是常用的国际税收筹划方式。在实践中，这一方式主要体现在总机构与常设机构、常设机构与常设机构之间的利润分配上，也就是收入和费用的分配上。

利用常设机构进行筹划的渠道有以下几种。

1) 利用常设机构转让营业财产

总机构与常设机构之间，或者常设机构相互之间总是要进行转让营业财产的活动，在该活动中会涉及两个问题并需要加以解决：一是转出方有可能产生资本利得，对该资本利得如何估价及其应负怎样的纳税义务的问题；二是转入方对转入的财产如何计价，以确定今后计提折旧或摊销的基础问题。跨国纳税人通常利用转出方与转入方所在国对营业财产的评估计算以及税率规定上的差异，减少当期或将来的纳税义务。例如，一个公司设在高税率的甲国常设机构，通过向低税率的乙国转让营业财产，采用压低价格等方式减少资本利得，增加低税率国常设机构的资本利得，达到减少应税所得的目的。

2）利用常设机构转移利息、特许权使用费和其他类似费用转移应税所得

对于息费的税前扣除，许多国家都有明确的规定。一般向第三方企业的支付通常被认为是“真实”的支付。但是息费的支付也可以放在企业与第三方之间，还可以发生在总机构与常设机构之间，后者通常称为“虚假”的支付，一般不允许在税前扣除，收取方也不允许计入利润。对于此种方法在实际工作中很难把握，如果纳税人加以巧妙利用，就可以减轻税负。

3）利用常设机构转移管理费用转移应税所得

跨国纳税人的管理工作往往是由集中在居住国的总机构进行运作的，于是就产生了总机构的管理费用如何在总机构与常设机构之间进行合理分配的问题。只有常设机构确实受益于总机构的管理，才应该承担相应的管理费用。问题是常设机构支付给总机构的管理费用除了弥补成本开支以外，是否应该包含利润因素呢？由于总机构的管理费用在分配上有很大的弹性，各国之间的税制又存在差异，跨国法人就可以利用该差异减轻税收负担。如对高税国的常设机构多分配管理费用就可以相应地减少常设机构的利润和税负。

4）利用常设机构的亏损转移税负

跨国纳税人通常都要在其居住国计算损益，其国外常设机构的当年损益也一并汇总计算，但其高税国常设机构的亏损和低税国常设机构的亏损有时会对该企业带来不同的结果。由于各国对待企业亏损的规定相差很大，所以利用在最有利国家的一个常设机构在最有利的时候出现的亏损是有效的国际税收筹划的方法。

5）利用常设机构之间的劳务收费

总、分支机构或常设机构之间往往相互提供劳务，这些劳务是否应当收费，收费中能否包含利润因素，在这个问题上各个国家也很难找到统一的答案。利用各国税法关于劳务费用是否给予扣除和劳务收入计入利润方面的差异，跨国纳税人就可以进行税收筹划。

6）利用常设机构所在国之间的汇率变化

一个跨国纳税人的各个常设机构很可能是以不同的货币进行结算的，而各种货币的汇率会经常发生波动，波动的幅度还会很大，这就可能被利用进行国际税收筹划。

3. 利用关联企业转移收入和费用

一个跨国纳税人在进行对外投资经营活动时，除采用常设机构形式外，更常见的形式是建立具有独立法人资格的子公司，也可以通过合资、参股等形式，取得对境外企业的控制权。许多跨境交易是在跨国公司内部关联企业之间进行的。跨国公司集团利用这种特殊关系，通过转让定价来影响关联企业的收入与利润分配，是国际税收筹划的常见方式之一，这一内容详见本章10.4节。

4. 利用国际避税地

高税国中的跨国纳税人，若想在物的流动中获得更大的收益，一般都会考虑对国际避税地的利用，利用特殊的国际税收筹划手段，将资金、货物和劳务等纳税客体在形式上或名义上转移到国际避税地。国际避税地不仅吸引着物，也是人转移的重要地区，因而形成

了特殊的国际避税地模式。这一内容详见本章10.3节。

10.2.4 物的非流动税收筹划法

物的非流动税收筹划是纳税客体在形式上并没有发生跨越国境的流动，但通过跨国纳税人的安排，仍可起到纳税客体转移的国际税收筹划方法。

1. 利用延期纳税的规定

延期纳税是指在奉行属人原则、实行居民管辖权的国家，对本国居民建立在国外的子公司取得的利润等收入，在没有以股息形式汇回母公司之前，对本国母公司不就其外国子公司的利润征税。

跨国纳税人运用延期纳税可推迟在居住国的纳税义务。但其前提条件是跨国纳税人在合适的低税国或避税地建立子公司（由母公司控股的公司），然后再利用其他物的流动手段，使利润在子公司得以形成和积累，这些利润不汇回或者推迟以股息汇回的时间。对于高税国中的纳税人，由于其推迟税款缴纳的时间，等于获得了一笔无息贷款，增加了公司整体的流动资金。

2. 筹划选择国外经营方式

不考虑非财务因素，从税务角度分析，设立分支机构与设立子公司的利弊是不同的。从国际避税的角度，分支机构的有利条件是：第一，可以不缴纳资本注册税和相应的印花税；第二，可以避免对利息和特许权使用费或者股息征收的预提税；第三，有可能适用免税法消除国际的双重征税；第四，对新投资经营活动初期产生的亏损，有些国家允许跨国纳税人所在国用其国外分支机构的损失冲抵总机构的利润。

分支机构的不利条件是：第一，由于在东道国没有独立的法人身份，不能享受当地政府为子公司提供的免税期或者其他投资鼓励政策；第二，如果分支机构在以后转变为子公司，可能会产生资本利得税；第三，在国外税率低于居住国税率的情况下，分支机构取得的利润无法获得延期纳税的好处。

可见，子公司的利弊与分支机构的利弊正好相反。

3. 利用税收优惠和低税点

各国的税制存在许多差异，跨国纳税人在不同的国家进行经营活动时，其税收负担也会产生差异，尤其是各国的税收优惠政策差异更大。跨国纳税人在对外投资中选择低税点就成为其税收筹划的重要途径。

4. 利用资本弱化

资本弱化（thin-capitalization）又称资本隐藏、股份隐藏或收益抽取，是指跨国纳税人为了达到减少纳税的目的，在企业融资方式的选择上，降低股本的比重，提高负债的比重，以贷款方式代替募股方式进行的融资。

各国税法通常规定借贷款支付的利息，作为财务费用一般可以税前扣除，而为股份资本支付的股息一般不得税前扣除。因此，有些企业为了加大税前扣除而减少应纳税所得额，在筹资时多采用借贷款而不是募集股份的方式，以此来达到减少纳税的目的。

在国际税收筹划的四种基本方法中，也可以将流动与非流动的方法结合。流动与非流动的结合也有四种形式。

（1）人的流动与物的流动。

（2）人的流动与物的非流动。

（3）人的非流动与物的流动。

（4）人的非流动与物的非流动。

这四种形式的具体运用本书不作介绍。国际税收筹划的实践经验表明，流动—非流动—流动—非流动，这种不断的交叉与结合是实现筹划目的的重要方式和途径。

10.3 国际避税地的税收筹划

10.3.1 国际避税地的概念

对于国际避税地，有狭义和广义的解释。

狭义的解释指的就是纯粹意义上的避税地，是指那些没有直接税收管辖权，即对个人和公司不征收所得税、资本利得税以及净财富税、遗产税的国家和地区。

从广义的角度理解国际避税地的概念，可以包括以下几层意思。

（1）国际避税地是指那些不征收直接税，如个人所得税、公司所得税、资本所得税、财产税等的国家和地区。

（2）国际避税地是指那些规定有特别税收优惠的国家和地区。

（3）国际避税地是指那些直接税税率比较低的国家和地区。

国际避税地通常是某一国家或地区的政府为吸引外国资本流入，繁荣本国或本地区经济，弥补自身的资本不足和改善国际收支状况等原因而设立的。

10.3.2 国际避税地的特征

1. 有独特的低税结构

有独特的低税结构是国际避税地的最基本特征。税率低、税负轻或者是根本无税，才能对投资者产生吸引力，才属于提供避税的地方。低税不但是指占国民生产总值的税收负担轻，最重要的是直接税的负担轻。对于跨国投资者来说，最重要的是直接税的负担。因为间接税往往可以转嫁，间接税的税收负担的轻重最多只能影响到产品的竞争条件；而直接税不同于间接税，本身不易转嫁，负担的轻重直接影响到跨国投资者的切身利益。只有税收负担较轻，才能像磁铁一样吸引外部资源。

2. 税制结构单一

在各个国际避税地的国家和地区中，一般税制结构都非常单一。主体税种主要是所得税（在纯粹的避税地中，根本无税制可言），常见的对流转额课税几乎没有，偶尔有商品的进出口也放得很宽。当然，更重要的是无论哪一种税，税率水平都极低，有的甚至只具有象征意义。

3. 征税范围的区域性和明确性

从目前世界各种类型的避税地来看，其范围并非必须是一个主体国家的全体。避税地范围大的可以是整个国家，小的则可以是一个海岛、一个港口城市、一个出口加工区、一个经济特区。但无论避税地范围有多大，都清楚地划出了避税区域，避税范围有很强的明确性。这使得纳税人十分明确，在什么地域范围内投资经营，可以获得免税或减税。无论区域的大小，都实行统一的低税制度，以吸引人们定居和投资，借以刺激经济的繁荣。

4. 侧重对跨国投资者的税收优惠

实行避税地的国家和地区，其所采取的税收优惠并非是盲目的。尽管有的避税地国家和地区对国内和国外投资者给予同样的税收优惠，但大多数避税地的税收优惠还是侧重于跨国投资者，并且提供税收优惠的形式也多种多样，没有哪两个国际避税地的优惠内容是一样的。

5. 纳税人移动的便利性

国际避税地必须是方便纳税人进出的。首先，地理位置具有便利性；其次，交通、邮电通信具有便利性；最后，法律法规要具有便利性。纵观国际避税地的地理分布，一些重要的避税地几乎都离美国、西欧、东南亚等地不远。便利的交通、邮电通信条件，为跨国纳税人更周密、更迅速地获得各种信息、资料，安排国际税收计划，进行国际的税收筹划创造了有利的条件。此外，避税地的各种经济、行政立法也都制定了对吸引外国投资、生产经营等极为便利的条款，以使跨国纳税人在避税地的获利行为和避税过程中得到法律上的保证和庇护。避税地还为金融组织和机构提供方便，在避税地，外国银行开展业务不受当地政府监督。银行管理条例比较松，银行开支费用低，因而许多的金融组织和机构愿意到避税地设置机构，开展业务。

10.3.3 国际避税地的分类

1. 纯粹或标准的国际避税地

纯粹或标准的国际避税地是指除了征收少量的间接税（主要是对进出口商品征收关税）外，完全不征个人所得税、公司所得税、财产税、遗产税和赠与税等直接税的国家和地区。这类避税地主要包括一些岛屿国家或地区，例如百慕大、开曼群岛、巴哈马、瑙鲁、瓦努阿图、特克斯和凯科斯、新喀里多尼亚、索马里、圣埃尔和密克隆。

以开曼群岛为例，它是一个典型的避税港，位于加勒比海西北部，毗邻美国。全岛只有 259 平方公里，人口 2 万多人。那里课征的税种只有进口税、印花税、工商登记税、旅游税等简单的几种。30 多年来没有开征个人所得税、公司所得税、资本利得税、不动产税、遗产税等直接税。一个外国人如果到开曼群岛组建公司或银行，只需要向当地部门注册登记，并每年缴纳一定的注册费。这个外国人和他的公司或银行的账目不受当局审查，对其经营活动，当局也不加以过问和干预。

2. 普通或一般的国际避税地

普通或一般的国际避税地是指实行低税率的国家和地区。同第一类避税地国家和地区相比较，第二类避税地国家和地区的特征没有那么明显。这些国家和地区都开征了一般的所得税等直接税，但税负较轻；或者是整个国家或地区的税负（不论本国居民还是外国居民）较轻；或者对本国居民按一般税率征税，对外国纳税人按照较低的税率征税，使外国纳税人的税收负担低于本国纳税人的税收负担。这类避税地国家和地区包括安哥拉、安提瓜、泽西岛、巴林、巴巴多斯、以色列、英属维尔京群岛、列支敦士登、荷属安得列斯群岛、蒙物塞拉特群岛、牙买加、中国香港、中国澳门、新加坡、利比里亚和哥斯达黎加等。

以安提瓜为例，安提瓜对 90％或以上股份为外国投资者所持有的持股公司，对有专利持有权的公司只征收 0～2.5％的所得税。又如，中国香港特别行政区沿用了原来的税法，对来源于香港以外的收益或所得，一律不征所得税。

3. 不完全的或局部的国际避税地

不完全的或局部的国际避税地一般实行正常的税收制度，但有一些特殊税收优惠或规定，或在国家的某一地区实行这些优惠政策和规定。从形式上看，其税种的设立和税率的高低与大多数国家没有多大差别，但为了刺激本国经济的发展，吸引外国资本到本国投资，这些国家和地区对外资企业实行了一些特殊的税收优惠。外商不仅可以通过这些税收优惠直接获得好处，还可能利用它们达到逃避有关国家税收负担的目的，从而使这些国家和地区成为国际避税地。这类避税地包括卢森堡、荷兰、瑞士、比利时、希腊、爱尔兰、英国、加拿大、菲律宾等。

以卢森堡为例，卢森堡制定有规范的税收制度，包括对公司征收所得税，但对持股公司不征收所得税。又如，荷兰已同澳大利亚、德国、法国、日本、韩国、美国、俄罗斯等几十个国家缔结了全面税收协定，对以上协定国均实施低税率的预提税。荷兰预提税税率对股息通常按 25％征税，但对协定国降为 5％、7.5％、10％或 15％；利息和特许权使用费不征税。其中对丹麦、芬兰、爱尔兰、意大利、挪威、瑞典、英国、美国的股息预提税限定税率为零。此外，对汇出境外的公司利润，也可比照股息享受低税或免税的优惠。荷兰税法规定，居民公司所取得的股息和资本利得按 35％的公司所得税课征，但对符合一定条件的公司中外资部分所取得的股息和资本利得按所占比例全额免征公司税。

10.3.4 利用国际避税地进行税收筹划的主要方式

跨国纳税人利用避税地进行税收筹划，实际上还是属于回避税收管辖权。一般来说，当纳税人进行下列税收筹划时要用到避税地：利润划拨；通过税收协定来分配税后利润；把税前利润拨往低税收管辖权地区；使行政人员报酬的税负最小化。通过途径主要就是在避税地建立基地公司。

基地公司实际上是受控于高税国纳税人建立避税地的虚构的纳税实体，其经济实质仍在其他国家。绝大部分基地公司在避税地没有实质性的经营活动，仅租用一间办公用房或一张办公桌，甚至仅仅挂一张招牌，所以这种公司也被称为“信箱公司”或“纸面公司”。

1. 基地公司的特点

(1) 涉及两国或多国之间的关系。

(2) 经济利益全部或主要部分处于基地国之外，基地公司的经济职能是充当资金的中转站和提供资金的迂回途径。

(3) 税务因素决定着公司建立的地点选择。

(4) 必须具有法人资格。

(5) 是一个单独的纳税主体，不受高税国无限纳税义务的制约。

(6) 可以被基地国之外的企业加以合法利用。

2. 基地公司的类型

基地公司分为典型和非典型两种。假定 A 国甲公司想在 C 国进行投资或经营，那么它可先在国际避税地 B 国建立基地公司乙，然后通过乙公司向 C 国投资或从事交易，乙公司即为出于向第三国进行经营的目的而建立的典型基地公司，如图 10-1 所示。

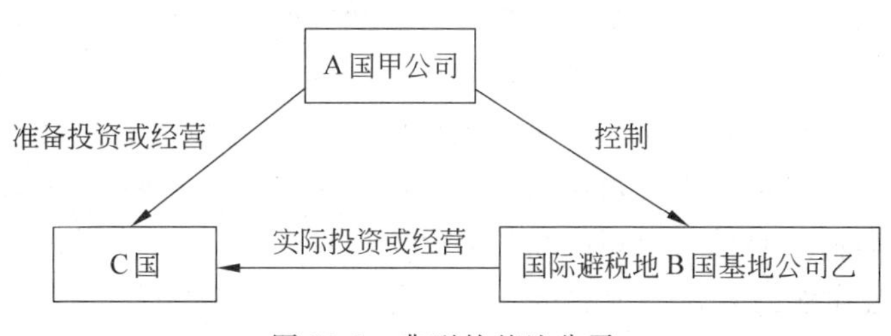

图 10-1 典型的基地公司

如果再假定 A 国甲公司想在本国进行再投资或经营，而 A 国只对外来投资给予税收优惠。那么它可以在国际避税地 B 国建立基地公司乙，然后通过在乙公司进行的积累，将资金再投向 A 国，即把对本国的投资通过基地公司乙以外资形式来进行，以取得税收优惠。乙公司就是非典型基地公司，如图 10-2 所示。

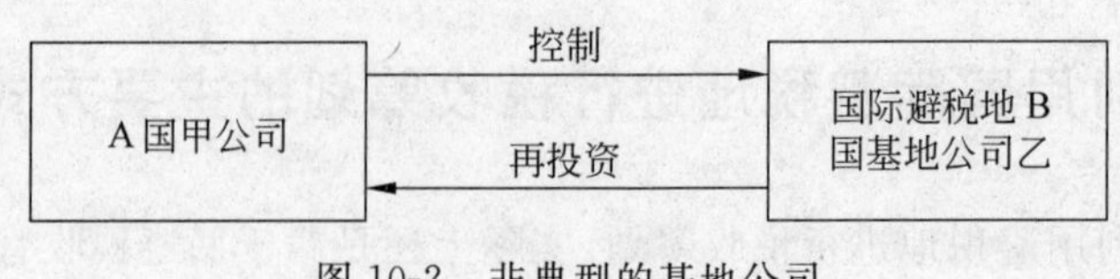

图 10-2　非典型的基地公司

典型和非典型基地公司的主要区别在于前者是用于对外国投资或经营；后者则是用于对母公司所在国投资。

基地公司受控的独立法人身份是其进行国际税收筹划的基本特征。如果在国际避税地建立的是不具备法人地位的分支机构，因为分支机构的经营成果仍然处在总机构居住国税收管辖权的控制范围中，所以并不会带来很大的税收利益。只有通过在国际避税地建立受控的法人实体这一纳税主体变相转移方式，才能使转移出去并体现在国际避税地实体手中的利润，既能够摆脱高税国居民管辖权的直接制约，又可以保证仍旧归该跨国企业法人所有。

3. 利用设立基地公司减轻税负的形式

1）把基地公司作为虚假的中转销售机构

假如A国母公司M，在B国和C国分别设有子公司M1和M2。M1与D国非关联公司d的产品实际上是直接运送到M2对外销售的。若A国母公司在E国设有基地公司e，实际上M2直接授受来自M1和d的产品，但这样难以达到减税的目的。于是在账面上制造一个e，先由M1和d向e出售产品，这时的价格是低价或平价，是真实价格，然后再由e加价后出售给M2，这就成了虚假的高价产品。这部分价差形成的利润就沉淀在e公司的账上，而E国为避税地，税负低甚至是无税的，由此达到了减轻税负的目的。

2）把基地公司作为控股公司

控股公司是指为了控制而非投资的目的拥有其他一个或若干个公司大部分股票或证券的公司。其主要作用有：通过持有多数股份控制商业或工业公司，起投资基金的作用；以发放浮动债券所获得的资金为本国集团内的公司提供资金来源；收取股息、利息等消极所得。建立控股公司，一般要求子公司将所获得的利润以股息形式汇回基地公司，以达到减轻税负的目的。例如，一家美国子公司若如实地支付给其香港母公司的股息要向美国缴纳税率为30%的预提税。为了避免这一预提税的缴付，美国的这家子公司在荷兰之间签有双边税收协定，当美国子公司在向荷兰控股公司支付股息时，只需按5%的税率在美国缴纳预提税，而荷兰对控股公司收取的股息不征税。

3）把基地公司作为收付代理的招牌公司

跨国纳税人为了躲避对所得收入征收各类所得税，便在避税地设立招牌公司，专门收付代理各类所得收益，包括收取利息、特许权使用费、劳务费和贷款，即将有关收入都转到避税地招牌公司的账上。而实际上，贷款的借出、特许权的转让、货物的出售以及劳务的提供均不在避税地。

4）把基地公司作为投资公司

这种基地公司是以从事有价证券投资为目的，主要持有其他公司优先股、债券或其他证券的公司。它只构成某个公司很少或极少的股份,并不提供任何有意义的企业决策投票权。组建投资公司的目的是为了逃避或减轻对股息、利息、租金等所得征收的所得税和资本利得税。

5) 把基地公司作为信托公司

在大部分国家,信托都不具有独立的法人地位,并且对这种信托法律关系的存在都有一定的时间限制。然而在一些避税地,信托则可以作为法人存在,并允许一项信托长期存在,如列支敦士登。在另一些避税地,允许建立信托,但无信托法规,因而信托也可以无限长期存在,如海峡群岛等。这样在高税国的纳税人便可将其财产或其他资产委托给避税地的一家信托公司或受托银行,由其处理财产的效益。跨国纳税人利用信托不但可以在一定程度上避免财产所得和转让资产产生的资本利得的税负,更由于信托资产的保密性,还可以通过信托资产的分割将其财产转移到继承人或受赠人的名下,借此来规避在有关国家的继承税、遗产税或赠与税。

6) 把基地公司作为航运公司

把基地公司作为航运公司的目的是为了使海运收入减少,避免税负。由于航运公司具有流动性,公司的经营权和所有权可以分离,注册地又可在第三国,因此,航运公司通常会在某个避税地办理船舶的登记手续,并悬挂一面方便旗帜。所谓方便旗帜是指允许非居民船主悬挂的国旗,旗帜国政府除了收取一部分注册费外,对挂旗船并不实行财政性或其他控制。

7) 把基地公司作为金融公司

金融公司是为公司集团内部借贷业务充当中介人或为第三者提供资金的机构。跨国纳税人为了利息收入的预提税的减少常常借助税收协定在某些避税地建立金融公司,从事中介业务。它们既可充当公司内部借贷的中介,为内部融资进行调配;又可从事向非关联企业的正常贷款业务,获得利息收入;还可为集团成员提供进行长期投资所临时需要的大笔资金以减轻公司税负。为了收到满意的效果,必须在理想的地点建立这种基地公司:首先,此地与借款人的所在国签订了减征或免征预提税的税收协定;其次,所在国税务部门能够容忍该公司的微利经营;再次,此地对支付贷款人的利息不征预提税。

10.4 跨国公司的税收筹划

10.4.1 跨国公司与税收筹划

1. 跨国公司的定义

联合国对跨国公司进行了如下定义:跨国公司是指这样一种企业:①包括设在两个或两个以上国家的实体,不管这些实体的法律形式和领域如何;②在一个决策体系中进行经营,能通过一个或几个决策中心采取一致对策和共同战略;③各实体通过股权或其他方式形成的联系,使其中的一个或几个实体有可能对别的实体施加重大影响,特别是同其他实体分享知识资源和分担责任。

跨国公司税收筹划是跨国公司财务管理的一部分,跨国公司税收筹划必须服从于财务管理的总体目标。跨国公司税收筹划的目标是通过税收负担的最小化,来实现企业全球所得的最大化。在大多数发达国家跨国公司中,财务管理的总体目标是"股东财富最大化"和"税收负担最小化"。

2. 跨国公司税收筹划的方法

作为跨国企业纳税人,由于人的流动和非流动的方法容易引起有关国家税务当局的不满,跨国公司在税收筹划中主要使用物的流动和非流动的方法。跨国公司税收筹划的主要方法有以下几种。

(1) 根据有关国家的税法、税收协定避免国际双重缴税。

(2) 利用有关国家为吸引外资而采取的优惠政策,实现最多的纳税减免。

(3) 利用国际避税地减少税收,特别是通过在国际避税地设立基地公司和导管公司,减少税收负担。

(4) 利用转让定价将利润转移到低税国或低税地区。

转让定价是跨国公司进行税收筹划的最重要和最常用的方法,这一方法与跨国公司的金字塔形的组织结构和关联企业之间的关联交易有关。

10.4.2 跨国公司的组织结构与税收筹划

发达国家的跨国公司需要建立有效的组织机构,完成税收筹划的战略任务,依靠母公司、子公司和分公司之间内部企业的链条,实现集团资金的运转和税收负担的最小化。在这样的组织机构中,控股公司和各个企业的关联关系是跨国公司税收筹划的关键。

跨国公司的组织结构呈现一种金字塔状态,母公司位于塔顶,即跨国公司主要的战略中心,而塔基是各活动领域中的专业子公司,金字塔中连接母公司与下属公司的中介环节往往是控股公司,如图 10-3 所示。

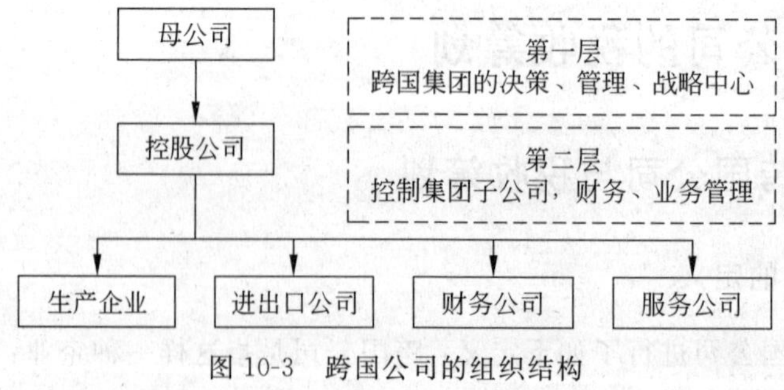

图 10-3 跨国公司的组织结构

控股公司是为了控制而不是为了投资的目的,拥有其他一个或若干个公司的大部分股票或证券的公司。建立控股公司,既可以控制其他公司,实现资本的集中与垄断,也可以作为实现税收筹划的一种工具。控股公司的主要用途如下。

(1) 通过持有多数股份来控制下属公司。

(2) 发挥投资基金的作用。

(3) 以发行流动债券所获得的资金,为本集团的公司提供资金来源。

(4) 收取以股息、贷款利息、特许权使用费等构成的消极所得。为税收筹划而利用控股公司的机会,主要产生于上述后三种用途中。

为税收筹划而建立控股公司的最佳地点是国际避税地,以及与许多国家签订了国际税收协定的其他低税国,欧洲的列支敦士登、卢森堡、荷兰和瑞士等就是建立控股公司的理想地点。在国际避税地,有许多基地公司是跨国公司的控股公司。跨国公司通过把资产转移到其控制下的一个控股公司账目中,能够在控股公司的居住国达到减轻税负的目的。控股公司作为介于母公司与子公司之间的中继站,利用自己有利的免税条件,可以发挥一种转盘作用,通过把筹集来的资金用于再投资,以赚取新的免税收入。在母公司所在国没有实行反避税法规的情况下,通过在国际避税地建立控股公司形式的基地公司,可以起到推延母公司所在国对外国子公司股息和出售外国子公司的利得征税的作用。

【例 10-7】 跨国集团兰克·施乐公司的组织结构中有三个层次:第一层次是母公司美国的施乐公司和英国的兰克公司;第二层次是由第一层次公司控制的四家控股公司,分别建立在百慕大、英国和荷兰,负责特定地区的销售、生产、与合资企业的业务;第三层次是由这四家控股公司控制的各个从事生产、研究和服务业务的子公司。兰克·施乐公司的四家控股公司中至少有三家可以被认作基地公司,发挥了有效地减轻税收负担的作用。

跨国公司组织结构中各个层次的母公司、控股公司、子公司和分公司之间,互相形成了典型的关联企业关系。跨国公司的关联企业之间进行的内部交易,称为关联方交易。跨国公司在关联方交易中的转让定价,是进行跨国公司税收筹划的最重要和最常用的方法。

10.4.3 子公司和分公司的选择

1. 子公司与分公司的含义

子公司是指那些被另一家母公司有效控制的下属公司或者是母公司直接或间接控制的一系列公司中的一家公司,在这个公司链中,每一家公司都拥有对另一家公司的控制权。

分公司是作为公司的分支机构而存在,在国家税收中,它往往与常设机构是同义词。

子公司与分公司的优缺点比较如表 10-2 所示。

2. 子公司与分公司的税收待遇

从法律上讲,子公司是一个独立的法人,而分公司则不是一个独立的法人,这就决定了子公司与分公司不同的税收待遇。

表 10-2　子公司与分公司优缺点比较

比较项目＼公司类别	子公司	分公司
优点	(1) 在东道国只负有有限的债务责任 (2) 可享有东道国给其居民公司同等的优惠待遇 (3) 若东道国适用税率低于居住国，子公司积累利润可递延纳税，有时子公司的适用税率比分公司低 (4) 许多国家允许境内企业集团内部盈亏互抵，子公司可加入该集团得到好处 (5) 跨国公司在设有子公司的所在国进行生产经营活动更为便利 (6) 向母公司支付的特许权、利息、其他间接费等，更易得到税务认可 (7) 子公司向母公司支付的股息，减征或免征预提税 (8) 母公司转售境外子公司的股东收益有免税照顾	(1) 便于经营，财务会计制度要求也较简单 (2) 分公司经营时，承担的成本费用比子公司节省 (3) 总公司拥有分公司的资本，在东道国不必缴纳资本税和印花税 (4) 不需要东道国的投资者参加 (5) 分公司交付给总公司的利润通常不必缴纳预提税 (6) 经营期内，境外分公司的亏损可以冲抵总公司的利润，减轻税收负担 (7) 分公司与总公司之间的资本转移，不涉及所有权变动，不必负担税收
缺点	(1) 要有东道国的投资者参加 (2) 设立程序相对复杂，设立费用较高，要缴纳开业注册税或印花税 (3) 财务制度较为严格，在东道国财务需要全部公开，并需要复杂的审计和证明 (4) 向母公司支付的利息、特许权使用费要缴纳预提税 (5) 经营亏损不能冲抵母公司利润 (6) 与母公司的交易常常是税务机关反避税审计的重点对象	(1) 要向总公司报告全面情况 (2) 设立分公司，总公司需负担连带责任 (3) 分公司向总公司支付的诸如特许权、利息、其他间接费等，不易得到税务认可 (4) 出售分公司资产取得的资本增值要被课税 (5) 不能享受东道国为新设公司提供的免税期或其他投资优惠 (6) 利润一般必须在当年汇回总公司纳税，不能得到延期纳税优惠 (7) 作为外国公司可能受到歧视

(1) 由于子公司是一个独立的法人实体，承担全面纳税义务，因此设立子公司的所在国视其为居民纳税人，通常要承担与该国的其他居民公司一样的全面纳税义务。母公司所在国的税收法规对子公司没有约束力，除非母子公司所在国之间缔结的双边税收协定有特殊的规定。

(2) 分公司不是独立的法人实体，承担有限纳税义务，在设立分公司的所在国被视为非居民纳税人，其所发生的利润和亏损与总公司合并计算计入“合并报表”中。分公司与总公司经营成果的合并计算，所影响的是居住国的税收负担，至于作为分公司所在的东道国，照样要对归属于分公司本身的收入课税，这就是实行所谓收入来源税收管辖权。

【例 10-8】 某国一家制药公司，生产一项有专利权登记的药品，在市场上独一无二，没有竞争对手。该公司打算向国外开拓业务，有如下方案可供选择。

方案一，根据海外市场的销售情况，不设立生产场所和销售机构，只通过外国的代理商推销产品。

方案二，产品制造仍然在该国，在国外只设立销售营业部。

方案三，在国外设立从生产到销售的子公司。

试从该公司税收负担水平分析哪种方案好。

【解析】

方案一，由于国外设有机构，公司税全部集中在该国境内缴纳，境外不缴所得税。

方案二，该公司在外国没有常设机构，用于常设机构的利润要在来源地缴纳税款，此时，在境外只缴纳一部分所得税。

方案三，由于子公司是一个独立的法人实体，对于子公司来源于境内外的一切所得，要在子公司所在国缴纳税款，那么，对于母公司而言，要在境外缴纳全部税收。接下来，就必须比较某国与投资国的税收负担水平的高低，才能确定在国外设立机构好还是不设立机构好，设立子公司好还是设立分支机构好。

【例 10-9】 假设某一总公司在国内拥有两家分公司 A 和 B，某一纳税年度总公司本部实现利润 1 000 万元，其分公司 A 实现利润 100 万元，分公司 B 亏损 150 万元，设企业所得税税率为 33%，则该公司该年度应纳税额为

$$(1\,000+100-150)\times 25\%=237.5(\text{万元})$$

【解析】

如果把上述 A、B 分公司换成子公司，总体税收负担就不一样了。假设两个子公司的企业所得税税率也为 25%。

$$\text{公司本部应纳所得税}=1\,000\times 25\%=250(\text{万元})$$

$$\text{A 子公司应纳所得税}=100\times 25\%=25(\text{万元})$$

B 子公司由于当年亏损 150 万元，该年度无须交纳所得税。

母子公司整体税收负担为：250＋25＝275（万元），高出总分公司的整体税收负担 37.5 万元。

通过上面的分析可以看出，设立子公司与设立分公司是投资者在进行企业内部组织结构选择时必须加以考虑的。

10.5 转让定价

10.5.1 转让定价和关联企业

转让定价是指公司集团内部以及有其他关联关系的各单位之间，对相互交易所专门制定的一种内部结算价格。这种价格通常不同于其在对外部经济往来中所适用的一般市场价格。转让定价一般通过以下五个方面的内部交易体现：货物购销；贷款往来；提供劳务；无形资产的使用与转让；固定资产购置与租赁。

转让定价不同于一般市场价格的原因，在于交易双方的关联企业的特殊关系，使其置身于同一利益共同体内，排斥了相互之间的竞争，从而其内部结算价格可以低于或高于会计成本，在某些情况下，甚至与实际成本没有直接联系。

转让定价可以达到转移利润、减轻税收负担的目的，是税收筹划的一种重要方法。这是因为：①各国之间的税收制度差异比国内行业、部门之间的差异大，而且这种差异在各个方面都可以显示出来。②跨国公司的母、子公司之间、各个子公司之间或总机构与国外常设机构之间，一方面，具有相对独立的形式；另一方面，彼此之间具有广泛的业务、财务联系，使跨国公司关联企业有较大的余地实现转让定价。

10.5.2 转让定价的限制因素

跨国公司虽然可以通过转让定价来进行税收筹划，但是其操纵价格的行为也不是无限度的，而是要受到各种因素的制约。

1. 转让定价的内部限制因素

（1）内部交易复杂性的限制。跨国公司操纵转让定价时，需要考虑外在环境的各种现实和潜在情况，组织人力、物力对国际转让定价策略进行集中计划管理，并需要根据环境的变化进行及时调整，这样必然会引起跨国公司内部管理成本的上升。在跨国公司规模较大、关联企业众多时，这种情况更为突出。

（2）各成员公司自身利益的限制。即使是跨国公司内部交易活动，交易双方既有共同利益也有各自利益。特别是分布于不同国家的子公司，由于有当地公司管理部门和当地股东的存在，使得通过转让定价减少子公司利润的做法，会侵害当地股东和管理阶层的利益，最终会影响公司在当地的事业，并引起子公司之间、子公司与母公司之间的矛盾。

（3）公司雇员积极性的限制。跨国公司操纵转让定价会使子公司的经营状况与其赢利状况脱节，不利于激励子公司的管理人员和生产服务人员的士气，如果长期使子公司利润减少甚至亏损，会使员工丧失工作积极性和有效的管理。

（4）公司业绩考核的限制。在大量制定公司内部转让定价的情况下，传统的利润中心分析的业绩考核方法会显得束手无策。当跨国公司以企业的赢利状况来考核企业经营业绩时，转让定价造成的经营状况与其赢利状况脱节会使考核失去意义。为了进行合理考核，跨国公司需要对各子公司按市场价格另设一套账目，这要耗费大量的人力和时间。

2. 转让定价的外部限制因素

（1）国际双重缴税的威胁。跨国公司的转让定价会引起相关国家的税收利益冲突，如果转让定价出现了对市场价格的明显背离，则可能引起一国对之加以调整而另一国不给予相应补偿调整的风险，从而导致国际双重征税。

（2）部门间收入冲突的威胁。转让定价也会在同一国家内的不同政府主管部门之间造成冲突。外汇管制部门和征收所得税的部门，希望交易中进口价格低一些，而关税和反倾销部门则希望进口价格高一些，这些冲突使跨国公司难以制定转让定价政策。

（3）注册会计师审计的威胁。跨国公司的财务报告一般由能运用全球调查手段的国际著名会计师事务所进行。出于维护事务所信誉和取得各国政府部门信任的需要，往往会要求跨国公司对偏离正常交易价格的转让定价进行调整。

(4) 各国的反国际避税法规的限制。各国政府为了保护自己的税收利益,纷纷制定了限制转让定价的法律法规,形成了对跨国公司转让定价实施政策目标控制和管理的方法和措施。

10.5.3 转让定价的调整方法

由于转让定价有可能对跨国公司关联企业所在国家的税收利益产生重大影响,所以有关国家都制定了限制转让定价的反避税法律法规。在这些法律法规中,核心的问题是转让定价行为的认定和对不合理转让定价进行调整,进行国际税收筹划就必须对世界各国主要的转让定价认定标准和调整方法有所了解。

各国政府判定转让定价是否合理的关键是是否偏离正常交易价格。正常交易价格(arm's length price)是在市场机制和供求关系作用下的公开市场中,在相同或类似条件下,从事相同或类似交易的无关联方之间应达成的价格。一旦确认转让定价偏离正常交易价格,各国政府都要对其进行调整,其中最主要的方法有以下几种。

(1) 按独立企业之间进行相同或类似业务活动的价格进行调整(又称可比非受控价格法)。即将企业与其关联企业之间的业务往来价格与其与非关联企业之间的业务往来价格进行分析、比较,从而确定公平成交价格。

(2) 按再销售给无关联关系的第三者价格所应取得的利润水平进行调整(又称再销售价格法)。即对关联企业的买方将从关联企业的卖方购进的商品(产品)再销售给无关联关系的第三者时所取得的销售收入,减去关联企业中买方从非关联企业购进类似商品(产品)再销售给无关联的第三者时所发生的合理费用和按正常利润水平计算的利润后的余额,为关联企业中卖方的正常销售价格。

(3) 按成本加合理费用和利润进行调整(又称成本加成法)。即将关联企业中卖方的商品(产品)成本加上正常的利润作为公平成交价格。

(4) 交易净利润法。即按照没有关联关系的交易各方进行相同或者类似业务往来取得的净利润水平确定利润的方法。

(5) 利润分配法。即将企业与其关联方的合并利润或者亏损在各方之间采用合理标准进行分配的方法。

10.5.4 预约定价制

预约定价制(advance pricing agreement,APA)实际上是纳税人事先将其和境外关联企业之间的内部交易与财务收支往来所涉及的转让定价制定方法向税务机关报告,经审定认可,作为计征所得税的会计核算依据,并免除事后税务机关对转让定价进行调整的协议。

预约定价制将事后调整改为事先确认,从跨国公司经营的角度出发,有以下几个优点:第一,保护跨国公司的合法经营,有利于企业的经营决策,避免了国家税收对企业的过度干预;第二,有利于消除与相关国家税务当局的争议;第三,使跨国公司从事后调整所要求的烦琐的审计工作中解脱出来,提高效率,降低纳税成本。从相关国家税务当局的角度出发,预约定价制也避免了国际双重征税,提高了征税效率,降低了对转让定价调整的不确定性。

正因为如此,预约定价制一出台就受到国际上的重视。最先由美国于1991年实行;澳大利亚、加拿大、日本、西班牙、英国等国也随之先后实行,新西兰和韩国也在1997年起实行;经济合作发展组织(OECD)95准则肯定了预约定价制,并鼓励税务机关采用预约定价制程序。中国国家税务总局在2004年修订《关联企业间业务往来税务管理规程》中指出,"经企业申请,主管税务机关批准,也可对未来年度的关联企业间业务往来采用预约定价。"虽然在实践中预约定价制也遇到了一些困难,而且并不是每一家跨国公司都适用这一体制,但是可以预见,随着跨国公司在全球的进一步发展,预约定价制有可能纳入许多国家的所得税法和税收协定条款,成为税收法规的一个组成部分。

我国《企业所得税法》在加大转让定价监管力度的同时,引入了预约定价机制,规定企业可以向税务机关提出与其关联方之间业务往来的定价原则和计算方法,税务机关与企业协商、确认后,达成预约定价安排。建立预约定价税制的目的,是为企业关联交易营造一个相对稳定、可以预见的税收环境,减轻转让定价调查的成本。

本章小结

随着世界经济全球化的发展,各国市场的开放程度不断提高,开放的范围也不断扩大,这种趋势要求跨国经营企业应同时重视国际税收筹划。本章介绍了国际税收筹划的概念及国际税收筹划产生的条件;国际税收筹划的基本方法,包括人的流动与非流动税收筹划法、物的流动与非流动税收筹划法;利用国际避税地进行税收筹划以及转让定价的相关规定。

思考题

1. 什么是人的流动税收筹划法?有哪些具体方法?
2. 什么是人的非流动税收筹划法?有哪些具体方法?
3. 什么是物的流动税收筹划法?有哪些具体方法?
4. 什么是物的非流动税收筹划法?有哪些具体方法?
5. 利用国际避税地进行税收筹划的主要方式有哪些?
6. 转让定价的调整方法有哪些?
7. 何谓套用税收协定?利用套用税收协定进行税收筹划有哪些方式?
8. 跨国企业法人在国外设立分支机构与子公司这两种经营方式与税负有关的利弊条件是什么?
9. 什么是资本弱化?

10. 如何利用基地公司在国际避税地进行税收筹划？

案例分析题

1. 甲公司是A国居民公司，某年在全球获取所得1 000万元，其中来自A国的所得800万元，来自甲公司在B国设有分公司的所得200万元。A国的所得税税率为40%；B国的所得税税率为60%。

分别以免税法、扣除法、抵免法计算甲公司在A国缴纳的所得税和在全球的所得税负担，并进行分析。

2. X国一家公司原打算在Y国拥有一家子公司，但Y国要对Y国公司汇往X国的股息征收较高的25%的预提税。Y国与Z国缔结有相互减按5%征收股息预提税的税收协定，X国与Z国缔结也签订相互减按5%征收股息预提税条款的税收协定。

如果X国这家公司预期Y国子公司将有大量股息汇出，这家公司如何进行税收筹划才能降低预提税负担？

3. 甲公司是A国的居民公司，A国所得税税率为25%。甲公司准备分别在B国和C国投资进行跨国经营。为了决定在这些国家开办子公司还是分公司，甲公司对B国和C国的税收政策进行了了解：B国所得税税率为15%，并对外资法人企业给予开业后3年的免税期，A国在与B国签订的税收协定中承诺承担税收饶让义务；C国所得税税率为35%，没有免税期也没有与A国签订税收协定。甲公司预测，A国母公司在未来10年内都会保持赢利，在B国经营的前3年会有丰厚的赢利，而C国经营的前3年将会产生一定亏损。

从税收筹划的角度分析甲公司在B国和C国进行经营是采用分公司形式，还是子公司形式。

4. 某国一家制药公司，生产一项有专利权登记的药品，在市场上独一无二，没有竞争对手。该公司打算向国外开拓业务。有如下方案可供选择。

方案一，根据海外市场的销售情况，不设立生产场所和销售机构，只通过外国的代理商推销产品。

方案二，产品制造仍然在该国，在国外只设立销售营业部。

方案三，在国外设立从生产到销售的子公司。

试从该公司税收负担水平分析哪种方案好。

参 考 文 献

[1] 中华人民共和国财政部网站，http://www.mof.gov.cn/index.htrn.

[2] 国家税务总局网站，http://www.chinatax.gov.cn.

[3] 中华会计网校，http://www.chinaacc.com.

[4] 国家税务总局注册税务师管理中心. 税法Ⅰ[M]. 北京：中国税务出版社，2019.

[5] 国家税务总局注册税务师管理中心. 税法Ⅱ[M]. 北京：中国税务出版社，2019.

[6] 中国注册会计师协会. 税法[M]. 北京：中国财政经济出版社，2019.

[7] 盖地. 税收筹划[M]. 5版. 北京：首都经济贸易大学出版社，2019.